Dieses Taschenbuch enthält in lateinisch-deutschem Paralleldruck eine kleine Auswahl aus dem umfangreichen Material römischer Rechts-Aufzeichnungen – und zwar solche Texte, die kulturgeschichtlich aufschlußreich, menschlich ansprechend und juristisch interessant sind.

Charakteristisch für die Sprachform vieler Rechts-Texte – und ihr großer Reiz – ist es, wie mit einem Minimum an sprachlichem Aufwand ein Maximum an Aussage erzielt wird.

Zahlreiche Anmerkungen erleichtern das Verständnis.

Dr. phil. Manfred Fuhrmann, geb. 1925 in Detmold, seit 1966 o. Prof. für Lateinische Philologie an der Universität Konstanz. Publikationen u. a.: ‹Römische Literatur› (Hg.), Frankfurt a. M. 1974. ‹Cicero, Meisterreden› (Übers.), München 1987.

Dr. jur. Detlef Liebs, geb. 1936 in Berlin, seit 1970 o. Prof. für Zivilrecht und Rechtsgeschichte an der Universität Freiburg i. Br. Veröffentlichungen u. a.: ‹Römisches Recht›, Göttingen $1987^{3}$. ‹Die Jurisprudenz im spätantiken Italien (260–640 n. Chr.)›, Berlin 1987.

dtv zweisprachig · Edition Langewiesche-Brandt

# EXEMPLA IURIS ROMANI

# RÖMISCHE RECHTSTEXTE

Herausgegeben, übersetzt und erläutert
von Manfred Fuhrmann und Detlef Liebs

Deutscher Taschenbuch Verlag

9.–14. Tausend April 1988
Umschlagentwurf: Celestino Piatti
Gesamtherstellung: Kösel, Kempten
ISBN 3-423-09243-2 (dtv)
ISBN 3-406-32991-8 (C. H. Beck)
Printed in Germany

Inhaltsverzeichnis

# Vorwort

Es fehlt zur Zeit an zweisprachigen, mit deutscher Übersetzung versehenen Auswahlen aus den Quellen des römischen Rechts – mehr braucht gewiß zur Rechtfertigung dieses Bändchens nicht gesagt zu werden.

Die Herausgeber waren nicht bestrebt, dem Leser möglichst viele aus Seminaren, Lehrbüchern oder älteren Anthologien bekannte Paradestücke vorzuführen; sie haben sich vielmehr vor allem um minder gängige und doch nicht minder reizvolle Zeugnisse aus dem unerschöpflichen Repertoire römischer Rechtskunst bemüht. Das Inhaltverzeichnis deutet an, daß alle wichtigen Zweige des römischen Staats- und Rechtsgebäudes repräsentiert sind – allerdings nur durch Streiflichter, deren auffälligste Gemeinsamkeit wohl darin besteht, daß sie gelebtes Leben spiegeln, daß sie die bisweilen fremdartige und kuriose, oft gefährdete und fast immer fesselnde Wirklichkeit erkennen lassen, deren sich das Recht ordnend und bewahrend anzunehmen suchte. Der kultur- und sittengeschichtlichen Perspektive kommt somit erhebliche Bedeutung zu, wobei auch die vielgeschmähte, aus einseitig klassizistischer Haltung vielverkannte Spätantike den ihr gebührenden Platz erhalten hat.

Jeder Jurist und jeder Altertumsliebhaber hat erfahren, worauf ein Hauptreiz des römischen Rechts beruht: wie dort ein Minimum an sprachlichem Aufwand ein Maximum an Effekt erzielt. Er kennt die unvergleichliche Schlichtheit, Kürze und Präzision des Ausdrucks, mit der die römischen Juristen ihre Probleme zu meistern wußten. Dieser Vorzug bringt indes eine eigentümliche Schwierigkeit mit sich: die originalen Texte sind oft abweisend und unzugänglich – nicht wegen ihres terminologischen Aufwandes, sondern gerade wegen ihrer Kargheit und Prägnanz. Daher die Übersetzung: sie soll den Originalen ihre vordergründige Sprödigkeit nehmen und so dem heutigen Leser zu dem intellektuellen Genuß und Gewinn verhelfen, den er mit Recht erwartet. Demselben Zweck dienen die Anmerkungen: sie beschränken sich auf das zum Verständnis der Texte Notwendige, indem sie die jeweils vorausgesetzten historischen Fakten nennen und den jeweiligen Zusammenhang aufhellen.

# RECHT UND GESETZ

## Recht und Gerechtigkeit

*Ulpianus, Institutiones I* [1]

Iuri operam daturum prius nosse oportet, unde nomen iuris descendat. Est autem a iustitia appellatum; nam, ut eleganter Celsus definit, ius est ars boni et aequi. Cuius merito quis nos sacerdotes appellet: iustitiam namque colimus et boni et aequi notitiam profitemur, aequum ab iniquo separantes, licitum ab illicito discernentes, bonos non solum metu poenarum, verum etiam praemiorum quoque exhortatione efficere cupientes, veram nisi fallor philosophiam, non simulatam affectantes.

## Zwölf Tafeln

*Pomponius, Enchiridium* [2]

Placuit publica auctoritate decem constitui viros, per quos peterentur leges a Graecis civitatibus et civitas fundaretur legibus. Quas in tabulas eboreas perscriptas pro rostris composuerunt, ut possint leges apertius percipi. Datumque est eis ius eo anno in civitate summum, uti leges et corrigerent, si opus esset, et interpretarentur neque provocatio ab eis sicut a reliquis magistratibus fieret. Qui ipsi animadverterunt aliquid deesse istis primis legibus ideoque sequenti anno alias duas ad easdem tabulas adiecerunt. Et ita ex accedenti appellatae sunt leges duodecim tabularum. Quarum ferendarum auctorem fuisse decemviris Hermodorum quendam Ephesium exulantem in Italia quidam rettulerunt.

*Ulpian, Institutionen Buch 1*

Wer sich mit dem Recht befassen will, muß zunächst wissen, woher das Wort ‹Recht› stammt. Es hat nämlich seinen Namen von der Gerechtigkeit; denn, wie die vortreffliche Bestimmung des Celsus lautet, das Recht ist die Kunst des Guten und Angemessenen. Daher könnte man uns als Priester bezeichnen: wir dienen ja der Gerechtigkeit und wirken mit der Kenntnis des Guten und Angemessenen, indem wir das Angemessene vom Unangemessenen absondern, das Erlaubte vom Unerlaubten trennen und die Menschen nicht nur durch die Furcht vor Strafen, sondern auch durch den Ansporn von Belohnungen gut zu machen suchen: im Bemühen, wenn ich recht sehe, um wahre Weisheit, nicht um ein Trugbild davon.

*Pomponius, Handbüchlein*

Man beschloß[1], zehn von Staats wegen ermächtigte Männer einzusetzen, mit dem Auftrag, sich von griechischen Gemeinden Gesetze zu verschaffen und so der eigenen Gemeinde eine gesetzliche Grundlage zu geben. Diese Gesetze wurden auf Elfenbeintafeln niedergeschrieben und vor der Rednertribüne[2] aufgestellt, damit man sie desto besser einsehen konnte. Und die Zehnmänner erhielten in jenem Jahr weitreichende Vollmacht in der Gemeinde: sie sollten die Gesetze verbessern, wenn es nötig sei, und sie auslegen, und es sollte kein Einspruch gegen ihre Entscheidungen wie gegen die der übrigen Beamten[3] möglich sein. Sie bemerkten selbst, daß an den ersten Gesetzen noch einiges fehle, und sie ergänzten daher im folgenden Jahr diese Tafeln durch zwei weitere; nach dem Zuwachs wurden sie dann als die Gesetze der Zwölf Tafeln bezeichnet. Mit ihrem Entwurf hätten, behaupten einige, die Zehnmänner einen gewissen Hermodor aus Ephesus, der als Verbannter in Italien lebte, beauftragt[4].

*Pomponius, Enchiridium* [3]

Iuris civilis scientiam plurimi et maximi viri professi sunt. ... Et quidem ex omnibus, qui scientiam nancti sunt, ante Tiberium Coruncanium publice professum neminem traditur. Ceteri autem ad hunc vel in latenti ius civile retinere cogitabant solumque consultatoribus vacare potius, quam discere volentibus se praestabant. ... Post hos fuit Tiberius Coruncanius, ut dixi, qui primus profiteri coepit. Cuius tamen scriptum nullum exstat, sed responsa complura et memorabilia eius fuerunt.

## Labeo

*Pomponius, Enchiridium* [4]

Post hunc maximae auctoritatis fuerunt Ateius Capito, qui Ofilium secutus est, et Antistius Labeo, qui omnes hos audivit, institutus est autem a Trebatio. Ex his Ateius consul fuit. Labeo noluit, cum offerretur ei ab Augusto consulatus, quo suffectus fieret, honorem suscipere, sed plurimum studiis operam dedit; et totum annum ita diviserat, ut Romae sex mensibus cum studiosis esset, sex mensibus secederet et conscribendis libris operam daret. Itaque reliquit quadringenta volumina, ex quibus plurima inter manus versantur. Hi duo primum veluti diversas sectas fecerunt. Nam Ateius Capito in his, quae ei tradita fuerant, perseverabat, Labeo ingenii qualitate et fiducia doctrinae, qui et ceteris operis sapientiae operam dederat, plurima innovare instituit.

*Pomponius, Handbüchlein*

Die Kenntnis des weltlichen Rechts haben sehr viele bedeutende Männer beansprucht. Doch soll niemand von all denen, die sich diese Kenntnis aneigneten, sie vor Tiberius Coruncanius öffentlich ausgeübt haben. Alle vor ihm waren nämlich darauf bedacht, das weltliche Recht im Verborgenen zu halten und sich nur Ratsuchenden zu widmen, statt sich denen, die von ihnen lernen wollten, zur Verfügung zu stellen. Dann kam Tiberius Coruncanius, der, wie gesagt, als erster damit anfing, seine Kunst öffentlich auszuüben[5]. Von ihm ist allerdings keine Schrift überliefert; immerhin hat es eine Reihe denkwürdiger Gutachten gegeben.

*Pomponius, Handbüchlein*

Nach ihm[6] genossen das größte Ansehen Ateius Capito, ein Schüler des Ofilius, und Antistius Labeo, der bei allen den Genannten[7] gehört hat, seine Grundausbildung aber von Trebaz empfing. Von ihnen war Ateius Konsul[8]; Labeo fand sich nicht bereit, als Augustus ihm ein Ergänzungs-Konsulat anbot, die Würde zu übernehmen. Er wandte vielmehr größte Mühe auf seine Wissenschaft; er hatte den Jahreslauf so eingeteilt, daß er sich sechs Monate mit seinen Schülern in Rom aufhielt und sich sechs Monate zum Bücherschreiben zurückzog. So hinterließ er vierhundert Bände, die größtenteils noch jetzt benutzt werden. Die beiden waren gleichsam die Gründer zweier verschiedener Schulen[9]. Denn Ateius Capito blieb bei dem, was ihm überliefert worden war, Labeo hingegen ließ sich durch die Kraft seines Geistes und das Vertrauen auf sein Wissen (er hatte sich auch mit anderen Gebieten der Gelehrsamkeit[10] beschäftigt) dazu bestimmen, in vielen Punkten Neues einzuführen.

*Ateius Capito, Epistula* [5]

Agitabat . . . hominem libertas quaedam nimia atque vecors usque eo, ut divo Augusto iam principe et rem publicam obtinente ratum tamen pensumque nihil haberet, nisi quod iussum sanctumque esse in Romanis antiquitatibus legisset. . . . Cum a muliere quadam tribuni plebis adversum eum aditi in Gallianum ad eum misissent, ut veniret et mulieri responderet, iussit eum qui missus erat redire et tribunis dicere ius eos non habere neque se neque alium quemquam vocandi, quoniam moribus maiorum tribuni plebis prensionem haberent, vocationem non haberent; posse igitur eos venire et prendi se iubere, sed vocandi absentem ius non habere.

## Gesetz und Recht in der Spätantike

*Imperatores Theodosius et Valentinianus Augusti ad senatum urbis Romae* [6]

Leges ut generales ab omnibus aequabiliter in posterum observentur, quae vel missa ad venerabilem coetum oratione conduntur vel inserto edicti vocabulo nuncupantur, sive eas nobis spontaneus motus ingesserit sive precatio vel relatio vel lis mota legis occasionem postulaverit. Nam satis est edicti eas nuncupatione censeri vel per omnes populos iudicum programmate divulgari vel expressius contineri, quod principes censuerunt ea, quae in certis negotiis statuta sunt, similium quoque causarum fata componere. Sed et si generalis lex vocata est vel ad omnes iussa est pertinere, vim obtineat
14 edicti, interlocutionibus, quas in uno neg-
15 otio iudicantes protulimus vel postea pro-

*Ateius Capito, Brief*

Der Mann[11] war von einem übertriebenen und wahnwitzigen Freiheitssinn erfüllt – in dem Maße, daß er, als der göttliche Augustus bereits Kaiser war und die Staatsgewalt innehatte, gleichwohl nichts für gültig und entschieden hielt, was er nicht in altrömischer Tradition angeordnet und bestätigt gefunden hatte. Als ihn Volkstribunen, an die sich eine Frau um Hilfe gegen ihn gewandt hatte, auf seinem Landgut, dem Gallianum[12], auffordern ließen, zu erscheinen und sich vor der Frau zu verantworten, da trug er dem Boten auf, er solle sich heimscheren und den Tribunen ausrichten, daß sie kein Recht hätten, ihn oder sonst jemanden vorzuladen; denn nach altem Herkommen stehe den Tribunen das Recht der Festnahme, jedoch nicht das der Vorladung zu; sie könnten also kommen und ihn festnehmen lassen, hätten jedoch nicht das Recht, den Abwesenden vorzuladen[13].

*Die Kaiser Theodosius II. und Valentinian III.[14]*
*an den Senat der Stadt Rom*

Diejenigen Bestimmungen sollen künftig als allgemeine Gesetze von jedermann in gleicher Weise befolgt werden, die entweder in einer der ehrwürdigen Versammlung[15] übersandten Rede enthalten sind[16] oder unter der Bezeichnung Edikt bekanntgegeben werden, sei es, daß unsere eigene Initiative uns dazu gedrängt, sei es, daß eine Eingabe oder ein Bericht oder ein Rechtsstreit die Gelegenheit für ein Gesetz herbeigeführt hat. Denn es genügt, daß sie[17] als Edikt gekennzeichnet oder durch amtliche Bekanntmachung der Gouverneure im ganzen Reich verbreitet werden oder ausdrücklich darin festgesetzt ist, die Bestimmungen, die für besondere Geschäfte getroffen worden sind[18], sollten nach dem Willen der Kaiser auch den Ausgang ähnlicher Fälle entscheiden. Doch auch, wenn ein Gesetz als allgemeingültig bezeichnet worden ist oder sich, weil so angeordnet, auf alle erstreckt, soll es als Edikt gelten, während beiläufige Bescheide, die wir bei Gelegenheit einer Sitzung in einem Einzelfall ausge-

feremus, non in commune praeiudicantibus, nec his, quae specialiter quibusdam concessa sunt civitatibus vel provinciis vel corporibus, ad generalitatis observantiam pertinentibus.

Quae ex relationibus vel suggestionibus iudicantium per consultationem in commune florentissimorum sacri nostri palatii procerum auditorium introducto negotio statuimus vel quibuslibet corporibus aut legatis aut provinciae vel civitati vel curiae donavimus, nec generalia iura sint, sed leges fiant his dumtaxat negotiis atque personis, pro quibus fuerint promulgata, nec ab aliquo retractentur, notam infamiae subituro eo, qui vel astute ea interpretari voluerit vel impetrato impugnare rescripto nec habituro fructum per subreptionem eliciti. Et iudices, si dissimulaverint vel ulterius litigantem audierint vel aliquid allegandum admiserint vel sub quodam ambiguitatis colore ad nos rettulerint, triginta librarum auri condemnatione plectendi sunt.

Rescripta contra ius elicita ab omnibus iudicibus praecipimus refutari, nisi forte aliquid est, quod non laedat alium et prosit petenti vel crimen supplicanti indulgeat.

Etsi legibus consentaneum sacrum oraculum mendax precator attulerit, careat penitus impetratis et, si nimia mentientis invenitur improbitas, etiam severitati subiaceat iudicantis.

Papiniani, Pauli, Gai, Ulpiani atque Modestini scripta universa firmamus ita, ut Gaium quae Paulum, Ulpianum et ceteros comitetur auctoritas lectionesque ex omni
16 eius corpore recitentur. Eorum quoque
17 scientiam, quorum tractatus atque senten-

sprochen haben oder noch aussprechen werden[19], keine allgemeingültige Vorentscheidung enthalten und ebensowenig das, was bestimmten Gemeinden oder Provinzen oder Körperschaften durch Sondererlasse zugestanden worden ist[20], Beachtung im Sinne einer allgemeingültigen Bestimmung finden darf.

Was wir auf Grund von Berichten und Vorschlägen der Gouverneure und Präfekten, nachdem die Angelegenheit an das Kollegium der höchsten Würdenträger unseres erlauchten Hofes[21] gelangt ist, nach Beratung in diesem Kreis festgesetzt oder irgendwelchen Körperschaften oder Abgesandten oder einer Provinz oder Gemeinde oder Gemeindeverwaltung zugestanden haben[22], soll nicht allgemein rechtens sein, sondern nur für die Angelegenheiten und Personen als Gesetz gelten, für die es erlassen wurde; auch soll niemand dies anfechten, mit der Folge, daß den Makel der Ehrlosigkeit auf sich zieht, wer dergleichen betrügerisch auszulegen oder mit Hilfe eines amtlichen Bescheids anzufechten sucht, und daß er nicht in den Genuß dessen gelangt, was er durch Erschleichen den Behörden entlockt hat[23]. Und wenn Gouverneure oder Richter ein abgekartetes Spiel mitmachen, einer solchen Partei weiterhin Gehör schenken, zulassen, daß irgend etwas vorgebracht wird, oder unter dem Vorgeben mangelnder Eindeutigkeit an uns berichten, dann sind sie mit einer Verurteilung zu dreißig Pfund Gold zu bestrafen.

Alle Gerichte müssen widerrechtliche Bescheide, die erschlichen sind, zurückweisen, es sei denn, es handelt sich um etwas, das keinem anderen schadet und dem Nachsuchenden förderlich ist oder einem Bittflehenden ein Vergehen verzeiht.

Ein betrügerischer Bittsteller soll auch, wenn er einen allerhöchsten Spruch vorbringt, der mit den Gesetzen in Einklang steht, des Erlangten gänzlich verlustig gehen, und wenn die Niedertracht des Täuschenden als allzu schlimm erfunden wird, dann mag er auch der Strenge des Strafrichters ausgesetzt sein.

Wir bestätigen die Geltung sämtlicher Schriften von Papinian, Paulus, Gaius, Ulpian und Modestin, so daß also Gaius dasselbe Ansehen genießt wie Paulus, Ulpian und die übrigen und daß Belegstellen aus seinem ganzen Werk angeführt werden können. Auch die Erkenntnisse der Autoren, deren Erörterungen und Ansichten alle die Genannten in ihre Werke aufge-

tias praedicti omnes suis operibus miscuerunt, ratam esse censemus, ut Scaevolae, Sabini, Iuliani atque Marcelli omniumque, quos illi celebrarunt, si tamen eorum libri propter antiquitatis incertum codicum collatione firmentur. Ubi autem diversae sententiae proferuntur, potior numerus vincat auctorum, vel, si numerus aequalis sit, eius partis praecedat auctoritas, in qua excellentis ingenii vir Papinianus emineat, qui, ut singulos vincit, ita cedit duobus. Notas etiam Pauli atque Ulpiani in Papiniani corpus factas, sicut dudum statutum est, praecipimus infirmari. Ubi autem eorum pares sententiae recitantur, quorum par censetur auctoritas, quos sequi debeat, eligat moderatio iudicantis. Pauli quoque sententias semper valere praecipimus.

Data VIII idus Novembres Ravennae Theodosio XII et Valentiniano II Augustis consulibus.

## Rechtssicherheit in der Spätantike

*Commonitorium sancto fratri Alypio Augustinus* [7]

Remeantibus sanctis fratribus et coepiscopis nostris, quamvis eos non viderim, eorum tamen ammonitus litteris, ut si aliquid tuae sanctitati vellem scribere, Carthaginem mitterem, ista dictavi. ... Germanitatem tuam iam iamque etiam videre desidero accedente spe reditus tui, quam significasti litteris tuis. Iam vero rescripseram, quod pervenerint ad me cum tuo commonitorio libri Iuliani et Caelestii, quos per filium nostrum
18 Commilitonem diaconum direxisti, et quod
19 multum mirarer, quod mihi nihil nuntiasse

nommen haben, erklären wir für gültig, z. B. die des Quintus Mucius Scävola, Sabinus, Julian und Marcellus sowie all derer, die von den Genannten ständig angeführt werden, vorausgesetzt, daß der Text ihrer Werke – in Anbetracht der altersbedingt unsicheren Überlieferung – durch den Vergleich mehrerer Handschriften gesichert ist. Wo aber unterschiedliche Ansichten vorgebracht werden, dort soll die größere Zahl der Autoren maßgeblich sein, oder wenn das Zahlenverhältnis gleich ist, dann soll das Ansehen der Seite den Vorrang haben, auf der sich die herausragende Einsicht Papinians hervortut, des Mannes, der zwar zwei anderen unterliegt, gegenüber einzelnen jedoch die Oberhand behält. Auch setzen wir fest, daß die kritischen Anmerkungen, die Paulus und Ulpian dem Werk Papinians beigegeben haben, ungültig sind, wie schon früher angeordnet[24]. Wo aber gleich viele Stimmen aus der Zahl der Autoren angeführt werden, die gleiches Ansehen genießen sollen, dort mag das Ermessen des Urteilenden abwägen, welcher Seite er folgen soll. Ferner bestimmen wir, daß die Sentenzen des Paulus stets einbegriffen sind[25].

Gegeben am 7. November zu Ravenna[26], unter dem zwölften Konsulat des Kaisers Theodosius II. und dem zweiten des Kaisers Valentinian III. (426).

*Augustin*[27],
*Denkschrift an den ehrwürdigen Bruder Alypius*[28]

Da unsere ehrwürdigen Brüder und Mitbischöfe heimkehren wollten (ich sah sie nicht, sondern wurde brieflich aufgefordert, was ich etwa Deiner Ehrwürdigkeit zu schreiben gedächte, nach Karthago zu schicken), habe ich diesen Brief diktiert. Auch verlangt mich, Deine Brüderlichkeit alsbald wiederzusehen, um so mehr, als die Aussicht auf Deine Rückkehr[29] dazu kommt, die Du in Deinem Briefe angedeutet hast. Ich aber hatte Dir in meiner Antwort bereits mitgeteilt, daß zusammen mit Deiner Denkschrift die Bücher des Julian und des Cälestius[30] bei mir eingetroffen seien, die Du mir durch unseren Sohn, den Diakon Commilito, hast zukommen lassen, und daß ich mich sehr darüber wundern müsse, keinerlei Nachricht über die Besserung

curaveris de correctione Turbanti, ad quem scripsit libros illos quattuor Iulianus. Hunc enim eandem haeresem satis humili confessione damnantem et in pacem catholicam a papa Coelestino esse susceptum a tali homine audivi, quem non possum dicere fuisse mentitum. Magis enim, cum ad me scriberes, hoc te oblitum fuisse potui suspicari. Quamquam ergo iam ista scripseram, tamen etiam nunc volui commonere, ne fortasse prius haec rescripta quam illa quae prius feci accipiat sanctitas tua. Interea in quibusdam schedis nostris inveni exemplum commonitorii, quod tibi feceras, quando ad comitatum de concilio primitus missus es, eoque perlecto vidi multa necessaria non te potuisse tunc agere, et detractis quisbusdam, quae vel acta sunt vel non multum videntur urgere, mittendum putavi, ne forte nunc agi possint.

Addo autem et aliud: Tanta est eorum qui vulgo mangones vocantur in Africa multitudo, ut eam ex magna parte humano genere exhauriant transferendo quos mercantur in provincias transmarinas et paene omnes liberos. Nam vix pauci reperiuntur a parentibus venditi, quos tamen non, ut leges Romanae sinunt, operas viginti quinque annorum emunt isti, sed prorsus sic emunt ut servos et vendunt trans mare ut servos; veros tamen servos a dominis omnino rarissime. Porro ex hac multitudine mercatorum ita insolevit seducentium et depraedantium multitudo, ita ut gregatim ululantes habitu terribili vel militari vel barbaro agrestia quaedam loca, in quibus pauci sunt homi-
20 nes, perhibeantur invadere et quos istis
21 mercatoribus vendant violenter abducere.

des Turbantius von Dir erhalten zu haben, dem Julian jene vier Bücher gewidmet hat. Denn daß dieser den genannten Irrglauben in einem hinlänglich demütigen Bekenntnis verurteilt habe und von Papst Cölestin[31] in den Frieden der allgemeinen Kirche wiederaufgenommen worden sei, das habe ich von einem Manne vernommen, den ich nicht der Lüge zeihen kann; es lag daher für mich näher zu vermuten, Du habest, als Du mir schriebst, diesen Punkt vergessen. Obwohl ich Dir also dies alles schon geschrieben hatte, wollte ich auch jetzt daran erinnern – falls etwa diese Antwort eher zu Deiner Ehrwürdigkeit gelangt als mein früherer Brief. Inzwischen habe ich unter allerlei Aufzeichnungen von mir eine Kopie der Denkschrift gefunden, die Du Dir angefertigt hattest, als man Dich zum ersten Mal zur Teilnahme am Konzil[32] entsandte, und als ich sie las, stellte ich fest, daß Du damals viele wichtige Punkte nicht hast erledigen können, und nach Streichung einiger Punkte, die bereits erledigt sind oder nicht besonders dringlich zu sein scheinen, glaube ich, sie Dir schicken zu sollen: vielleicht kannst Du diese Dinge jetzt erledigen.

Ich möchte noch etwas anderes zur Sprache bringen. Die Zahl der Menschenhändler – wie man sie zu nennen pflegt – ist in Afrika[33] derart groß, daß sie es zu einem erheblichen Teile von aller menschlichen Bewohnerschaft entblößen, indem sie ihre Ware in überseeische Provinzen verfrachten, und zwar fast lauter Freie. Denn man kann nur mit Mühe einige wenige entdekken, die von ihren Eltern verkauft worden sind – die diese Leute jedoch nicht, wie's die römischen Gesetze zulassen, als Dienstleistende bis zu fünfundzwanzig Jahren erwerben[34]; sie erwerben sie vielmehr ganz und gar als Sklaven und verkaufen sie auch nach Übersee als Sklaven. Doch richtige Sklaven, die von ihren Eigentümern kommen, verkaufen sie nur sehr selten. Ferner hat wegen dieser großen Zahl von Händlern die Zahl der Entführer und Räuber derart zugenommen, daß sie, wie es heißt, hordenweise mit Geschrei und in furchterregender, sei es militärischer, sei es fremdländischer Aufmachung gewisse ländliche Gegenden, in denen nur wenige Menschen leben, durchstreifen und die Leute, die sie diesen Händlern verkaufen, gewaltsam wegführen.

Omitto quod nuperrime nobis fama nuntiaverat in quadam villula per huiusmodi aggressiones occisis viris feminas et pueros ut venderentur abreptos; sed ubi hoc contigerit, si tamen vere contigit, non dicebatur. Verum ego ipse cum inter illos, cum ex illa miserabili captivitate per nostram ecclesiam liberarentur, a quadam puella quaererem, quomodo fuerit mangonibus vendita, raptam se dixit fuisse de domo parentum suorum; deinde quaesivi, utrum ibi sola fuisset inventa; respondit praesentibus suis parentibus et fratribus factum. Aderat et frater eius, qui venerat ad eam recipiendam et, quia illa parva erat, ipse nobis quomodo factum esset aperuit. Nocte enim dixit huiusmodi irruisse praedones, a quibus magis se quomodo poterant occultarent quam eis resistere auderent barbaros esse credentes. Mercatores autem si non essent, illa non fierent. Nec sane arbitror hoc Africae malum etiam illic ubi estis famam tacere; quod incomparabiliter longe minus fuit, quando tamen imperator Honorius ad praefectum Hadrianum legem dedit huiusmodi cohibens mercaturas talisque impietatis negotiatores plumbo cohercendos et proscribendos et in exilium perpetuum censuit esse mittendos; nec de his loquitur in ea lege, qui seductos depraedatos emunt liberos, quod paene solum isti faciunt, sed generaliter de omnibus qui vendendas familias transferunt in provincias transmarinas, ita ut ea quoque mancipia fisco sociari iusserit..., quod utique nullo modo de liberis diceret.

Hanc legem subiunxi huic commonitorio
22 meo, quamvis et Romae facilius possit for-
23 sitan inveniri; utilis est enim et huic pesti-

Ich übergehe, was uns jüngst ein Gerücht zugetragen hat: daß man auf einem Gütchen, nachdem man bei einem derartigen Überfall die Männer erschlagen hatte, die Frauen und Kinder wegführte, um sie zu verkaufen – doch wo sich dies zutrug, wenn es sich wirklich zugetragen hat, wurde nicht gesagt.

Ich selbst aber habe einmal aus der Zahl derer, die von unserer Gemeinde aus dieser elenden Gefangenschaft befreit wurden, ein Mädchen gefragt, wie es zum Verkauf an die Menschenhändler gekommen sei; da sagte sie, sie sei aus dem elterlichen Hause geraubt worden. Dann fragte ich, ob man sie allein angetroffen habe; sie antwortete, die Tat sei vor ihren Eltern und Brüdern geschehen.

Da fand sich auch einer ihrer Brüder ein, der gekommen war, sie abzuholen, und da sie noch klein war, machte er uns klar, wie die Tat geschehen war. Denn nachts, sagte er, hätten diese Räuber sie überfallen, so daß sie sich lieber, so gut sie konnten, vor ihnen versteckt als gewagt hätten, ihnen Widerstand zu leisten – sie hätten sie für Barbaren gehalten. Wenn aber die Händler nicht wären, dann würden diese Dinge nicht geschehen.

Und ich kann nicht glauben, daß die Kunde von diesem afrikanischen Übel nicht auch dorthin gedrungen ist, wo ihr seid; es war ja unvergleichlich viel harmloser, als Kaiser Honorius gleichwohl an den Präfekten[35] Hadrian ein Gesetz ergehen ließ, um diesen Handel zu unterbinden, und verfügte, daß derart skrupellose Händler mit bleiverstärkten Peitschen zu züchtigen und unter Verlust ihres Vermögens mit lebenslänglicher Verbannung zu bestrafen seien, und er redet in diesem Gesetz nicht von denen, die entführte und geraubte Freie ankaufen, was diese Leute fast ausschließlich tun, sondern insgesamt von allen, die Gesinde zum Verkauf in überseeische Provinzen bringen, mit der Maßgabe, daß auch die Sklaven dem Fiskus anheimfallen, was er ja für Freie keineswegs anordnen würde.

Dieses Gesetz habe ich diesem Schreiben beigegeben, obwohl man es in Rom gewiß eher bekommen kann; es ist nämlich nützlich und könnte gegen diese Seuche Abhilfe schaffen, doch

lentiae posset mederi, sed in tantum ea nos uti coepimus, in quantum sufficit ad homines liberandos, non ad illos mercatores, propter quos tot et tanta scelera perpetrantur, tali poena cohercendos. Terremus enim quos possumus ista lege nec plectimus, quin etiam metuimus, ne forte alii eos homines licet detestabiles atque damnabiles a nobis deprehensos ad poenam per hanc legem debitam trahant. Unde ad hoc magis ista scribo beatitudini tuae, ut constituatur, si fieri potest, a piissimis christianisque principibus, ne ad periculum damnationis quae hac lege definita est maximeque ad plumbi cohercitionem, unde homines facile moriuntur, isti perveniant, quando per ecclesiam ab eis homines liberantur; et necesse est ad eosdem comprimendos emendatam hanc legem in publicum fortasse proferri, ne nobis haec metuendo cessantibus transportentur miseri liberi in perpetuam servitutem, quoniam nobis nihil pro illis agentibus quis facile inveniri potest, qui non, si habet aliquam in litoribus potestatem, eis potius navigationes crudelissimas vendat, quam de navi quemquam miserorum christiana vel humana miseratione deponat vel in navi non permittat imponi.

Quarum autem potestatum vel quorum officiorum cura lex ista, vel si qua alia de hac re lata fuerit, habere possit executionem, ut Africa suis non amplius evacuetur indigenis nec gregatim et catervatim perpetuo quasi fluvio tanta hominum multitudo utriusque sexus peius quam captivitate barbarica amittat propriam libertatem, ipsorum est providere. A barbaris enim plurimi red-
24 imuntur, transportati vero in provincias
25 transmarinas nec auxilium redemptionis in-

haben wir es bis jetzt nur insoweit angewandt, als es uns ermöglicht, die Opfer zu befreien, nicht auch, gegen die Händler, in deren Interesse so zahlreiche schlimme Verbrechen begangen werden, mit der dort festgesetzten Strafe vorzugehen. Denn wir suchen mit diesem Gesetz wen wir können einzuschüchtern, ohne zu strafen, ja wir fürchten uns sogar davor, andere könnten diese Leute, sie mögen noch so abscheulich und verdammungswürdig sein, den nach diesem Gesetz verwirkten Strafen überantworten, nachdem wir sie dingfest gemacht haben.

Daher schreibe ich dies um so nachdrücklicher an Deine Glückseligkeit, es möge, wenn es irgend angeht, von den allerfrömmsten christlichen Kaisern festgesetzt werden, daß diese Leute nicht der Gefahr der von diesem Gesetz vorgesehenen Strafe und am wenigsten der Züchtigung mit Blei, die leicht zum Tode führt, ausgesetzt seien, da ja die Opfer durch die Gemeinde aus ihrer Gewalt befreit werden; und es ist wohl erforderlich, das in diesem Sinne geänderte Gesetz zu ihrer Bekämpfung vielleicht in die Öffentlichkeit zu tragen, damit nicht, indem wir aus der erwähnten Befürchtung zögern, unglückliche Freie auf immer in die Sklaverei verfrachtet werden, da sich ja, wenn wir nichts für sie tun, unter denen, die an den Küsten irgendwelche Befugnisse haben, leicht jemand[36] findet, der diesen Leuten lieber gegen Entgelt die grausamsten Transporte gestattet, als daß er aus christlichem oder menschlichem Erbarmen einen der Unglücklichen vom Schiff herunterholt oder auf das Schiff zu laden verbietet.

Welche Behörden oder Dienststellen dafür sorgen sollen, diesem Gesetz – oder einem anderen, das etwa in dieser Angelegenheit ergeht – zu der Wirkung zu verhelfen, daß Afrika nicht weiterhin von seinen Einwohnern entblößt wird und nicht weiterhin eine solche Menge von Menschen beiderlei Geschlechts scharen- und haufenweis wie in einem unablässigen Strome auf schlimmere Weise die rechtmäßige Freiheit verliert als durch Gefangenschaft bei den Barbaren: dies festzusetzen ist Sache der Kaiser. Denn von den Barbaren werden sehr viele wieder losgekauft, doch wer einmal in die überseeischen Provinzen verfrachtet ist, findet nicht einmal Hilfe für seinen Loskauf. Und den

veniunt; et barbaris resistitur, cum bene et prospere geritur Romana militia, ne barbarica Romani captivitate teneantur; his vero negotiatoribus non quorumcumque animalium, sed hominum, nec quorumcumque barbarorum, sed provincialium Romanorum usquequaque dispersis, ut in eorum manus pretia pollicentium vel violenter rapti vel insidiis decepti ubicumque et undecumque ducantur, pro libertate Romana – non dicam communi, sed ipsa propria – quis resistit?

Immo vero satis dici non potest, quam multi in eundem nefarium quaestum mira caecitate cupiditatis et nescio qua huius velut morbi contagione defluxerint. Quis credit inventam esse mulierem et hoc apud nos apud Hipponem, quae Giddabenses feminas velut lignorum emendorum causa seducere, includere, affligere soleret et vendere? Quis credat ecclesiae nostrae colonum satis idoneum uxorem suam eandemque matrem filiorum suorum nulla culpa eius offensum solo excitatum fervore huius pestilentiae vendidisse? Adolescens quidam viginti ferme annorum, calculator notarius cordatus de monasterio nostro est seductus et venditus, qui vix per ecclesiam potuit liberari.

Si velim quae nos tantum experti sumus enumerare talia scelera, nullo modo possum. Unum accipe documentum, unde cuncta conicias, quae per Africam totam et per omnia eius litora perpetrentur. Ante quattuor fere menses quam ista scriberem de diversis terris et maxime de Numidia congregati a Galatis mercatoribus (hi enim vel soli vel maxime his quaestibus inhianter
26 incumbunt), ut a litore Hipponiensi trans-
27 portarentur, adducti sunt. Non defuit fidelis

Barbaren leistet man Widerstand, indem zuverlässig und mit Erfolg römischer Kriegsdienst versehen wird, damit keine Römer in die Gefangenschaft von Barbaren geraten; doch diesen überall verstreuten Händlern – nicht von irgendwelchen Lebewesen, sondern von Menschen, und nicht von irgendwelchen Barbaren, sondern von römischen Provinzbewohnern: daß in deren Hände, weil sie hohe Preise bieten, brutal Geraubte oder hinterhältig Überrumpelte wo und woher auch immer ausgeliefert werden – wer leistet denen um der römischen, ich sage nicht um der gemeinsamen, sondern nur um der eigenen Freiheit willen Widerstand?

Wahrhaftig, es ist unbeschreiblich, wie viele sich zu diesem abscheulichen Erwerb aus einer sonderbaren Blindheit von Habgier oder ich weiß nicht aus was für einer ansteckenden Kraft dieser Krankheit haben hinreißen lassen. Wer möchte glauben, daß sich eine Frau gefunden hat, und zwar bei uns in der Nähe von Hippo, die fortwährend Frauen aus Giddaba[37], als ob sie ihnen Holz abkaufen wollte, beiseite geführt, eingesperrt, niedergeschlagen und verkauft hat?

Wer möchte glauben, daß ein recht ordentlicher Landpächter unserer Gemeinde die eigene Frau, die Mutter seiner Söhne, ohne durch ein Verschulden von ihrer Seite gekränkt worden zu sein, einzig aus der Hitze dieser Seuche verkauft hat? Ein junger Mann von etwa zwanzig Jahren, ein verständiger Buchhalter und Sekretär, ist aus unserem Kloster entführt und verkauft worden – die Gemeinde hat ihn mit Mühe befreien können.

Wenn ich aufzählen wollte, was allein uns an Verbrechen dieser Art widerfahren ist, dann könnte ich's auf keine Weise. Nimm einen einzigen Vorfall als Beispiel, woraus Du auf all das schließen kannst, was man sich in ganz Afrika und an allen seinen Küsten herausnimmt. Ungefähr vier Monate vor dem Datum dieses Briefes wurden Leute, die man aus verschiedenen Gegenden, vor allem aus Numidien[38], zusammengetrieben hatte, von galatischen[39] Händlern (sie gehen nämlich, wenn nicht als einzige, so doch mehr als andere hemmungslos dieser Art von Erwerb nach) an die Küste von Hippo geführt, von wo sie verfrachtet werden sollten. Es fand sich ein Glaubensbruder,

morem nostrum in elemosynis huiusmodi sciens, qui hoc nuntiaret ecclesiae; continuo partim de navi, in qua fuerant impositi, partim de ... loco, ubi occultati fuerant imponendi, a nostris me quidem absente centum ferme et viginti homines liberati sunt, in quibus vix quinque aut sex inventi sunt a parentibus venditi; ceterorum autem varios casus, quibus per seductores atque praedones ad Galatas pervenerunt, vix ullus audiens a lacrimis temperat.

Iam tuae sanctae prudentiae est cogitare, quanta miserarum animarum transportatio ferveat per cetera litora, si apud Hipponem Regium, ubi deo miserante qualiscumque invigilat ecclesiae diligentia, qua homines miseri de captivitate huiusmodi liberentur, et talium mercium negotiatores longe quidem minus quam huius legis severitate, tamen pretiorum saltem amissione plectuntur, tantum ardet cupiditas, tantum audet immanitas Galatarum. Per caritatem obsecro christianam, ne frustra haec scripserim ad caritatem tuam. Non enim desunt patroni Galatis, per quos a nobis repetant, quos dominus per ecclesiam liberavit etiam suis iam quaerentibus et ad nos cum litteris episcoporum propterea venientibus redditos. Nonnullos autem fideles filios nostros, apud quos quidam eorum commendati tunc remanserunt (non enim sufficit ecclesia cunctos quos liberat pascere), iam perturbare coeperunt, quando ista dictavimus, et si litteris a potestate quam timere poterant supervenientibus ...; nec tamen omnimodo ab ista repetitione cessarunt.

28 Omnes qui nos per litteras venerationis
29 tuae salutare dignati sunt pro eorum meritis

der unsere Praxis von Wohltätigkeit dieser Art kannte und der der Gemeinde von dem erwähnten Vorgang berichtete; alsbald haben die Unsern in meiner Abwesenheit sie teils von dem Schiff, auf das sie verladen worden waren, teils aus dem Versteck, von dem aus sie verladen werden sollten, befreit: ungefähr hundertundzwanzig Leute, unter denen sich kaum fünf oder sechs befanden, die von ihren Eltern verkauft worden waren; schwerlich wird sich jemand, der von der Vielfalt der Wechselfälle vernimmt, durch welche die anderen über Entführer und Räuber in die Gewalt der Galater gelangten, der Tränen enthalten.

Jetzt kann Deine ehrwürdige Klugheit selbst ermessen, welchen Umfang die Verschleppung unglücklicher Seelen an den übrigen Küsten angenommen hat, wenn schon bei Hippo Regius, wo durch Gottes Erbarmen die Sorge einer Gemeinde, sie sei wie sie wolle, darüber wacht, daß die unglücklichen Menschen aus einer solchen Gefangenschaft befreit und daß diejenigen, die mit solchen Waren handeln, weit weniger zwar als nach der Strenge dieses Gesetzes, immerhin jedoch mit dem Verlust des Erlöses bestraft werden, diese brennende Begierde, diese skrupellose Grausamkeit der Galater so viel zu unternehmen wagt. Bei der christlichen Liebe flehe ich Dich an, daß ich diesen Brief nicht vergebens an Deine Liebe richte.

Denn es fehlt den Galatern nicht an Beschützern, durch die sie die Leute von uns zurückfordern, die der Herr mit Hilfe der Gemeinde befreit hat – selbst wenn sie wieder an ihre Angehörigen gelangt sind, nachdem diese darum gebeten und sich mit Briefen ihrer Bischöfe bei uns eingefunden haben. Auch haben sie begonnen, einigen Gläubigen, unseren Söhnen, bei denen damals eine Reihe dieser Leute auf Empfehlung hin eine Bleibe fand (denn die Mittel der Gemeinde reichen nicht aus, alle, die sie befreit, zu ernähren), zuzusetzen, als ich diesen Brief diktierte, und wenn ein Schreiben einer Behörde, die geeignet war, ihnen Furcht einzuflößen, anlangte ...; und trotzdem ließen sie nicht gänzlich von der Rückforderung ab.

Allen gegenüber, die sich herbeiließen, uns durch den Brief Deiner Verehrungswürdigkeit zu grüßen, erwidere ich in An-

in Christi caritate resaluto. Conservi mei qui mecum sunt mecum salutant sanctitatem tuam.

## RÖMISCHE PFLICHTENORDNUNG AUS DER SICHT DES JURISTEN

*Sabinus, Ius civile III* [8]

In officiis apud maiores ita observatum est: primum tutelae, deinde hospiti, deinde clienti, tum cognato, postea adfini. Aequa causa feminae viris potiores habitae pupillarisque tutela muliebri praelata. Etiam adversus quem adfuissent, eius filiis tutores relicti, in eadem causa pupillo aderant.

## STAATSVERFASSUNG

*Laelius Felix, Ad Q. Mucium I* [9]

Labeo scripsit calata comitia esse, quae pro conlegio pontificum habentur aut regis aut flaminum inaugurandorum causa. Eorum autem alia esse curiata, alia centuriata: curiata per lictorem curiatum calari, id est convocari, centuriata per cornicinem. Isdem comitiis, quae calata appellari diximus, et sacrorum detestatio et testamenta fieri solebant. Tria enim genera testamentorum fuisse accepimus: unum, quod calatis comitiis in populi contione fieret, alterum in procinctu, cum viri ad proelium faciendum in aciem
30 vocabantur, tertium per familiae emancipa-
31 tionem, cui aes et libra adhiberetur. . .

betracht ihrer Verdienste in Christi Liebe den Gruß. Meine Mitsklaven[40], die bei mir sind, grüßen gemeinsam mit mir Deine Ehrwürdigkeit.

*Sabinus, Bürgerliches Recht Buch 3*
Bei ihren Verpflichtungen hielten unsere Vorfahren folgende Rangordnung ein: an erster Stelle stand der einer Vormundschaft Bedürftige, an zweiter der Gastfreund, an dritter der Schutzbefohlene, an vierter der Verwandte, an fünfter der Verschwägerte. Nach demselben Prinzip hatten die Frauen Vorrang vor den Männern und galt eine Altersvormundschaft[41] für wichtiger als eine Geschlechtsvormundschaft[42]. Ferner, wenn sie einem gegen irgendwen Beistand geleistet hatten, dann standen sie, sofern sie für dessen Kinder letztwillig zu Vormündern bestimmt waren, in derselben Sache auch dem Mündel bei.

*Lälius Felix, Erläuterungen zu Quintus Mucius[43] Buch 1*
Wie Labeo schreibt, gibt es Kalatkomitien[44], die nach Weisung des Pontifikalkollegiums[45] stattfinden entweder zur Weihe des Opferkönigs oder der Flamines[46]. Die Kalatkomitien seien teils Kuriat-[47], teils Zenturiatkomitien[48]; Kuriatkomitien würden durch einen Kurienliktor[49] ‹kaliert›, das heißt einberufen, Zenturiatkomitien durch einen Hornbläser[50]. Vor diesen Komitien, die, wie gesagt, Kalatkomitien heißen, konnte man auch seiner Familie abschwören[51] und Testamente errichten. Uns ist nämlich überliefert, daß es drei Arten von Testamenten gegeben hat: eine, die im Rahmen von Kalatkomitien vor versammeltem Volke vollzogen wurde, eine andere in der Rüstung, für Männer, die zum Gefecht angetreten waren, die dritte durch treuhänderische Übertragung des Vermögens, wobei man ein Stück Erz und eine Waage verwendete[52].

Is qui non universum populum, sed partem aliquam adesse iubet, non comitia, sed concilium edicere debet. Tribuni autem neque advocant patricios neque ad eos referre ulla de re possunt. Ita ne leges quidem proprie, sed plebisscita appellantur, quae tribunis plebis ferentibus accepta sunt, quibus rogationibus ante patricii non tenebantur, donec Q. Hortensius dictator legem tulit, ut eo iure, quod plebs statuisset, omnes Quirites tenerentur. . .

Cum ex generibus hominum suffragium feratur, curiata comitia esse, cum ex censu et aetate, centuriata, cum ex regionibus et locis, tributa; centuriata autem comitia intra pomerium fieri nefas esse, quia exercitum extra urbem imperari oporteat, intra urbem imperari ius non sit. Propterea centuriata in campo Martio haberi.

*Pomponius, Enchiridium* [10]

Novissime sicut ad pauciores iuris constituendi vias transisse ipsis rebus dictantibus videbatur res publica per partes, evenit, ut necesse esset rei publicae per unum consuli; nam senatus non perinde omnes provincias probe gerere poterat. Igitur constituto principe datum est ei ius, ut quod constituisset ratum esset.

*Imperator Alexander Augustus Antigono* [11]

Licet . . . lex imperii sollemnibus iuris imperatorem solverit, nihil tamen tam proprium imperii est, ut legibus vivere.

Proposita XI kalendas Ianuarias Lupo et Maximo consulibus.

Wer nicht das Gesamtvolk, sondern nur einen Teil zu einer Versammlung einberuft, muß statt der Komitien ein Konzil ankündigen. Volkstribunen aber laden weder Patrizier hinzu, noch können sie ihnen gegenüber etwas einbringen. Daher wird nicht im eigentlichen Sinne als Gesetz bezeichnet, sondern als Plebiszit, was auf Antrag der Volkstribunen beschlossen wird, woran die Patrizier zunächst nicht gebunden waren[53], bis Quintus Hortensius als Diktator[54] ein Gesetz einbrachte, daß an die Rechtsätze, die die Plebs beschlossen habe, alle Bürger gebunden seien[55].

Wenn nach der Geschlechterordnung der Bürger abgestimmt werde, dann handele es sich um Kuriatkomitien, wenn nach Vermögensverhältnissen und Alter, um Zenturiatkomitien, wenn nach Bezirken und Orten, um Tributkomitien[56]. Zenturiatkomitien innerhalb des Pomeriums[57] einzuberufen, sei verboten, weil das Kommando über ein Heer nur außerhalb der Stadt ausgeübt werden solle, innerhalb der Stadt jedoch nicht ausgeübt werden dürfe. Deswegen fänden die Zenturiatkomitien auf dem Marsfelde[58] statt.

*Pomponius, Handbüchlein*

Schließlich, ebenso wie der Staat, offensichtlich aus Sachzwang, Stück für Stück zu einer geringeren Anzahl von Möglichkeiten der Rechtssetzung gelangt war, kam es dahin, daß es sich als nötig erwies, die Lenkung des Staates einem einzigen anzuvertrauen; denn der Senat war nicht in der Lage, in gleicher Weise alle Aufgaben rechtschaffen zu versehen. Als somit ein Kaiser eingesetzt war, wurde ihm das Recht verliehen, daß alles, was er festsetze, verbindlich sei[59].

*Kaiser Alexander Severus*
*an Antigonus*

Zwar entbindet das Gesetz über die Herrschergewalt den Kaiser der Formvorschriften: gleichwohl ist nichts so sehr ein Merkmal des Kaisertums, als nach Maßgabe der Gesetze zu handeln.

Verkündet am 22. Dezember, unter dem Konsulat des Lupus und des Maximus (232).

## Rom

*Ulpianus, De officio praefecti urbi* [12]

Servos, qui ad statuas confugerint, vel sua pecunia emptos ut manumittantur de dominis querentes audiet. Sed et patronos egentes de suis libertis querentes audiet, maxime si aegros se esse dicant desiderentque a libertis exhiberi. . . .

Initio epistulae divi Severi ad Fabium Cilonem praefectum urbi ita scriptum est: «Cum urbem nostram fidei tuae commiserimus.» Quidquid igitur intra urbem admittitur, ad praefectum urbi videtur pertinere. Sed et si quid intra centensimum miliarium admissum sit, ad praefectum urbi pertinet; si ultra ipsum lapidem, egressum est praefecti urbi notionem.

Si quis servum suum adulterium commisisse dicat in uxorem suam, apud praefectum urbi erit audiendus. . . .

Quod autem dictum est, ut servos de dominis querentes praefectus audiat, sic accipiemus non accusantes dominos (hoc enim nequaquam servo permittendum est nisi ex causis receptis), sed si verecunde expostulent, si saevitiam, si duritiam, si famem, qua eos premant, si obscenitatem, in qua eos compulerint vel compellant, apud praefectum urbi exponant. Hoc quoque officium praefecto urbi a divo Severo datum est, ut mancipia tueatur ne prostituantur.

Praeterea curare debebit praefectus urbi, ut nummularii probe se agant circa omne
34 negotium suum et temperent his, quae sunt
35 prohibita.

*Ulpian, Über die Aufgaben des Stadtpräfekten*[60]

Sklaven, die zu kaiserlichen Standbildern Zuflucht genommen haben oder mit ihrem eigenen Geld zum Zwecke der Freilassung von jemandem gekauft worden sind, soll er anhören, wenn sie sich über ihren Herrn beschweren. Doch auch bedürftige Patrone, die sich über ihre Freigelassenen beschweren, soll er anhören, besonders wenn sie sagen, sie seien krank, und von ihren Freigelassenen Unterhalt bekommen wollen.

Am Anfang des Schreibens des göttlichen Septimius Severus an den Stadtpräfekten Fabius Cilo[61] heißt es wie folgt:

«Da wir unsere Stadt deiner Gewissenhaftigkeit anvertraut haben»; somit steht fest, daß alle Vergehen, die innerhalb der Stadt begangen werden, in die Zuständigkeit des Stadtpräfekten fallen. Doch auch ein Vergehen, das innerhalb des hundertsten Meilensteins begangen wird, fällt in die Zuständigkeit des Stadtpräfekten; wenn hingegen jenseits dieser Grenze, dann entzieht es sich der Strafgewalt des Stadtpräfekten[62].

Wenn jemand behauptet, einer seiner Sklaven habe mit seiner Frau Ehebruch begangen, dann muß er beim Stadtpräfekten Gehör finden.

Wenn es aber heißt, der Präfekt solle Sklaven anhören, die sich über ihren Herrn beschweren, dann wollen wir annehmen, daß er dies nicht tun soll, wenn sie ihren Herrn anklagen[63] (denn dies darf man einem Sklaven keinesfalls zugestehen, außer in den anerkannten Fällen)[64], sondern nur, wenn sie ehrerbietig um Hilfe bitten und sich dem Stadtpräfekten gegenüber darauf berufen, daß ihr Herr ihnen mit Grausamkeit, mit Härte, mit Hunger zusetze, daß er sie zu unzüchtigen Handlungen gezwungen habe oder zwinge. Auch diese Aufgabe ist dem Stadtpräfekten vom göttlichen Septimius Severus zugewiesen worden, daß er die Sklavinnen vor Prostitution bewahre.

Außerdem muß der Stadtpräfekt dafür Sorge tragen, daß die Banken alle ihre Geschäfte korrekt tätigen und sich all dessen enthalten, was verboten ist.

Cum patronus contemni se a liberto dixerit vel contumeliosum sibi libertum queratur vel convicium se ab eo passum liberosque suos vel uxorem vel quid huic simile obicit, praefectus urbi adiri solet et pro modo querellae corrigere eum, aut comminari aut fustibus castigare aut ulterius procedere in poena eius solet. Nam et puniendi plerumque sunt liberti. Certe si se delatum a liberto vel conspirasse eum contra se cum inimicis doceat, etiam metalli poena in eum statui debet.

Cura carnis omnis ut iusto pretio praebeatur ad curam praefecturae pertinet, et ideo et forum suarium sub ipsius cura est. Sed et ceterorum pecorum sive armentorum, quae ad huiusmodi praebitionem spectant, ad ipsius curam pertinent.

Quies quoque popularium et disciplina spectaculorum ad praefecti urbi curam pertinere videtur. Et sane debet etiam dispositos stationarios habere ad tuendam popularium quietem et ad referendum sibi, quid ubi agatur. Et urbe interdicere praefectus urbi et qua alia soli Italici regione potest, et negotiatione et professione et advocationibus et foro, et ad tempus et in perpetuum. Interdicere poterit et spectaculis, et si quem releget ab Italia, summovere eum etiam a provincia sua.

Divus Severus rescripsit eos etiam, qui illicitum collegium coisse dicuntur, apud praefectum urbi accusandos.

*Imperatores Valentinianus et Valens Augusti ad Praetextatum praefectum urbi* [13]

36 Exceptis porticus Xysti virginumque Vesta-
37 lium quot regiones urbis sunt, totidem con-

Wenn ein Patron behauptet, er werde von seinem Freigelassenen geringschätzig behandelt, oder sich beschwert, daß sich der Freigelassene ihm gegenüber herabwürdigend verhalte, oder rügt, er und seine Kinder oder seine Frau seien mit Scheltworten bedacht worden, oder etwas Ähnliches vorbringt, dann pflegt man sich an den Stadtpräfekten zu wenden, und der Freigelassene empfängt eine dem Gewicht der Beschwerde entsprechende Züchtigung. Der Stadtpräfekt pflegt ihn zu verwarnen oder mit Stockschlägen zu züchtigen oder, wenn er ihn bestraft, noch darüber hinauszugehen; denn Freigelassene haben in der Regel auch Strafen verdient. Jedenfalls muß, wenn der Patron darlegt, er sei von seinem Freigelassenen denunziert worden oder dieser habe sich mit seinen Feinden gegen ihn zusammengetan, sogar auf Zwangsarbeit im Bergwerk gegen ihn erkannt werden.

Auch daß die gesamte Fleischversorgung gegen angemessene Preise erfolgt, ist Sache der Präfektur, und daher untersteht auch der Schweinemarkt der Obhut des Präfekten; doch auch der übrige Handel mit Vieh oder Haustieren, soweit er die Fleischversorgung betrifft, gehört zu seinem Amtsbereich.

Auch die Ruhe im Volke und der geordnete Verlauf der Spiele gehört offensichtlich zu seinen Obliegenheiten, und gewiß muß er auch an verschiedenen Orten Wachtposten einrichten, die die Ruhe im Volke aufrechterhalten und ihm melden, was sich überall abspielt. Der Stadtpräfekt kann auch den Aufenthalt in der Stadt oder einem anderen Teil Italiens untersagen und darf Handelsgeschäfte, die Ausübung eines Berufs, die Tätigkeit als Anwalt und das Erscheinen auf dem Forum verbieten, und zwar sowohl auf Zeit als auch auf immer, ferner den Besuch von Schauspielen. Und wenn er jemanden aus Italien ausweist, kann er ihn auch aus seiner Provinz entfernen.

Der göttliche Septimius Serverus hat angeordnet, daß auch diejenigen, die eine unerlaubte Vereinigung gegründet haben sollen, beim Stadtpräfekten anzuklagen seien.

*Die Kaiser Valentinian und Valens*
*an den Stadtpräfekten Prätextatus*
Abgesehen von der xystischen Säulenhalle und den Vestalischen Jungfrauen[65] sollen ebensoviele Amtsärzte bestellt werden, wie

stituantur archiatri. Qui scientes annonaria sibi commoda a populi commodis ministrari honeste obsequi tenuioribus malint quam turpiter servire divitibus. Quos etiam ea patimur accipere, quae sani offerunt pro obsequiis, non ea, quae periclitantes pro salute promittunt.

Quod si huic archiatrorum numero aliquem aut condicio fatalis aut aliqua fortuna decerpserit, in eius locum non patrocinio praepotentium, non gratia iudicantis alius surrogetur, sed horum omnium fideli circumspectoque delectu, qui et ipsorum consortio et archiatrae ipsius dignitate et nostro iudicio dignus habeatur. De cuius nomine referri ad nos protinus oportebit.

Data III kalendas Februarias Treveris Valentiniano et Valente II Augustis consulibus.

## Provinzen

*Ulpianus, De officio proconsulis I, II, X* [14]

Observare ... proconsulem oportet, ne in hospitiis praebendis oneret provinciam, ut imperator noster cum patre Aufidio Severiano rescripsit. Nemo proconsulum stratores suos habere potest, sed vice eorum milites ministerio in provinciis funguntur. Proficisci autem proconsulem melius quidem est sine uxore, sed et cum uxore potest, dummodo sciat senatum Cotta et Messala consulibus censuisse futurum, ut, si quid uxores eorum qui ad officia proficiscuntur deliquerint, ab ipsis ratio et vindicta exigatur.

Antequam vero fines provinciae decretae sibi proconsul ingressus sit, edictum debet de adventu suo mittere continens commendationem aliquam sui, si qua ei familiaritas sit

Stadtbezirke[66] vorhanden sind. Die aber sollen eingedenk der Tatsache, daß sie ihre Gehälter aus dem Etat für Leistungen an das Volk beziehen, lieber in Ehren den Armen zu Dienste stehen als in Schande die Knechte der Reichen sein. Auch gestatten wir, daß sie das annehmen, was ihnen Gesunde für empfangene Dienste anbieten, nicht aber das, was gefährlich Erkrankte für ihre Rettung versprechen.

Wenn ein verhängnisvolles Ereignis oder ein Glücksfall[67] jemanden aus dieser Zahl von Amtsärzten wegnimmt, dann soll an seine Stelle ohne Protektion der Mächtigen und ohne Einflußnahme eines hohen Beamten ein anderer nachgewählt werden: allein auf Grund einer gewissenhaften und umsichtigen Prüfung von Seiten aller übrigen, und zwar jemand, der der Zugehörigkeit zu ihnen und des Ranges eines Amtsarztes und unserer Zustimmung würdig scheint. Hinsichtlich seines Namens muß uns dann sofort Mitteilung gemacht werden.

Gegeben am 30. Januar zu Trier[68] unter dem zweiten Konsulat der Kaiser Valentinian und Valens (368).

*Ulpian, Über die Aufgaben des Statthalters Buch 1, 2 und 10*

Der Statthalter muß darauf achten, daß er die Provinz nicht durch die Gewährung freien Quartiers[69] belastet, wie unser Kaiser und sein Vater[70] auf eine Anfrage des Aufidius Severianus[71] angeordnet haben. Kein Statthalter darf eigene Leibwächter mit sich führen; an ihrer Stelle versehen in den Provinzen Soldaten diese Aufgabe. Der Statthalter reist besser ohne seine Frau in die Provinz; er kann sie jedoch auch mitnehmen, wobei er bedenken muß, was der Senat unter den Konsuln Cotta und Messala[72] beschlossen hat: daß diejenigen, die aus dienstlichen Gründen aus Rom verreisen, für etwaige Vergehen ihrer Frauen selbst Rechenschaft geben und einstehen müssen.

Bevor jedoch der Statthalter das Gebiet der ihm zugeteilten Provinz betritt, soll er sich über seine Ankunft in einer Bekanntmachung äußern, worin er seine Person irgendwie zu empfehlen sucht: wenn ihn irgendeine freundschaftliche Beziehung mit den Provinzbewohnern verbindet. Vor allem wird

cum provincialibus vel coniunctio, et maxime excusantis, ne publice vel privatim occurrant ei: esse enim congruens, ut unusquisque in sua patria eum exciperet. Recte autem et ordine faciet, si edictum decessori suo miserit significetque, qua die fines sit ingressurus; plerumque enim incerta haec et inopinata turbant provinciales et actus impediunt.

Ingressurum etiam hoc eum observare oportet, ut per eam partem provinciam ingrediatur, per quam ingredi moris est, et quas Graeci ἐπιδημίας appellant sive κατάπλουν observare, in quam primum civitatem veniat vel applicet; magni enim facient provinciales servari sibi consuetudinem istam et huiusmodi praerogativas. Quaedam provinciae etiam hoc habent, ut per mare in eam provinciam veniat, ut Asia, scilicet usque adeo, ut imperator noster Antoninus Augustus ad desideria Asianorum rescripserit proconsuli necessitatem impositam per mare Asiam applicare καὶ τῶν μητροπόλεων Ἔφεσον primam attingere.

Post haec ingressus provinciam mandare iurisdictionem legato suo debet nec hoc ante facere, quam fuerit provinciam ingressus. Est enim perquam absurdum, antequam ipse iurisdictionem nanciscatur (nec enim prius ei competit, quam in eam provinciam venerit), alii eam mandare, quam non habet. Sed si et ante fecerit et ingressus provinciam in eadem voluntate fuerit, credendum est videri legatum habere iurisdictionem non exinde, ex quo mandata est, sed ex quo provinciam proconsul ingressus est. Solent etiam custodiarum cognitionem mandare le-
40 gatis, scilicet ut praeauditas custodias ad se
41 remittant, ut innocentem ipse liberet. Sed

er sich darin verbitten, daß ihm die Leute in amtlichem Auftrag oder als Privatpersonen entgegenziehen; es sei passend, daß ihn ein jeder in seiner Heimatgemeinde erwarte. Richtig aber und ordnungsgemäß wird er handeln, wenn er seinem Vorgänger ein Schreiben schickt und ihm bekanntgibt, an welchem Tage er sein Amtsgebiet zu betreten gedenkt; denn meistens geraten, wenn dies unbestimmt und unvorhersehbar bleibt, die Provinzbewohner in Verwirrung und die Geschäfte ins Stocken.

Wenn er die Provinz betritt, dann muß er auch darauf achten, daß er sie dort betritt, wo es üblich ist, sie zu betreten; und er soll auf die, wie die Griechen sagen, Epidemien[73] oder den Kataplus[74] achten, das heißt: in welcher Stadt er zuerst Halt macht oder anlegt; die Provinzbewohner legen nämlich großen Wert darauf, daß man sich ihnen gegenüber an diesen Brauch und an derlei Vorrechte hält.

Einige Provinzen haben auch die Eigentümlichkeit, daß der Statthalter sie vom Meere aus aufsucht, wie Asien[75], in welchem Falle unser Kaiser Caracalla sogar den Bescheid erteilte, dem Statthalter sei um der Wünsche der Asiaten willen zwingend auferlegt, die Provinz vom Meere aus aufzusuchen und von den wichtigen Städten als erste Ephesus zu berühren.

Nachdem er die Provinz betreten hat, sollte er seinem Stellvertreter die Zivilrechtsprechung übertragen[76]; er darf das nämlich nicht eher tun, als bis er die Provinz betreten hat; es wäre ja ganz abwegig, wenn er, bevor er selbst die Befugnis zur Rechtsprechung erlangt, die ihm ja erst zusteht, wenn er die Provinz betreten hat, auf einen anderen übertragen wollte, was er noch gar nicht hat. Doch wenn er es schon vorher tut und nach Betreten der Provinz bei seinem Entschluß bleibt, dann darf man annehmen, daß der Stellvertreter zur Rechtsprechung befugt ist: nicht unmittelbar vom Zeitpunkt der Übertragung an, sondern seit der Statthalter die Provinz betreten hat. Es ist auch üblich, die Vernehmung der Verhafteten auf die Stellvertreter zu übertragen, mit der Maßgabe, daß sie die Verhafteten, nachdem sie von ihnen gehört worden sind, dem Statthalter überstellen und dieser jemanden, der unschuldig ist, selbst frei-

hoc genus mandati extraordinarium est; nec enim potest quis gladii potestatem sibi datam vel cuius alterius coercitionis ad alium transferre, nec liberandi igitur reos ius, cum accusari apud eum non possint. Sicut autem mandare iurisdictionem vel non mandare est in arbitrio proconsulis, ita adimere mandatam iurisdictionem licet quidem proconsuli, non autem debet inconsulto principe hoc facere. Legatos non oportet principem consulere, sed proconsulem suum, et is ad consultationes legatorum debebit respondere.

Non vero in totum xeniis abstinere debebit proconsul, sed modum adicere, ut neque morose in totum abstineat neque avare modum xeniorum excedat. Quam rem divus Severus et imperator Antoninus elegantissime epistula sunt moderati, cuius epistulae verba haec sunt: «Quantum ad xenia pertinet, audi quid sentimus. Vetus proverbium est: οὔτε πάντα οὔτε πάντοτε οὔτε παρὰ πάντων. Nam valde inhumanum est a nemine accipere, sed passim vilissimum est et omnia avarissimum.» Et quod mandatis continetur, ne donum vel munus ipse proconsul vel qui in alio officio erit accipiat ematve quid nisi victus cottidiani causa, ad xeniola non pertinet, sed ad ea quae edulium excedant usum. Sed nec xenia producenda sunt ad munerum qualitatem.

Si in aliam quam celebrem civitatem vel provinciae caput advenerit, pati debet commendari sibi civitatem laudesque suas non gravate audire, cum honori suo provinciales id vindicent, et ferias secundum mores et consuetudinem quae retro optinuit dare.
42 Aedes sacras et opera publica circumire in-
43 spiciendi gratia, an sarta tectaque sint vel an

gibt. Doch diese Art der Übertragung[77] ist außerordentlich[78]; denn niemand kann die ihm anvertraute Gewalt des Schwertes oder anderer Maßregelungen an einen anderen weitergeben, also auch nicht das Recht, Beschuldigte freizugeben, da sie beim Stellvertreter auch nicht angeklagt werden können. Wie es aber im Ermessen des Statthalters liegt, die Zivilrechtsprechung zu übertragen oder nicht, so ist es ihm auch erlaubt, die Übertragung der Rechtsprechung zu widerrufen; allerdings darf er dies nicht tun, ohne beim Kaiser anzufragen. Die Stellvertreter sollen nicht beim Kaiser anfragen, sondern nur bei ihrem Statthalter, und dieser muß die Anfragen der Stellvertreter beantworten.

Ferner soll sich der Statthalter nicht gänzlich der Annahme von Erkenntlichkeiten enthalten, wohl aber ein Maß festsetzen, so daß er sich weder engherzig aller Erkenntlichkeiten enthält noch habgierig das Maß überschreitet. Diesen Gegenstand haben der göttliche Septimius Severus und Kaiser Caracalla in einem Schreiben sehr treffend geregelt. Das Schreiben hat folgenden Wortlaut: «Was die Erkenntlichkeiten betrifft, so höre, was wir davon halten. Ein altes Sprichwort besagt: Nicht alles, nicht allezeit und nicht von allen. Denn es ist sehr unfreundlich, von niemandem etwas anzunehmen; doch allenthalben anzunehmen, ist äußerst verwerflich, und alles anzunehmen äußerst raffgierig.» Und wenn es in den Weisungen[79] heißt, der Statthalter selbst oder wer ein anderes Amt innehat dürfe keine Gabe und kein Geschenk annehmen noch etwas kaufen, außer für den täglichen Bedarf, so erstreckt sich dies nicht auf kleine Erkenntlichkeiten, sondern nur auf das, was über die üblichen Lebensmittel hinausgeht. Doch die Erkenntlichkeiten dürfen auch nicht das Gewicht öffentlicher Lasten erreichen.

Wenn er in einer anderen großen Stadt oder in der Provinzhauptstadt eintrifft, dann muß er hinnehmen, daß die Stadt sich ihm empfiehlt, und sich ohne Murren Lobreden auf seine Person anhören, da die Provinzbewohner dies zu ihrer eigenen Ehre für sich beanspruchen, und muß gemäß den Gepflogenheiten und dem Brauch, der bisher gegolten hat, Festtage anberaumen. Er muß die geweihten Gebäude und öffentlichen Anlagen[80] aufsuchen, um festzustellen, ob die Mauern und Dächer in Ord-

aliqua refectione indigeant, et si qua coepta sunt ut consummentur, prout vires eius rei publicae permittunt, curare debet curatoresque operum diligentes sollemniter praeponere, ministeria quoque militaria, si opus fuerit, ad curatores adiuvandos dare.

Cum plenissimam autem iurisdictionem proconsul habeat, omnium partes, qui Romae vel quasi magistratus vel extra ordinem ius dicunt, ad ipsum pertinent, nec quicquam est in provincia, quod non per ipsum expediatur. Sane si fiscalis pecuniaria causa sit, quae ad procuratorem principis respicit, melius fecerit, si abstineat. Ubi decretum necessarium est, per libellum id expedire proconsul non poterit; omnia enim, quaecumque causae cognitionem desiderant, per libellum non possunt expediri. Circa advocatos patientem esse proconsulem oportet, sed cum ingenio, ne contemptibilis videatur, nec adeo dissimulare, si quos causarum concinnatores vel redemptores deprehendat, eosque solos pati postulare, quibus per edictum eius postulare permittitur. De plano autem proconsul potest expedire haec: ut obsequium parentibus et patronis liberisque patronorum exhiberi iubeat; comminari etiam et terrere filium a patre oblatum, qui non ut oportet conversari dicatur, poterit de plano, similiter et libertum non obsequentem emendare aut verbis aut fustium castigatione. Observare itaque eum oportet, ut sit ordo aliquis postulationum, scilicet ut omnium desideria audiantur, ne forte, dum honori postulantium datur vel improbitati ceditur, mediocres desideria sua non proferant, qui
44 aut omnino non adhibuerunt aut minus fre-
45 quentes neque in aliqua dignitate positos ad-

nung sind oder ob sie der Reparatur bedürfen, und wenn sich etwas im Bau befindet, dann soll er darauf dringen, daß es vollendet wird. Den Kräften der betreffenden Gemeinde entsprechend müssen seine Maßnahmen eingerichtet sein, und er muß in gehöriger Form zuverlässige Aufseher für die Arbeiten einsetzen und auch militärische Hilfskräfte, wenn sie gebraucht werden, zur Unterstützung abkommandieren.

Da aber der Statthalter die ganze Gerichtsbarkeit innehat, kommen ihm die Aufgaben all derer zu, die in Rom als hohe Beamte oder außerordentlicherweise Recht sprechen, und es gibt nichts in der Provinz, was er nicht selbst entscheiden könnte. Allerdings, wenn es sich um eine Geldangelegenheit des Fiskus handelt, die in die Zuständigkeit eines kaiserlichen Finanzprokurators[81] fällt, dann tut er besser daran, sich nicht einzumischen. Wo ein Urteil notwendig ist, kann der Statthalter die Sache nicht durch einfachen Bescheid erledigen; denn alles, was ein gerichtliches Verfahren erfordert, kann nicht durch einfachen Bescheid erledigt werden. Hinsichtlich der Anwälte soll der Statthalter großzügig sein, aber mit Unterscheidungsvermögen, damit er sich nicht verächtlich macht, und er darf nicht darüber hinweggehen, wenn er Anstifter und Aufkäufer von Prozessen entdeckt, und darf nur diejenigen Anträge stellen lassen, denen sein Edikt[82] das Antragstellen erlaubt.

Im nichtstreitigen Verfahren kann der Statthalter folgendes erledigen: er kann befehlen, daß den Eltern und den Freilassern und deren Kindern Gehorsam zu erweisen sei; auch warnen und bedrohen kann er einen vom Vater vorgeführten Sohn, der sich angeblich ungehörig aufführt, ohne streitiges Verfahren, desgleichen einen ungehorsamen Freigelassenen durch Worte oder züchtigende Stockschläge zur Vernunft bringen. Er muß auch darauf achten, daß bei den Anträgen eine bestimmte Ordnung eingehalten wird, damit alle ihre Beschwerden zu Gehör bringen können. Wenn das Ansehen der Antragsteller den Ausschlag gibt oder sich Unverschämtheit durchsetzt, dann besteht die Gefahr, daß die einfachen Leute ihre Beschwerden nicht vorbringen, weil sie entweder überhaupt keine Anwälte hinzugezogen haben oder sich nur wenige und einflußlose Leute zu verschaffen wußten.

vocatos sibi prospexerunt. Advocatos quoque petentibus debebit indulgere plerumque: feminis vel pupillis vel alias debilibus vel his, qui suae mentis non sunt, si quis eis petat; vel si nemo sit qui petat, ultro eis dare debebit. Sed si qui per potentiam adversarii non invenire se advocatum dicat, aeque oportebit ei advocatum dare. Ceterum opprimi aliquem per adversarii sui potentiam non opertet. Hoc enim etiam ad invidiam eius qui provinciae praeest spectat, si quis tam impotenter se gerat, ut omnes metuant adversus eum advocationem suscipere.

Meminisse oportebit usque ad adventum successoris omnia debere proconsulem agere, cum sit unus proconsulatus et utilitas provinciae exigat esse aliquem, per quem negotia sua provinciales explicent; ergo in adventum successoris debebit ius dicere. Legatum suum ne ante se de provincia dimittat, et lege Iulia repetundarum et rescripto divi Hadriani ad Calpurnium Rufum proconsulem Achaiae admonetur.

*Pseudo-Ulpianus, Opiniones I* [15]

Ne piscatores nocte lumine ostenso fallant navigantes, quasi in portum aliquem delaturi, eoque modo in periculum naves et qui in eis sunt deducant sibique exsecrandam praedam darent, praesidis provinciae religiosa constantia efficiat.

## Gerichtsbarkeit

*Alfenus, Digesta VI* [16]

Proponebatur ex his iudicibus, qui in eandem rem dati essent, nonnullos causa audita excusatos esse inque eorum locum alios esse

Denen, die ihn um Anwälte bitten, muß er in der Regel helfen: Frauen, Unmündigen, sonstwie Benachteiligten und denjenigen, die nicht bei Verstande sind, wenn jemand für sie darum bittet; und wenn niemand für sie darum bittet, dann muß er ihnen von sich aus einen Anwalt besorgen. Wenn aber jemand behauptet, der Einfluß seines Gegners mache es ihm unmöglich, einen Anwalt zu finden, dann muß er auch ihm einen Anwalt besorgen. Überhaupt darf niemand durch den Einfluß seines Gegners eingeschüchtert werden; dies kann nämlich auch den Statthalter in üblen Ruf bringen, wenn sich jemand so hemmungslos aufführt, daß sich alle fürchten, ihm als Anwalt entgegenzutreten.

Man muß sich merken, daß der Statthalter seinen Dienst bis zum Eintreffen des Nachfolgers uneingeschränkt zu versehen hat, da die Statthalterschaft unteilbar ist und die Wohlfahrt der Provinz erfordert, daß es jemanden gibt, durch den die Provinzbewohner ihre Angelegenheiten regeln können; folglich muß er auch bis zum Eintreffen des Nachfolgers Recht sprechen. Daß er seinen Stellvertreter aus der Provinz nicht fortschicken darf, bevor er selbst abreist, wird durch das Julische Gesetz gegen Erpressungen im Amt und einen Bescheid, den der göttliche Hadrian dem Calpurnius Rufus, dem Statthalter von Griechenland, erteilt hat, eingeschärft.

*Pseudo-Ulpian, Meinungen Buch 1*
Daß Fischer nicht bei Nacht durch ein aufgestecktes Licht Seefahrende irreführen, als wollten sie sie in einen Hafen geleiten, und auf diese Weise die Schiffe und ihre Besatzung in Gefahr bringen und sich selbst eine fluchwürdige Beute verschaffen, muß der Gouverneur der Provinz[83] mit pflichtbewußter Beharrlichkeit durchsetzen.

*Alfenus, Digesten Buch 6*
Es wurde dargetan, daß von den Richtern, die für eine bestimmte Sache zugeteilt waren, einige nach der Verhandlung des Falles Verhinderung geltend gemacht hatten und andere an

sumptos et quaerebatur, singulorum iudicum mutatio eandem rem an aliud iudicium fecisset.

Respondi, non modo si unus aut alter, sed et si omnes iudices mutati essent, tamen et rem eandem et iudicium idem quod antea fuisset permanere. Neque in hoc solum evenire, ut partibus commutatis eadem res esse existimaretur, sed et in multis ceteris rebus. Nam et legionem eandem haberi, ex qua multi decessissent, quorum in locum alii subiecti essent, et populum eundem hoc tempore putari qui abhinc centum annis fuisset, cum ex illis nemo nunc viveret. Itemque navem, si adeo saepe refecta esset, ut nulla tabula eadem permaneret quae non nova fuisset, nihilo minus eandem navem esse existimari. Quod si quis putaret partibus commutatis aliam rem fieri, fore ut ex eius ratione nos ipsi non idem essemus qui abhinc anno fuissemus, propterea quod, ut philosophi dicerent, ex quibus particulis minimis consisteremus, hae cottidie ex nostro corpore decederent aliaeque extrinsecus in earum locum accederent. Quapropter cuius rei species eadem consisteret, rem quoque eandem esse existimari.

*Imperator Constantinus Augustus ad provinciales* [17]

Cessent iam nunc rapaces officialium manus, cessent, inquam. Nam nisi moniti cessaverint, gladiis praecidentur. Non sit venale iudicis velum,

non ingressus redempti, non infame licitationibus secretarium, non visio ipsa praesidis cum pretio. Aeque aures iudicantis pauperrimis ac divitibus reseren-

ihre Stelle getreten sind; man wollte wissen, ob der Austausch einzelner Richter ein anderes Gericht daraus gemacht habe oder nicht.

Ich habe den Bescheid gegeben: Nicht nur, wenn dieser oder jener Richter, sondern auch, wenn sie allesamt ausgetauscht worden wären, bleibt trotzdem die Sache dieselbe und das Gericht dasselbe wie vorher. Und es ist nicht nur hier so, daß man eine Sache nach dem Austausch von Teilen für dieselbe hält, sondern auch bei vielen anderen Dingen. Denn auch eine Legion gilt als dieselbe, obwohl viele ausgeschieden und andere an ihre Stelle gerückt sind; und ein Volk, das jetzt besteht, wird für dasselbe gehalten wie das, welches vor hundert Jahren da war, obwohl von den Damaligen jetzt niemand mehr am Leben ist. Ebenso hält man ein Schiff, auch wenn es so oft repariert wurde, daß sich keine Planke mehr findet, die nicht neu wäre, nichtsdestoweniger für ein und dasselbe Schiff.

Wenn nämlich jemand meint, daß ein Ding durch den Austausch von Teilen zu einem anderen werde, dann wären nach diesem Grundsatz auch wir nicht mehr dieselben, die wir ein Jahr zuvor waren, weil, wie die Gelehrten behaupten, die winzigen Teilchen, aus denen wir bestehen, Tag für Tag aus unserem Körper ausscheiden und andere von außen her an ihre Stelle treten. Daher glaubt man, daß eine Sache, solange sie dieselbe Form behält, auch dieselbe ist[84].

*Kaiser Konstantin*
*an die Provinzbewohner*

Aufhören sollen jetzt endlich die raffgierigen Hände der Beamten, aufhören sollen sie, sage ich. Denn wenn sie nach dieser Warnung nicht aufhören, dann wird man sie ihnen mit dem Schwert abschlagen. Nicht käuflich darf der Türvorhang des Richters sein, nicht der Zutritt für Geld erwirkt, nicht der Gerichtssaal durch Feilscher verrufen, nicht schon der Anblick des Vorsitzenden von einem Preis abhängig. In gleichem Maße sollen die Ohren des Richters für die Ärmsten offenstehen wie für

tur. Absit ab inducendo eius qui officii princeps dicitur depraedatio; nullas litigatoribus adiutores eorundem officii principum concussiones adhibeant; centurionum aliorumque officialium parva magnaque poscentium intolerandi impetus oblidantur eorumque, qui iurgantibus acta restituunt, inexpleta aviditas temperetur. Semper invigilet industria praesidalis, ne quicquam a praedictis generibus hominum de litigatore sumatur. Qui si de civilibus causis quidquam putaverint esse poscendum, aderit armata censura, quae nefariorum capita cervicesque detruncet, data copia universis qui concussi fuerint, ut praesidum instruant notionem. Qui si dissimulaverint, super eodem conquerendi vocem omnibus aperimus apud comites provinciarum aut apud praefectos praetorio, si magis fuerint in vicino, ut his referentibus edocti super talibus latrociniis supplicia proferamus.

Data kalendas Novembres Constantinopoli Basso et Ablabio consulibus.

## EHERECHT

### Verlöbnis und Eheschließung

*Iulianus, Digesta XVI* *[18]*

Sponsalia sicut nuptiae consensu contrahentium fiunt, et ideo sicut nuptiis, ita sponsalibus filiam familias consentire oportet.

50 *Celsus, Digesta XV* *[19]*

51 Si patre cogente ducit uxorem, quam non

die Reichen. Fern sei alle Ausbeutung von der Annahme der Sache durch den, der sich Behördenvorstand nennt; mit keinerlei Erpressungen mögen die Gehilfen dieser Behördenvorstände die Parteien bedrängen; der Sekretäre und sonstigen Amtspersonen, die wenig oder viel verlangen, unerträgliche Zumutungen sollen zerschellen, und die unersättliche Habgier derer, die den Streitenden die Akten aushändigen, muß gezügelt werden. Immerfort soll der Eifer des Gouverneurs darüber wachen, daß keine der genannten Arten von Leuten irgend etwas von einer Partei entgegennehme. Wenn sie wegen eines Zivilprozesses etwas verlangen zu sollen glauben, dann wird ein bewaffnetes Strafgericht zur Stelle sein, das den Übeltätern Haupt und Genick abschlägt, wobei all denen, die erpreßt worden sind, die Erlaubnis erteilt wird, den Gouverneuren Kenntnis davon zu geben. Wenn die Gouverneure nicht eingreifen, dann eröffnen wir jedermann den Weg, in derselben Angelegenheit bei den Provinzgrafen oder auch bei den Präfekten[85] Klage zu führen, wenn diese sich in größerer Nähe befinden, damit wir, von ihrem Bericht in Kenntnis gesetzt, gegen solche Raubzüge Strafen verhängen.

Gegeben am 1. November zu Konstantinopel unter dem Konsulat des Bassus und des Ablabius (331).

*Julian, Digesten Buch 16*
Ein Verlöbnis kommt, wie eine Eheschließung, durch Einigung der Beteiligten zustande, und deshalb muß, wie bei der Eheschließung, so auch beim Verlöbnis eine der väterlichen Gewalt unterworfene Tochter ihr Einverständnis erklären[86].

*Celsus, Digesten Buch 15*
Wenn jemand von seinem Vater gezwungen eine Frau heiratet, die er nicht heiraten würde, wenn er Herr seiner Entschlüsse

duceret, si sui arbitrii esset, contraxit tamen matrimonium, quod inter invitos non contrahitur; maluisse hoc videtur.

*Imperatores Gratianus, Valentinianus et Theodosius Augusti*
*Neoterio praefecto praetorio Orientis* [20]

Si quis ordinaria vel qualibet praeditus potestate circa nuptias invitis ipsis vel parentibus contrahendas, sive pupillae sive apud patres virgines sive viduae erunt sive iuris sui viduae, denique cuiuscumque sortis, occasione potestatis utatur et minacem favorem suum invitis iis, quorum utilitas agitur, exhibere aut exhibuisse detegitur, hunc et multae librarum auri decem obnoxium statuimus et, cum honore abierit, peractam dignitatem usurpare prohibemus, tali scilicet poena, ut, si circa honorem eum quo male usus est vindicandum statuti nostri sanctioni parere noluerit, semper eam provinciam, in qua sibi hoc usurpaverit, habitare per iuge biennium non sinatur.

Quia tamen contra latentem malitiam praeterea quasdam domos vel quosdam parentes intellegimus muniendos, iubemus, ut, quicumque his et quaecumque erit latentibus per iudicem promissis minisve temptata ad id matrimonium, cui aspernatur praestare consensum, confestim contestatione proposita cum sua suorumque domo ad iurisdictionem eius desinat pertinere, curaturis hoc uniuscuiusque civitatis vindicibus et eiusdem iudicis apparitoribus. Et quidem si haec pravitas ordinarii iudicis erit, universa eius domus ratio atque omnia vel civilia vel
52 criminalia negotia, quamdiu idem in adminis-
53 tratione fuerit, vicario competant; sin autem

wäre, dann hat er gleichwohl eine Ehe geschlossen, obwohl sie gegen den Willen der Beteiligten nicht geschlossen werden kann; man nimmt an, daß er dies vorgezogen habe[87].

*Die Kaiser Gratian, Valentinian II. und Theodosius[88] an Neoterius, den Präfekten des Ostens*

Wenn ein Inhaber einer ordentlichen oder sonstigen hoheitlichen Gewalt seine Macht einsetzt, um eine Heirat gegen den Willen der Beteiligten selbst oder ihrer Eltern zu erzwingen (es mag sich um Waisen, um beim Vater lebende Mädchen oder Witwen, um rechtlich selbständige Witwen[89] oder schließlich um Personen beliebiger sonstiger Stellung handeln), und wenn er überführt wird, daß er seinen einschüchternden Einfluß gegen den Willen derer, um deren Bestes es geht, zur Geltung bringt oder gebracht hat, dann hat er, wie wir hiermit festsetzen, eine Strafe von zehn Pfund Gold verwirkt; und wenn er von seinem Amte abgetreten ist, dann verbieten wir ihm, den zuvor von ihm erreichten Rang in Anspruch zu nehmen. Wenn er aber insofern, als er die Entziehung des von ihm mißbrauchten Ranges nicht hinnimmt, der Bestimmung unseres Erlasses zuwiderhandelt, ist ihm zur Strafe zwei Jahre lang verboten, in der Provinz, in der er sich dies angemaßt hat, zu wohnen.

Weil wir jedoch erkannt haben, daß manche Familien oder Eltern auch gegen versteckten Druck geschützt werden müssen, ordnen wir an, daß, wer immer, ob Mann oder Frau, durch derlei versteckte Versprechungen oder Drohungen seitens eines hohen Beamten zu einer Ehe gedrängt wird, der er seine Zustimmung zu erteilen sich weigert, alsbald, nach Einreichung seines Widerspruchs, mitsamt seinem und der Seinigen Hause nicht mehr der Zuständigkeit dieses Mannes untersteht, worauf die Bürgermeister einer jeden Stadt und die Untergebenen des betreffenden Beamten zu achten haben.

Und wenn sich ein Provinzgouverneur dieser Schändlichkeit schuldig gemacht hat, dann fallen sämtliche Abrechnungen dieses Hauses und alle Zivil- und Strafprozesse, solange er sich im Amt befindet, dem Vikar der Diözese[90] zu; wenn aber ein Vikar oder jemand mit

vicarius vel similis potestatis vim in huiusmodi contrahendo matrimonio molietur, vicissim ordinarius iudex intercessor exsistat; sin erunt uterque suspecti, ad illustrem praefecturam specialiter talium domorum, quamdiu idem administraverit, tutela pertineat.

Data XV kalendas Iulias Thessalonicae Gratiano Augusto V et Theodosio Augusto consulibus.

## Ehegattenschenkung

*Ulpianus, Ad Sabinum XXXII* [21]

(Sabinus:) Moribus apud nos receptum est, ne inter virum et uxorem donationes valerent. (Ulpianus:) Hoc autem receptum est, ne mutuo amore invicem spoliarentur donationibus non temperantes, sed profusa erga se facilitate.

*Iavolenus, Ex posterioribus Labeonis VI* [22]

Vir mulieri divortio facto quaedam idcirco dederat, ut ad se reverteretur. Mulier reversa erat, deinde divortium fecerat. Labeo: Trebatius inter Terentiam et Maecenatem respondit, si verum divortium fuisset, ratam esse donationem, si simulatum, contra. (Iavolenus:) Sed verum est, quod Proculus et Caelius putant: tunc verum esse divortium et valere donationem divortii causa factam, si aliae nuptiae insecutae sunt aut tam longo tempore vidua fuisset, ut dubium non foret alterum esse matrimonium. Alias nec donationem ullius esse momenti futuram.

*Ulpianus, Ad Sabinum XXXIII* [23]

Si mulier et maritus diu seorsum quidem habitaverint, sed honorem invicem matri-

entsprechenden Befugnissen Gewalt anwendet, um eine derartige Ehe zustande zu bringen, dann soll sich umgekehrt der Gouverneur hindernd ins Mittel legen; wenn sie jedoch beide verdächtig sind, dann fällt die Schutzgewalt für diese Häuser eigens an die erlauchte Präfektur, solange diese Personen das Amt innehaben.

Gegeben am 17. Juni zu Thessalonike, unter dem fünften Konsulat des Kaisers Gratian und dem ersten des Kaisers Theodosius (380).

*Ulpian, Erläuterungen zu Sabinus[91] Buch 32*

Sabinus: Nach altem Herkommen ist bei uns anerkannt, daß Schenkungen unter Ehegatten ungültig sind. Ulpian: Das ist deshalb anerkannt, weil sie sich nicht aus gegenseitiger Liebe durch Schenkungen arm machen sollen, indem sie nicht Maß halten, sondern einander mit verschwenderischer Leichtfertigkeit begegnen.

*Javolen, Aus dem Nachlaß Labeos Buch 6*

Ein Ehemann hatte seiner Frau nach der Scheidung[92] zu dem Zwecke Schenkungen gemacht, daß sie zu ihm zurückkehre; die Frau war zurückgekehrt, hatte später aber aufs neue die Scheidung vollzogen. Labeo: Trebaz gab in der Sache Terentia und Mäzen[93] den Bescheid: wenn die erste Scheidung ernst gemeint war, dann sei die Schenkung gültig; wenn sie vorgetäuscht war, dann nicht. Javolen: Vielmehr ist richtig, was Proculus und Cälius Sabinus meinen: eine wirkliche Scheidung liege nur dann vor und die scheidungsbedingte Schenkung gelte nur dann, wenn eine andere Ehe gefolgt oder die Frau so lange ledig gewesen sei, daß hinsichtlich der Tatsache einer neuen Ehe kein Zweifel bestehe. Andernfalls werde die Schenkung nichtig sein.

*Ulpian, Erläuterungen zu Sabinus Buch 33*

Wenn Ehegatten lange getrennt gelebt, jedoch beide auf den Ehestand Rücksicht genommen haben (was, wie wir wissen,

monii habebant, quod scimus interdum et inter consulares personas subsecutum, puto donationes non valere, quasi duraverint nuptiae; non enim coitus matrimonium facit, sed maritalis affectio.

### Mitgift

*Papinianus, Definitiones I* [24]

Si liberis sublatis reversa post iurgium per dissimulationem mulier veluti venali concordia ne dotata sit conveniat, conventio secundum ordinem rei gestae moribus improbanda est.

### Einschränkung der Scheidung

*Imperator Constantinus Augustus*
*ad Ablabium praefectum praetorio* [25]

Placet mulieri non licere propter suas pravas cupiditates marito repudium mittere exquisita causa, velut ebrioso aut aleatori aut mulierculario, nec vero maritis per quascumque occasiones uxores suas dimittere. Sed in repudio mittendo a femina haec sola crimina inquiri, si homicidam vel medicamentarium vel sepulcrorum dissolutorem maritum suum esse probaverit, ut ita demum laudata omnem suam dotem recipiat. Nam si praeter haec tria crimina repudium marito miserit, oportet eam usque ad acuculam capitis in domo mariti deponere et pro tam magna sui confidentia in insulam deportari. In masculis etiam, si repudium mittant, haec tria crimina inquiri conveniet, si moecham vel medicamentariam vel conciliatricem repudiare voluerint. Nam si ab his criminibus liberam
56 eiecerit, omnem dotem restituere debet et
57 aliam non ducere. Quod si fecerit, priori

mitunter auch bei Personen konsularischen Ranges[94] vorgekommen ist), dann sind meiner Meinung nach Schenkungen ungültig, weil die Ehe fortbestanden hat; denn nicht der Intimverkehr ist für die Ehe entscheidend, sondern die eheliche Zuneigung.

*Papinian, Abgrenzungen Buch 1*

Wenn die Frau bei einer Ehe mit Kindern nach einem vorgetäuschten Zerwürfnis[95] zurückkehrt und, als wäre die Eintracht käuflich, vereinbart, daß sie hinfort ohne Mitgift sei[96], dann ist die Vereinbarung bei dieser Abfolge der Ereignisse als sittenwidrig zu mißbilligen[97].

*Kaiser Konstantin an den Präfekten Ablabius*[98]

Wir ordnen an, daß es der Ehefrau nicht gestattet ist, um ihrer törichten Begierden willen dem Manne den Scheidebrief zu schicken, indem sie als Grund anführt, er sei ein Trunkenbold oder ein Spieler oder ein Schürzenjäger, und auch den Ehemännern nicht, aus beliebigen Anlässen ihre Frauen fortzuschicken. Vielmehr kommen beim Scheidebrief von seiten der Ehefrau nur diese Vorwürfe in Betracht: ob sie bewiesen hat, ihr Mann sei ein Mörder oder Giftmischer oder Grabschänder, so daß sie, in dieser Weise anerkannt, ihre ganze Mitgift zurückerhält. Denn wenn sie, ohne einen dieser drei Vorwürfe namhaft machen zu können, ihrem Manne den Scheidebrief schickt, dann muß sie alles bis auf die kleinste Haarnadel im Hause ihres Mannes zurücklassen und für ein solches Ausmaß von Unverschämtheit die Verbannung auf eine Insel erleiden[99]. Auch bei Männern, die den Scheidebrief schicken, soll nach den folgenden drei Vorwürfen gefragt werden: ob jemand sich von einer Ehebrecherin oder einer Giftmischerin oder einer Kupplerin habe trennen wollen. Denn wenn er eine Frau fortschickt, die von diesen Vorwürfen frei ist, dann muß er die gesamte Mitgift zurückerstatten und darf sich nicht wiederverheiraten. Tut er es aber doch[100], dann ist es der ersten Frau freigestellt, in sein

coniugi facultas dabitur domum eius invadere et omnem dotem posterioris uxoris ad semet transferre pro iniuria sibi illata.

Data III nonas Maias Basso et Ablabio consulibus.

## Konkubinat

*Papinianus, Responsa VIII* [26]

Quoniam stuprum in ea contrahi non placuit, quae se non patroni concubinam esse patitur, ei eius, qui concubinam habuit, quod testamento relictum est, actio non denegabitur. Idque in testamento Coccei Cassiani clarissimi viri, qui Rufinam ingenuam honore pleno dilexerat, optimi maximique principes nostri iudicaverunt. Cuius filiam, quam alumnam testamento Cassianus nepti coheredem datam appellaverat, vulgo quaesitam apparuit.

*Papinianus, Responsa XI* [27]

Stipulationis utiliter interponendae gratia mulier ab eo, in cuius matrimonium conveniebat, stipulata fuerat ducenta milia sestertium, si concubinae tempore matrimonii consuetudinem repetisset. Nihil causae esse respondi, cur ex stipulatione, quae ex bonis moribus concepta fuerat, mulier impleta condicione pecuniam adsequi non possit.

*Ulpianus, Ad legem Iuliam et Papiam II* [28]

Quae in concubinatu est, an ab invito patrono poterit discedere et alteri se aut in matrimonium aut in concubinatum dare? Ego quidem probo in concubina adimendum ei conubium, si patronum invitum deserat, quippe cum honestius sit patrono libertam

Haus einzudringen und sich die ganze Mitgift der zweiten Frau zu eigen zu machen, als Ausgleich für das Unrecht, das ihr angetan worden ist.

Gegeben am 5. Mai unter dem Konsulat des Bassus und des Ablabius (331).

*Papinian, Bescheide Buch 8*

Da man nicht annehmen wollte, daß strafbare Schändung mit einer Freigelassenen begangen werde, die sich darauf einläßt, die Konkubine eines anderen als ihres Patrons[101] zu sein, wird ihr auch die Klage wegen der testamentarischen Hinterlassenschaft dessen, der sie als Konkubine hielt, nicht verweigert[102]. Ebenso haben unsere erhabensten und größten Kaiser[103] beim Testament von Cocceius Cassianus geurteilt, dem hochberühmten Herrn[104], der der Freigeborenen Rufina in allen Ehren zugetan war[105]. Von ihrer Tochter, die Cassianus in seinem Testament als sein Pflegekind bezeichnet und einer Enkelin als Miterbin beigegeben hatte, stellte sich heraus, daß sie unehelich geboren war[106].

*Papinian, Bescheide Buch 11*

Mit Hilfe eines förmlichen Schuldversprechens ließ sich eine Frau von dem Manne, mit dem sie die Ehe geschlossen hatte, 200000 Sesterzen für den Fall versprechen, daß er während der Ehe wieder Umgang mit seiner Konkubine pflege. Ich habe den Bescheid gegeben, es bestehe kein Grund, warum die Frau nicht mit Hilfe des Schuldversprechens, dessen Inhalt den guten Sitten entsprach, das Geld erlangen könne, wenn die Bedingung eingetreten sei.

*Ulpian, Erläuterungen zum Julischen und Papischen Gesetz[107] Buch 2*

Ob wohl eine Freigelassene, die mit ihrem Patron im Konkubinat lebt, ohne seine Zustimmung fortziehen und mit einem anderen eine Ehe oder ein Konkubinat beginnen kann[108]? Ich bin der Meinung, daß man einer Konkubine das Recht zu heiraten aberkennen muß, wenn sie ihren Patron gegen seinen

concubinam quam matrem familias habere. Cum Atilicino sentio et puto solas eas in concubinatu haberi posse sine metu criminis, in quas stuprum non committitur.

*Imperator Constantinus Augustus ad populum* [29]

Nemini licentia concedatur constante matrimonio concubinam penes se habere.

Proposita XVIII kalendas Iulias Caesareae Constantino Augusto VII et Constantio Caesare consulibus.

*Pseudo-Paulus, Sententiae receptae ad filium II* [30]

Si mulier ingenua civisque Romana vel Latina alieno se servo coniunxerit, si quidem invito et denuntiante domino in eodem contubernio perseveraverit, efficitur ancilla. . . . Liberta sciente patrono alieni servi secuta contubernium eius qui denuntiavit efficitur ancilla.

*Imperator Iustinianus Augustus Hermogeni magistro officiorum* [31]

Cum in nostris temporibus, in quibus multos labores pro libertate subiectorum sustinuimus, satis esse impium credidimus quasdam mulieres libertate sua fraudari et, quod ab hostium ferocitate contra naturalem libertatem inductum est, hoc a libidine nequissimorum hominum inferri, Claudianum senatus consultum et omnem eius observationem circa denuntiationes et iudicum sententias conquiescere in posterum volumus, ne, quae libera constituta est, vel semel de-
60 cepta vel infelici cupidine capta vel alio quo-
61 cumque modo contra natalium suorum in-

Willen verläßt, da es für einen Patron ehrbarer ist, eine Freigelassene zur Konkubine zu haben als zur Ehefrau. Ich bin derselben Auffassung wie Atilicinus und glaube, daß man nur solche Frauen ohne die Gefahr einer Anklage zu Konkubinen haben kann, bei denen der Beischlaf nicht als Schändung gilt[109].

*Kaiser Konstantin an das Volk*
Niemandem soll es gestattet sein, bei bestehender Ehe eine Konkubine bei sich zu haben.

Verkündet am 16. Juni zu Caesarea unter dem siebten Konsulat des Kaisers Konstantin und unter dem Konsulat des Vizekaisers Konstantius II.[110] (326).

*Pseudo-Paulus, Anerkannte Ansichten an den Sohn Buch 2*
Wenn sich eine Freigeborene, die römische Bürgerin oder Latinerin ist, mit einem fremden Sklaven verbindet, dann wird sie, falls sie wider den Willen und trotz Verbotes des Herrn[111] das Zusammenleben fortsetzt, dessen Sklavin. Eine Freigelassene, die sich mit Wissen ihres Patrons zum Zusammenleben mit einem fremden Sklaven bereit findet, wird, wenn der Herr ein Verbot ausgesprochen hat, dessen Sklavin[112].

*Kaiser Justinian an den Oberhofmeister Hermogenes*
Da wir es zu unserer Zeit, in der wir viele Mühen für die Freiheit unserer Untertanen auf uns genommen haben, für reichlich gottlos halten, daß bestimmte Frauen ihre Freiheit einbüßen und ihnen das, was die Grausamkeit der Feinde der natürlichen Freiheit zuwider eingeführt hat, infolge der Begierde der nichtsnutzigsten Menschen widerfährt, verlangen wir, daß der von Claudius erwirkte Senatsbeschluß[113] samt allen seinen Bestimmungen über Verbote und richterliche Urteile künftig nicht mehr angewendet wird:

eine Frau, die sich im Stande der Freiheit befindet, soll nicht, weil sie sich einmal hat täuschen oder durch eine unglückliche Begierde hat hinreißen oder auf irgendeine andere Weise hat verleiten lassen, entgegen ihrem an-

genuitatem deducatur in servitutem et sit pessimum dedecus cognationis suae fulgori, ut, quae forsitan decoratos dignitatibus habeat cognatos, haec in alienum cadat dominium et dominum pertimescat forsitan cognatis suis inferiorem. Quod et in libertis observari oportet; semel etenim libertate potitam per tale dedecus in servitutem reduci religio temporum meorum nullo patitur modo. Sed ne servi . . . putent sibi impunitum tum esse tale conamen, . . . ne liberarum mulierum nuptiis ab his excogitatis paulatim huiusmodi hominum condicio decrescat, sancimus, si quid tale fuerit a servo . . . perpetratum, liberam habere potestatem dominum eius sive per se sive per praesidem provinciae talem servum castigatione competenti corrigere et abstrahere a tali muliere. Quod si neglexerit, sciat in suum damnum huiusmodi desidiam reversurum.

## UNMÜNDIGE UND MINDERJÄHRIGE

*Paulus, Imperiales sententiae in cognitionibus prolatae I (II)* [32]

Aemilius Larianus ab Ovinio fundum Rutilianum lege commissoria emerat data parte pecuniae ita, ut, si intra duos menses ab emptione reliqui pretii partem dimidiam non solvisset, inemptus esset, item si intra alios duos menses reliquum pretium non numerasset, similiter esset inemptus. Intra priores duos menses Lariano defuncto Rutiliana pupillaris aetatis successerat, cuius tutores in solutione cessaverunt. Venditor denun-

geborenen Freiheitsrecht in Sklaverei gelangen und so für ihre glanzvolle Verwandtschaft[114] zur schlimmsten Schande werden, so daß sie, die vielleicht in Würde prangende Verwandte[115] hat, in fremdes Eigentum fällt und einen Herrn fürchten muß, der vielleicht unter ihren Verwandten steht. Dies soll auch für Freigelassene gelten; denn daß eine Frau, die einmal die Freiheit erlangt hat, auf so schändliche Weise wieder in Sklaverei gerät, läßt der fromme Sinn unserer Zeit unter keinen Umständen zu. Doch damit die Sklaven nicht meinen, ein solches Unterfangen sei für sie straflos, und damit nicht infolge der von ihnen vorgetäuschten Eheschließung mit freien Frauen der Bestand solcher Menschen allmählich abnimmt[116],

ordnen wir an, daß der Herr, wenn sich sein Sklave etwas derartiges hat zuschulden kommen lassen, die freie Befugnis hat, einen solchen Sklaven sei es mit eigener Hand, sei es mit Hilfe des Provinzialstatthalters durch eine angemessene Züchtigung zurechtzuweisen und von der Frau zu trennen. Wenn er das unterläßt, dann nehme er zur Kenntnis, daß sich eine derartige Gleichgültigkeit zu seinem Schaden auswirken wird.

*Paulus, Kaiserliche Rechtsansichten*
*aus der Rechtsprechung des Kaisergerichts Buch 1 oder 2*

Ämilius Larianus hatte von Ovinius unter Vereinbarung einer Rückfallklausel das Rutilianische Landgut gekauft und einen Teil des Entgelts angezahlt: Wenn er nicht innerhalb zweier Monate vom Zeitpunkt des Kaufes an die Hälfte des restlichen Preises zahle, dann solle der Kauf hinfällig sein; desgleichen, wenn er nicht innerhalb zweier weiterer Monate die noch ausstehende Summe entrichte, dann solle der Kauf ebenfalls hinfällig sein. Innerhalb der beiden ersten Monate starb Larianus und wurde von der noch unmündigen Rutiliana beerbt, deren Vormünder mit der Bezahlung säumten. Der Verkäufer, der die

tiationibus tutoribus saepe datis post annum eandem possessionem Claudio Telemacho vendiderat. Pupilla in integrum restitui desiderabat; victa tam apud praetorem quam apud praefectum urbi provocaverat.

Putabam bene iudicatum, quod pater eius, non ipsa contraxerat. Imperator autem motus est, quod dies committendi in tempus pupillae incidisset eaque effecisset, ne pareretur legi venditionis. Dicebam posse magis ea ratione restitui eam, quod venditor denuntiando post diem, quo placuerat esse commissum, et pretium petendo recessisse a lege sua videretur; non me moveri, quod dies postea transisset, non magis quam si creditor pignus distraxisset post mortem debitoris die solutionis finita. Quia tamen lex commissoria displicebat ei, pronuntiavit in integrum restituendum. Movit etiam illud imperatorem, quod priores tutores, qui non restitui desiderassent, suspecti pronuntiati erant.

*Ulpianus, Ad edictum praetoris XI* [33]
Ex facto quaesitum est: Adulescentes quidam acceperant curatorem Salvianum quendam nomine. Hic cum curam administrasset, beneficio principis urbicam procurationem erat adeptus et apud praetorem se a cura adulescentium excusaverat absentibus eis. Adulescentes adierant praetorem desiderantes in integrum adversus eum restitui, quod esset contra constitutiones excusatus. Cum enim susceptam tutelam non alii soleant deponere, quam qui trans mare rei publicae causa absunt vel hi qui circa prin-
64 cipem sunt occupati, ut in consiliarii Me-
65 nandri Arrii persona est indultum, meruis-

Vormünder des öfteren gemahnt hatte, verkaufte nach Ablauf eines Jahres denselben Besitz an Claudius Telemachus[117]. Das Mündel verlangte die Wiedereinsetzung in den vorigen Stand. Unterlegen sowohl beim Prätor als auch beim Stadtpräfekten, rief das Mädchen den Kaiser an[118].

Ich meinte[119], hier sei richtig geurteilt worden, weil ihr Vater, nicht sie selbst den Vertrag geschlossen hatte[120]. Der Kaiser[121] jedoch ließ sich davon leiten, daß der Rückfalltermin in die Zeit der Vormundschaft gefallen und die Verkaufsklausel eben deshalb unbeachtet geblieben war. Ich sagte, man könne sie eher deswegen wiedereinsetzen, weil der Verkäufer durch seine Mahnung nach dem Tage, der für den Rückfall vorgesehen war, und durch sein Zahlungsbegehren offenbar selber von seiner Klausel abgewichen sei[122]. Ich könne mich nicht davon leiten lassen, daß die Frist erst hernach verstrichen sei, wie ja auch ein Gläubiger sein Pfand verwerte, wenn die Zahlungsfrist erst nach dem Tode des Schuldners ablaufe[123]. Der Kaiser aber mißbilligte die Rückfallklausel, und so verkündete er die Wiedereinsetzung in den vorigen Stand. Hierbei ließ er sich auch davon leiten, daß die ehemaligen Vormünder, die keine Wiedereinsetzung verlangt hatten, wegen Unredlichkeit verurteilt worden waren[124].

*Ulpian, Erläuterungen zum Edikt des Prätors[125] Buch 11*

Auf Grund eines Einzelfalls wurde folgende Frage vorgelegt: Junge Leute[126] hatten einen gewissen Salvian als Pfleger erhalten. Dieser bekam, nachdem er die Pflegschaft übernommen hatte, durch kaiserliche Gunst ein Verwaltungsamt in der Stadt Rom, und er machte beim Prätor Verhinderung zur Pflegschaft für die jungen Leute in deren Abwesenheit geltend.

Die jungen Leute ersuchten den Prätor, sie dem Pfleger gegenüber wieder in den vorigen Stand einzusetzen, weil dieser kaiserlichen Erlassen zuwider abgelöst worden sei. Denn da nur diejenigen eine einmal übernommene Vormundschaft niederzulegen pflegten, die in Wahrnehmung einer öffentlichen Aufgabe nach Übersee verreist seien oder eine Beschäftigung in der Umgebung des Kaisers ausübten[127] (wie das im Falle des kaiserlichen Rates Arrius

set autem Salvianus excusationem, adulescentes quasi capti in integrum restitui a praetore desideraverant. Aetrius Severus quia dubitabat, ad imperatorem Severum rettulit; ad quam consultationem successori eius Venidio Quieto rescripsit nullas partes esse praetoris. Neque enim contractum proponi cum minore annis viginti quinque. Sed principes intervenire et reducere hunc ad administrationem, qui perperam esset a praetore excusatus.

## SKLAVENRECHT

### Wer ist Sklave?

*Domino eximio meritoque honorabili*
*ac desiderantissimo filio Eustochio*
*Augustinus in domino salutem* [34]

Cum omnibus consultoribus tuis vera responsa fideliter debeas, quanto magis nobis ministris Christi, cuius fide fidelis es, ad capessendam hereditatem, cuius testamentum evangelium est, domine! Quoniam ergo praecepit apostolus, ut saecularia iudicia, si inter se habuerint christiani, ea non in foro, sed in ecclesia fiant, unde nos necesse est perpeti tales iurgantium quaestiones, in quibus nobis etiam terrena iura quaerenda sint, praecipue de condicione hominum temporali – quod possumus secundum apostolicam disciplinam, ut dominis suis sint subditi, servis praecipere, non autem liberis iugum servitutis imponere – peto sincerissimam caritatem tuam, ut me digneris instruere, quid

Menander anerkannt wurde), andererseits aber Salvian mit seiner Verhinderung durchgedrungen sei, ersuchten die jungen Leute, da sie benachteiligt worden seien, beim Prätor um Wiedereinsetzung in den vorigen Stand. Da Ätrius Severus[128] Zweifel hatte, berichtete er dem Kaiser Septimius Severus. Der gab auf diese Anfrage hin dessen Nachfolger Venidius Quietus den Bescheid, der Prätor habe hier nichts zu unternehmen. Denn es werde kein Vertrag mit einem Minderjährigen unter 25 Jahren vorgebracht[129], vielmehr griffen die Kaiser ein[130] und hielten den zur Wiederaufnahme der Verwaltung an, der zu Unrecht mit seiner Verhinderung beim Prätor durchgedrungen sei.

*Augustin an den ausgezeichneten und verdienten Herrn,*
*den hochgeehrten und unvergeßlichen Sohn Eustochius*
*im Namen des Herrn*

Wenn Du allen, die Dich um Rat fragen, in Treuen einen ehrlichen Bescheid schuldest, um wieviel mehr dann uns, den Dienern Christi, zu dessen Glauben Du Dich bekennst, damit Du die Erbschaft antreten kannst, deren Testament das Evangelium ist, mein Herr! Da nun der Apostel geboten hat, daß Streitigkeiten über weltliche Angelegenheiten, wenn sie unter Christen stattfinden, nicht auf dem Markt, sondern in der Kirche erledigt werden sollen[131], weshalb wir denn solche Fragen von Streitenden hinnehmen müssen[132], bei denen wir auch irdische Rechtssätze zu ergründen haben, insbesondere hinsichtlich des irdischen Standes der Menschen – insofern als wir gemäß apostolischer Ordnung den Sklaven gebieten dürfen, ihrem Herrn untertan zu sein[133], nicht aber Freien das Joch der Sklaverei aufzuerlegen vermögen: Daher bitte ich Dich in Deiner aufrichtigen Zuneigung, Du mögest mich wissen lassen, was bei denen rechtens ist, die von einer Freien und einem Sklaven abstammen.

observandum sit de his qui de libera nascuntur et servo. Nam de ancilla et libero servos nasci iam scio. Quid etiam de his, quorum patres definito numero annorum operas vendunt? Quaero enim, utrum defunctis venditoribus patribus eundem annorum numerum cogantur implere an eorum, a quibus venditi vel potius quodammodo locati fuerant, morte liberantur, quoniam esse iam sui iuris, ut perhibetur, incipiunt; quaero etiam, utrum liberi patres possunt vendere filios in perpetuam servitutem et utrum matres possint vel operas vendere filiorum; item quaero, utrum, si colonus vendiderit filium, quemadmodum licet ut vendatur a patre, plus in illo qui venditur iuris habeat emptor quam possessionis dominus, unde colonatus originem trahit, et utrum liceat possessori servos facere colonos vel filios colonorum suorum.

Quaero etiam, quid de his actoribus liquido sit iure vel legibus constitutum; durissimum enim mihi videtur ingenuitati praeiudicari et beneficio suo. Nam ut sint actores saepe ingenui homines postulantur et beneficium se praestare existimant, si faciant quod petuntur et re vera praestant usque adeo, ut ille qui petiit etiam gratias agat, si impetrare meruerit; quo beneficio suo si homo liber servus efficitur, nullo modo faceret, si hoc sciret, sed nec quisquam hoc ab sciente petere auderet. Moveor tamen quibusdam constitutionibus, quae mihi oblatae sunt, cum talis apud nos de cuiusdam filiis quaestio verteretur, quem fuisse actorem fortasse probabitur; sed eum qui contendit
68 nolo cogere ut probet, nisi prius noverim
69 quid sequar, si forte probaverit. Proinde eas-

Denn daß von einer Sklavin und einem Freien nur Sklaven abstammen können, weiß ich bereits. Was ist außerdem mit denen, deren Dienste für eine bestimmte Anzahl von Jahren von den Vätern verkauft werden[134]? Ich möchte nämlich wissen, ob sie genötigt sind, nach dem Tode des Vaters, der sie verkauft hat, dieselbe Anzahl von Jahren abzudienen, oder ob sie durch deren Tod, von denen sie verkauft oder richtiger in gewisser Weise verdungen worden sind, hiervon befreit werden, da sie ja nunmehr gewaltfrei, wie es heißt, zu sein beginnen; ich möchte weiterhin wissen, ob freie Väter ihre Söhne unbefristet in die Sklaverei verkaufen und auch Mütter die Dienste ihrer Söhne verkaufen können;

ebenso möchte ich wissen, ob, wenn ein schollenpflichtiger Pächter[135] seinen Sohn verkauft (wie es ja gestattet ist, daß er von seinem Vater verkauft wird), der Käufer mehr Recht an dem Verkauften hat als der Grundherr, dem der Pächter schollenpflichtig ist, und ob es dem Grundherrn gestattet ist, seine Pächter oder die Söhne seiner Pächter zu Sklaven zu machen.

Ich möchte noch wissen, was hinsichtlich der Gutsverwalter nach klarem Recht oder von den Gesetzen vorgeschrieben ist, denn es erscheint mir als sehr hart, daß ihre freie Geburt beeinträchtigt wird[136], und das durch ihre Wohltat. Denn oft werden freigeborene Menschen gebeten, als Verwalter zu arbeiten, und sie glauben, etwas Gutes zu tun, wenn sie tun, worum man sie bittet, und sie tun auch wirklich etwas Gutes, in dem Maße, daß derjenige, der darum bat, noch Dank abstattet, wenn ihm die Erfüllung seines Wunsches zuteil geworden ist. Wenn nun aber ein freier Mensch auf Grund dieser seiner Wohltat zum Sklaven erklärt wird[137], dann würde er sich keinesfalls dazu bereit finden, wenn er das wüßte, und es würde auch niemand wagen, ihn, der die Folgen kennt, zu bitten. Mich beunruhigen immerhin einige Erlasse, die man mir vorgelegt hat, als sich bei uns eine Frage dieser Art wegen der Söhne von jemandem stellte, von dem sich vielleicht beweisen läßt, daß er Gutsverwalter war; doch ich möchte den, der es behauptet, nicht drängen, den Beweis anzutreten, solange ich nicht weiß, was ich erreiche, wenn er's sollte beweisen können. Darum sende

dem constitutiones misi considerandas eximietati tuae, quarum duas sentio ipsam rem loqui, ceteras autem aut non intelligo aut ad id quod quaeritur omnino non pertinent. Obsecro, ut me adiuves etiam corpore absentem, sicut soles adiuvare praesentem.

## Heimkehrrecht

*Tryphoninus, Disputationes IV* [35]

In bello captis eodem bello postliminium est, in pace autem his, qui bello capti erant, de quibus nihil in pactis erat comprehensum. Quod ideo placuisse Servius scribit, quia spem revertendi civibus in virtute bellica magis quam in pace Romani esse voluerunt. Verum in pace qui pervenerunt ad alteros, si bellum subito exarsisset, eorum servi efficiuntur, apud quos iam hostes suo facto deprehenduntur. Quibus ius postliminii est tam in bello quam in pace, nisi foedere cautum fuerat, ne esset his ius postliminii.

Si quis capiatur ab hostibus, hi, quos in potestate habuit, in incerto sunt, utrum sui iuris facti an adhuc pro filiis familiarum computentur. Nam defuncto illo apud hostes, ex quo captus est, patres familiarum, reverso numquam non in potestate eius fuisse credentur.

Ideo et de his, quae medio tempore adquirunt stipulatione mancipatione traditione legato (nam hereditate non possunt), tractatum est, ubi non est reversus, si forte alii vel in totum (his exheredatis testamento) vel in partem instituti sunt
70 heredes, utrum in hereditate captivi, quae
71 lege Cornelia inducitur, an propria ipsorum

ich Dir diese Erlasse, auf daß Du in Deiner Erhabenheit sie prüfst. Von zweien glaube ich, daß sie von eben dieser Sache reden; die übrigen aber verstehe ich entweder nicht[138], oder sie haben gar nichts mit der Frage zu tun, um die es hier geht. Ich bitte Dich, mir zu helfen, wenn ich auch körperlich abwesend bin: genauso, wie Du mir als Anwesendem zu helfen pflegst[139].

*Tryphonin, Erörterungen Buch 4*
Kriegsgefangenen[140] steht während des betreffenden Krieges das Heimkehrrecht zu, nach dem Friedensschluß jedoch nur den Gefangenen, deretwegen in den Verträgen keinerlei Regelung getroffen wurde[141]. Das habe man, wie Servius schreibt, deshalb so festgesetzt, weil die Römer gewollt hätten, daß sich die Bürger für ihre Rückkehr mehr von kriegerischer Tüchtigkeit erhofften als vom Frieden. Wer indes in Friedenszeiten zu Fremden gelangt ist, der wird, wenn plötzlich ein Krieg ausbricht, deren Sklave, bei denen er durch sein eigenes Zutun als nunmehriger Feind festgenommen wird. Dieser hat das Heimkehrrecht in Kriegs- wie in Friedenszeiten, wenn nicht in einem völkerrechtlichen Vertrag vorgesehen ist, daß er dieses Recht nicht haben solle.

Wenn jemand in Feindeshand gerät, dann ist bei denen, die er in seiner Hausgewalt hatte[142], ungewiß, ob sie gewaltfrei geworden sind oder noch stets als Haussöhne angesehen werden. Denn wenn er bei den Feinden stirbt, dann gelten sie von dem Zeitpunkt seiner Gefangennahme an als Hausväter, wenn er hingegen zurückkehrt, dann wird angenommen, daß sie sich stets in seiner Gewalt befunden haben[143]. Daher hat man auch über die Gegenstände, die sie in der Zwischenzeit durch Schuldversprechen, förmliche Übereignung, Übergabe oder Vermächtnis (nicht durch Erbschaft: das ist unmöglich) erwerben[144], Erörterungen für den Fall geführt, daß er nicht zurückkehrt: wenn er andere sei es aufs Ganze unter testamentarischer Enterbung der Haussöhne, sei es zu einem Teil zu Erben eingesetzt hat[145], ob diese Gegenstände dann zur Erbschaft des Gefangenen, wie im Cornelischen Gesetz vorgesehen, gehören oder Eigentum der

sint. Quod verius est. Diversumque in his, quae per servos adquiruntur: merito, quia hi bonorum fuerunt et esse perseverant, illi sui iuris exinde sibique ideo adquisisse intelleguntur.

Facti autem causae infectae nulla constitutione fieri possunt. Ideo eorum, quae usucapiebat per semet ipsum possidens qui postea captus est, interrumpitur usucapio, quia certum est eum possidere desisse. Eorum vero, quae per subiectas iuri suo personas possidebat usuque capiebat, vel si qua postea peculiari nomine comprehenduntur, Iulianus scribit credi suo tempore impleri usucapionem remanentibus isdem personis in possessione. Marcellus nihil interesse, ipse possedisset an subiecta ei persona. Sed Iuliani sententiam sequendum est.

Medio tempore filius, quem habuit in potestate captivus, uxorem ducere potest, quamvis consentire nuptiis pater eius non posset; nam utique nec dissentire. Susceptus ergo nepos in reversi captivi potestate ut avi erit suusque heres ei quodammodo invito, cum nuptiis non consenserit. Non mirum, quia illius temporis condicio necessitasque faciebat et publica nuptiarum utilitas exigebat. Sed captivi uxor, tametsi maxime velit et in domo eius sit, non tamen in matrimonio est.

Codicilli, si quos in tempore captivitatis
scripserit, non creduntur confirmati testa-
mento, quod in civitate fecerat. Sed nec fi-
deicommissum ex his peti potest, quia non
sunt ab eo facti, qui testamenti factionem
habuit. Sed merum principium eorum in
72 civitate constituto captivo factum est. Cetera
73 quae in iure sunt, posteaquam postliminio

Haussöhne sind. Das letztere ist richtiger. Anderes gilt bei den Dingen, die durch Sklaven erworben werden: mit Recht, weil diese zum Erbschaftsvermögen gehört haben und weiterhin gehören, während die Haussöhne von da an als gewaltfrei angesehen werden, weshalb sie den Erwerb für sich getätigt haben.

Was indes auf Geschehenem beruht, kann durch keinen Erlaß ungeschehen gemacht werden. Deshalb wird die Ersitzung an den Gegenständen unterbrochen, die jemand, der hernach in Gefangenschaft geraten ist, selbst besaß[146]; es steht ja fest, daß er aufgehört hat zu besitzen. Von den Dingen aber, die jemand durch seiner Gewalt Unterworfene in Besitz hatte[147] und ersaß oder die später zum Sondergut[148] eines Gewaltunterworfenen gehörten, nimmt man an, wie Julian schreibt, daß die Ersitzung zum üblichen Zeitpunkt vollendet wird[149], da dieselben Personen weiterhin den Besitz ausüben. Marcellus dagegen meint, es mache keinen Unterschied, ob der Gewalthaber selbst den Besitz ausgeübt habe oder eine ihm unterworfene Person. Doch sollte die Meinung Julians maßgeblich sein.

In der Zwischenzeit kann ein Sohn, der der Gewalt des Gefangenen unterstand, heiraten, obwohl der Vater nicht in der Lage ist, der Eheschließung zuzustimmen. Er kann ja auch keinesfalls Widerspruch erheben. Ein anerkanntes[150] Enkelkind wird sich daher in der Gewalt des heimgekehrten Gefangenen – als des Großvaters – befinden und auch dessen Leibeserbe sein, gewissermaßen wider seinen Willen, da er der Ehe nicht zugestimmt hat. Das ist nicht befremdlich, weil ja die damaligen Umstände und Erfordernisse dazu zwangen und der Nutzen, den Eheschließungen für die Allgemeinheit haben, dies gebot. Doch die Frau eines Gefangenen ist, und wenn sie noch so sehr wollte und auch im Hause des Gatten lebt, dennoch nicht verheiratet[151].

Kodizille[152], die jemand in der Zeit seiner Gefangenschaft aufgesetzt hat, sind, wie man annimmt, von einem Testament, das er als Inhaber seines Bürgerrechts errichtet hatte[153], nicht abgedeckt. Auch ein Fideikommiß[154] kann daraus nicht gefordert werden; sie[155] sind ja von jemandem aufgesetzt, der nicht testierfähig war. Vielmehr war lediglich ein Anfang davon gemacht[156], als der Gefangene sein Bürgerrecht noch hatte. Alle Rechte aber werden, sobald er nach Heimkehrrecht zurückge-

redit, pro eo habentur, ac si numquam iste hostium potitus fuisset.

Si quis servum captum ab hostibus redemerit, protinus est redimentis, quamvis scientis alienum fuisse; sed oblato ei pretio quod dedit postliminio redisse aut receptus servus esse credetur. Et si ignorans captivum, existimans vendentis esse redemit, an quasi usucepisse videatur, scilicet ne post annum offerendi pretii priori domino facultas sit, videamus.

Nam occurrit, quod constitutio, quae de redemptis lata est, eum redimentis servum facit et quod meum iam usucapere me intellegi non potest. Rursum cum constitutio non deteriorem causam redimentium, sed si quo meliorem effecerit, peremi ius bonae fidei emptoris vetustissimum et iniquum et contra mentem constitutionis est; ideoque transacto tempore, quanto, nisi constitutio eum proprium fecisset, usucapi potuisset, nihil ex constitutione domino superesse recte dicetur.

Manumittendo autem utrum desinit tantum dominus esse et relictus ab eo servus in ius prioris domini redit? An et liberum eum facit, ne praestatio libertatis dominii fiat translatio?

Certe apud hostes manumissus liberatur, et tamen si eum nanctus dominus vetus intra praesidia nostra fuisset, quamvis non secutum res nostras, sed dum eo consilio venisset, ut ad illos reverteretur, servum retineret iure postliminii. Quod in liberis aliter erat. Non enim postliminio
74 revertebatur, nisi qui hoc animo ad suos
75 venisset, ut eorum res sequeretur illosque

kehrt ist, so behandelt, als ob er nie in die Gewalt der Feinde geraten wäre.

Wenn jemand einen gefangenen Sklaven von den Feinden loskauft[157], dann gehört er erst einmal dem Loskaufenden, auch wenn er weiß, daß der Sklave einem anderen gehört hatte. Bietet man ihm jedoch den Preis, den er gezahlt hat, dann nimmt man an, daß der Sklave im Rahmen des Heimkehrrechts zurückgekehrt ist oder zurückerhalten wurde. Und wenn jemand unwissentlich einen gefangenen Sklaven – in der Annahme, er gehöre dem Verkäufer – losgekauft hat, dann ist zu überlegen, ob man annehmen soll, er habe ihn gleichsam ersessen, mit der Folge, daß es dem früheren Eigentümer nach Ablauf eines Jahres nicht mehr freisteht, den Kaufpreis anzubieten. Denn es ist klar, daß der Erlaß, der sich mit den Losgekauften befaßt[158], den Sklaven dem Loskaufenden zu eigen gibt, und daß ich, was bereits mein eigen ist, unmöglich ersitzen kann. Da andererseits der Erlaß die Rechtsstellung der Loskaufenden nicht verschlechtert, sondern soweit möglich verbessert hat, wäre es ungerecht und gegen den Sinn des Erlasses, wenn das uralte Recht des gutgläubigen Käufers unterginge. Wenn daher die Zeit vergangen ist, in der der Sklave, hätte nicht der Erlaß ihn dem Loskaufenden zu eigen gegeben, ersessen worden wäre, dann wird man richtigerweise sagen, daß dem ursprünglichen Eigentümer auch auf Grund des Erlasses nichts mehr zusteht.

Läßt er ihn jedoch unterdessen frei: hört er dann nur auf, Eigentümer zu sein, und kehrt der Sklave, von ihm aufgegeben, in die Gewalt des früheren Eigentümers zurück? Oder entläßt er ihn wirklich in die Freiheit, damit die Freilassung nicht auf eine Übereignung hinausläuft? Gewiß ist, wer beim Feinde freigelassen wird, frei[159]; dennoch dürfte ihn sein früherer Eigentümer, falls er ihn innerhalb unserer Vorposten anträfe, auch wenn er nicht um unser Gebiet aufzusuchen, sondern lediglich in der Absicht gekommen wäre, wieder zur anderen Seite zurückzukehren, auf Grund des Heimkehrrechts als Sklaven beanspruchen. Bei Freien wäre das anders. Denn nur der kehrte im Rahmen des Heimkehrrechts zurück, der in der Absicht zu den Seinen gekommen wäre, unter ihnen zu leben und die zu verlassen, von denen er fortgegangen war, weil, wie Sabinus

relinqueret, a quibus abisset, quia, ut Sabinus scribit, de sua civitate cuique constituendi facultas libera est, non de dominii iure. Verum hoc non multum onerat praesentem inspectationem, quia hostium iure manumissio obesse civi nostro domino servi non potuit, at is de quo quaeritur lege nostra, quam constitutio fecit, civem Romanum dominum habuit, et an ab eo possit libertatem adsequi tractamus. Quid enim, si numquam ille pretium eius offerat? Si nec conveniendi eius sit facultas? Liber erit servus, qui nullo merito suo poterit a domino libertatem consequi? Quod est iniquum et contra institutum a maioribus libertatis favorem. Certe et veteri iure si ab hoc, qui sciens alienum esse redemisset, alius bona fide emisset, usucapere ad libertatemque perducere potuit, et isto quoque modo prior dominus, qui ante captivitatem fuerat, ius suum amittebat. Quare igitur iste non habet ius manumittendi?

Si statuliber fuerit, antequam ab hostibus caperetur, redemptus pendente condicione suam causam retinebit. Quid ergo, si ita libertatem acceperat, si decem milia sestertium dederit?

Quaesitum est, unde dare debebit, quoniam, etsi concessum est statulibero de peculio dare, hoc tamen, quod apud hunc qui redemit habet, numquid vice illius sit, quod apud hostes quaesisset? Utique, si ex re illius aut ex operis suis quaesitum est; ex alia autem causa parto peculio potest dare, ita ut condicioni benigne eum paruisse credamus.

76 Si pignori servus datus fuerat ante cap-
77 tivitatem, post dimissum redemptorem

schreibt, hinsichtlich seines Bürgerrechts jedem die freie Entscheidung zusteht, nicht aber hinsichtlich der Eigentumsverhältnisse. Doch dies erschwert die gegenwärtige Betrachtung nicht sehr, weil eine Freilassung nach Feindesrecht einem römischen Bürger als dem Eigentümer des Sklaven nicht hinderlich sein konnte, derjenige aber, um den es hier geht, auf Grund des bei uns geltenden Rechts, das der Erlaß eingeführt hat, einen römischen Bürger zum Eigentümer hatte und wir die Frage behandeln, ob er von ihm die Freiheit erlangen kann. Denn was geschieht, wenn der frühere Eigentümer nie den für ihn gezahlten Preis anbietet? Wenn der frühere Eigentümer nicht einmal erreichbar ist? Soll also ein Freier Sklave sein, der keine Aussicht hat, durch Wohlverhalten von seinem Herrn die Freiheit zu erlangen? Das wäre ungerecht und auch gegen die von den Vorfahren eingeführte Begünstigung der Freiheit. Jedenfalls galt schon nach altem Recht: wenn jemand einen Sklaven in dem Wissen, daß er einem anderen gehört hatte, losgekauft hat und ihn dann ein Dritter gutgläubig erwirbt, dann kann ihn dieser Dritte ersitzen und ihm die Freiheit verschaffen, und auf diese Weise büßte auch der frühere Eigentümer, der es vor der Gefangennahme gewesen war, sein Recht ein. Warum soll dann nicht auch jener Loskaufende das Recht zur Freilassung haben?

Wenn jemand bedingt[160] frei war, ehe er in feindliche Gefangenschaft geriet, dann bleibt, wenn er losgekauft ist und die Bedingung noch schwebt, seine Rechtsstellung unverändert. Wie nun, wenn er die Freiheit unter der Bedingung erhalten hatte, zehntausend Sesterzen zu zahlen? Man hat erörtert, aus welchen Mitteln er zahlen darf. Denn wenn es dem bedingt Freien auch gestattet ist, aus seinem Sondergut zu zahlen: würde nicht dennoch, was er bei dem, der ihn losgekauft hat, besitzt, an die Stelle dessen treten, was er bei den Feinden erworben hatte[161]? Jedenfalls, wenn er den Betrag aus dem Vermögen des Loskaufenden oder durch eigene Arbeit erworben hat. Doch kann er auch aus einem auf andere Weise erworbenen Sondergut zahlen, und dann nehmen wir großzügig[162] an, daß er die Bedingung erfüllt hat.

Wenn ein Sklave vor der Gefangennahme verpfändet worden war, dann kehrt er nach Entschädigung des Loskaufenden in das

in veterem obligationem revertitur, et si creditor obtulerit ei qui redemit, quanto redemptus est, habet obligationem et in priorem debiti causam et in eam summam qua eum liberavit, quasi ea obligatione quadam constitutione inducta, ut cum posterior creditor priori satisfacit confirmandi sui pignoris causa; nisi quod in hoc conversa res est et posterior, quia eum servum, ut apud nos esset, effecit, ab eo, qui tempore prior fuit, ut infirmiore dimittendus est.

Si plurium servus fuerat et omnium nomine ei qui redemit restitutum pretium erit, in communionem redibit;

si unius tantum vel quorundam nec omnium, ad eum eosve qui solverunt pertinebit, ita ut in portione sua pristinum ius obtineant et in parte ceterorum ei qui redemit succedant.

Si fideicommissa libertas debita captivo fuerit, redemptus nondum eam petere poterit, nisi redemptori satisfecerit.

Si deportatum ab insula hostes ceperunt, redemptus quibus casibus redit, in eam causam veniet, in qua futurus esset, si captus non fuisset; deportabitur igitur.

Sed si in captivo servo talis praecesserat causa, quae eius vel ad tempus vel in perpetuum libertatem impediret, nec redemptione ab hostibus mutabitur, veluti si in legem Fabiam commisisse eum constiterat vel ita venierat, ne manumitteretur; habebit autem interim sine poena sua qui redemit. Ergo de metallo captus redemptus in poenam suam revertetur, nec tamen ut transfuga
78 metalli puniendus erit, sed redemptor a
79 fisco pretium recipiet, quod etiam consti-

alte Haftungsverhältnis zurück, und wenn der Gläubiger dem Loskaufenden den Betrag, für den er den Sklaven losgekauft hat, anbietet, dann haftet das Pfand sowohl für die alte Forderung als auch für die Summe, mit der er den Loskaufenden abgefunden hat – als ob diese Haftung durch jenen Erlaß eingeführt worden wäre, vergleichbar dem Fall, daß ein späterer Pfandgläubiger den früheren befriedigt, um sein Pfandrecht erstarken zu lassen[163], nur daß es sich hier umgekehrt verhält und der spätere, da er bewirkt hat, daß sich der Sklave bei uns befindet, von dem zeitlich früheren als dem Nachrangigen abgefunden werden muß.

Wenn der Sklave mehreren gehört hatte und dem, der ihn losgekauft hat, im Namen aller der Preis erstattet worden ist, dann kehrt der Sklave in das Miteigentum zurück; wenn die Zahlung nur im Namen eines Miteigentümers erfolgte oder einiger, aber nicht aller, dann fällt er dem oder den Zahlenden zu, mit der Maßgabe, daß sie zu ihrem einstigen Anteil ihr altes Recht behalten und zu dem Anteil der übrigen in die Stellung dessen einrücken, der den Sklaven losgekauft hat[164].

Wenn einem gefangenen Sklaven die Freiheit durch Fideikommiß geschuldet war[165], dann kann er sie nach dem Loskauf erst beanspruchen, wenn er den Loskaufenden befriedigt hat.

Wenn die Feinde jemanden, der auf eine Insel verbannt war, gefangen genommen haben, dann fällt er mit dem Loskauf, dank welcher Zufälle er auch heimkehrt, in die Lage zurück, in der er sich befunden hätte, wenn er nicht gefangen genommen worden wäre; er wird also wieder an den Verbannungsort gebracht. Und wenn bei einem gefangenen Sklaven ein Umstand vorausgegangen war, der seine Freiheit sei es auf Zeit, sei es für immer ausschloß, dann ändert sich auch bei einem Loskauf von den Feinden seine Rechtsstellung nicht, etwa wenn er erwiesenermaßen dem Fabischen Gesetz[166] zuwidergehandelt hatte oder wenn er mit der Maßgabe verkauft worden war, daß er nicht freigelassen wird. Doch darf ihn in der Zwischenzeit der Loskaufende straflos behalten. Folgerichtig kehrt, wer als Sträfling aus einem Bergwerk[167] gefangen genommen und dann losgekauft worden ist, in seine Strafe zurück; er darf jedoch nicht als Bergwerksflüchtling bestraft werden[168], vielmehr bekommt der

tutum est ab imperatore nostro et divo Severo.

Si natum ex Pamphila legatum tibi fuerit tuque matrem redemeris et ea apud te pepererit, non videri te partum ex causa lucrativa habere, sed officio arbitrioque iudicis aestimandum constituto pretio partus, perinde atque si, quanto mater est empta, simul et partus venisset.

Quod si iam natum apud hostes, quod eo tempore quo capiebatur utero gerebat, cum matre redimatur ab eodem uno pretio, oblato tanto, quantum ex pretio, quod pro utroque datum est, aestimationem contingeret partus, et videtur is postliminio reversus; multo magis, si diversi emptores utriusque exstiterint vel unius. Sed si suo quemque pretio redemerit, id offerri pro singulis oportebit redemptori, quod hosti pro quoque datum est, ut separatim quoque postliminio reverti possint.

## Behandlung der Sklaven

*Ulpianus, De officio proconsulis VIII* [36]
Si dominus in servos saevierit vel ad impudicitiam turpemque violationem compellat, quae sint partes praesidis, ex rescripto divi Pii ad Aelium Marcianum proconsulem Baeticae manifestatur. Cuius rescripti verba haec sunt: «Dominorum quidem potestatem in suos servos illibatam esse oportet nec cuiquam hominum ius suum detrahi. Sed dominorum interest, ne auxilium contra saevitiam vel famem vel intolerabilem iniuriam denegetur his, qui iuste deprecantur. Ideoque cognosce de querellis eorum, qui ex fa-

Loskaufende den Preis aus der Staatskasse, wie das auch unser Kaiser[169] und der göttliche Septimius Severus bestimmt haben.

Wenn ein Vermächtnis dir zuerkannt hat, was die Sklavin Pamphila zur Welt bringen wird, und du die Mutter loskaufst und sie bei dir niederkommt, dann hast du das Geborene offensichtlich nicht unentgeltlich erworben[170]; vielmehr muß der Richter nach pflichtmäßigem Ermessen den Wert des Geborenen auf Grund des festgesetzten Preises schätzen[171], gerade so wie wenn für den Preis, für den die Mutter gekauft worden war, zugleich auch das Geborene zum Verkauf gelangt wäre. Ist aber das Kind, mit dem die Frau zur Zeit ihrer Gefangennahme schwanger war, bereits bei den Feinden geboren und gemeinsam mit der Mutter von derselben Person für eine einzige Summe losgekauft worden, dann ist, wenn so viel erstattet wurde[172], wie von der Summe, die für beide entrichtet war, eine Schätzung des Geborenen ergäbe, dieses ersichtlich nach Heimkehrrecht zurückgekehrt[173]; noch viel mehr, wenn verschiedene Käufer von beiden oder nur einer des einen[174] aufgetreten wären. Wenn aber jemand jedes für einen besonderen Preis losgekauft hat, dann muß dem Loskaufenden für jedes einzelne der Preis geboten werden, den der Feind für ein jedes erhalten hat, so daß sie auch getrennt nach Heimkehrrecht zurückkehren können[175].

*Ulpian, Über die Aufgaben des Statthalters Buch 8*

Wenn ein Herr seine Sklaven brutal behandelt oder zu Schamlosigkeiten und schimpflichen Gesetzesübertretungen zwingt, dann wird, was der Statthalter zu tun hat, in einem Bescheid des göttlichen Antoninus Pius an Älius Marcianus, den Statthalter von Südspanien, dargetan. Der Bescheid hat folgenden Wortlaut: «Gewiß darf die Gewalt der Herren über ihre Sklaven nicht geschmälert werden, und niemandem darf sein Recht entzogen werden. Es liegt indes im Interesse der Herren, daß Hilfe gegen Brutalität oder Hunger oder unerträgliches Unrecht denen nicht vorenthalten wird, die mit triftigem Grunde darum bitten. Untersuche demgemäß die Beschwerden der Leute, die, zum Gesinde des Julius Sabinus gehörig, zum Kaiserstandbild

milia Iuli Sabini ad statuam confugerunt, et si vel durius habitos quam aequum est vel infami iniuria adfectos cognoveris, venire iube ita, ut in potestatem Sabini non revertantur. Quod si meae constitutioni fraudem fecerit, sciet me admissum severius exsecuturum.» Divus etiam Hadrianus Umbriciam quandam matronam in quinquennium relegavit, quod ex levissimis causis ancillas atrocissime tractasset. Item divus Pius ad libellum Alfi Iuli rescripsit in haec verba: «Servorum obsequium non solum imperio, sed et moderatione et sufficientibus praebitis et iustis operibus contineri oportet. Itaque et ipse curare debes iuste ac temperate tuos tractare, ut ex facili requirere eos possis, ne, si apparuerit vel imparem te impendiis esse vel atrociore dominationem saevitia exercere, necesse habeat proconsul vir clarissimus, ne quid tumultuosius contra accidat, praevenire et ex mea iam auctoritate te ad alienandos eos compellere. Glabrione et Omullo consulibus.»

## Freilassung

*Pomponius, Epistulae VII* *[37]*

Apud Iulianum ita scriptum est: «Si heres rogatus servum manumittere ex Trebelliano senatus consulto hereditatem restituerit, cogi debebit manumittere, et, si latitabit vel si iusta ex causa aberit, praetor causa cognita secundum senatus consulta ad eas causas pertinentia pronuntiare debebit. Si vero servum usuceperit is, cui hereditas restituta fuerit, ipsum compelli manumittere et ea-
82 dem in personam eius observari conveniet,
83 quae circa emptores custodiri solent.» An

geflohen sind, und wenn du feststellst, daß man sie ungebührlich hart behandelt oder ihnen schmähliches Unrecht angetan hat, dann laß sie so verkaufen, daß sie nicht mehr in die Gewalt des Sabinus zurückkehren. Wenn dieser meine Anordnung zu umgehen sucht, dann soll er wissen, daß ich seine Tat streng ahnden werde.» Der göttliche Hadrian hat sogar eine gewisse Umbricia, eine ehrbare Frau, für fünf Jahre in die Verbannung geschickt, weil sie ihre Mägde aus nichtigsten Anlässen mit ausgesuchter Grausamkeit behandelte.

Im gleichen Sinne hat der göttliche Antoninus Pius eine Eingabe des Alfius Julius wie folgt beschieden: «Der Gehorsam der Sklaven soll nicht nur auf der Zwangsgewalt, sondern auch auf Mäßigung, auf Gewährung des Nötigen und gerechter Zuteilung der Arbeit beruhen. Daher mußt auch du darauf bedacht sein, deine Leute gerecht und maßvoll zu behandeln, so daß du ihnen ohne weiteres Aufträge erteilen kannst: sonst müßte nämlich – falls sich zeigen sollte, daß deine Aufwendungen unzulänglich sind oder du dein Herrenrecht mit hemmungsloser Brutalität ausübst – der Statthalter, der hochberühmte Herr, verhindern, daß sich Schlimmeres ereignet, und dich in meinem Auftrag zwingen, die Sklaven zu veräußern. Unter dem Konsulat von Glabrio und Omullus[176].»

*Pomponius, Briefe Buch 7*

Anfrage: Bei Julian steht geschrieben: «Wenn ein Erbe, der gebeten worden war, einen Sklaven freizulassen[177], die Erbschaft gemäß dem Trebellianischen Senatsbeschluß[178] herausgibt, dann muß man ihn zwingen, die Freilassung vorzunehmen, und wenn er sich versteckt hält oder aus einem triftigen Grund abwesend ist, dann muß der Prätor[179] nach Prüfung des Falles den einschlägigen Senatsbeschlüssen entsprechend entscheiden[180]. Wenn aber derjenige den Sklaven ersessen hat, an den die Erbschaft herausgegeben worden ist, dann ist es angemessen, diesen zur Freilassung zu zwingen und in seiner Person das gleiche zu beobachten, was auch bei Käufern gilt[181].» Hältst

haec vera putes? Nam ego discendi cupiditate, quam solam vivendi rationem optimam in octavum et septuagesimum annum aetatis duxi, memor sum eius sententiae, qui dixisse fertur: Κἂν τὸν ἕτερον πόδα ἐν τῇ σωρῷ ἔχω, προσμαθεῖν τι βουλοίμην.

Bellissime Aristo et Octavenus putabant hunc servum, de quo quaereretur, fideicommissae hereditatis non esse, quia testator rogando heredem, ut eum manumitteret, non videtur de eo restituendo sensisse. Si tamen per errorem ab herede datus fuerit, ea dicenda sunt, quae Iulianus scribit.

## ERBRECHT

### Erbeinsetzung

*Paulus, Imperiales sententiae*
*in cognitionibus prolatae III (IV)* [38]

Iulius Foebus testamento facto, cum tres liberos heredes institueret, Foebum et Heracliam ex eadem matre, Polycraten ex alia aequis portionibus, petit a Polycrate minore fratre, ut accepto certo praedio hereditatem fratribus concederet; et invicem eos, qui ex eadem matre erant, si qui eorum heres non fuisset, substituerat. Polycrati, si intra pubertatem decessisset, secundas tabulas fecit, quas matri eius commendavit aperiendas, si impubes obisset. Deinde petit a prioribus, ut, si quis eorum sine liberis decederet, portionem suam exceptis bonis maternis eorum et avitis ei vel eis qui superessent restitueret. Heraclia soror mortua sine liberis fra-

du das für richtig? Denn ich meinerseits denke aus Lust am Lernen, das allein ich bis in mein achtundsiebzigstes Jahr für eine ausgezeichnete Sinngebung meines Lebens gehalten habe, an den Spruch von jenem Manne[182], der da gesagt haben soll: «Auch wenn ich den einen Fuß schon im Grabe habe, bin ich bereit, noch dazuzulernen.»

Antwort des Pomponius: Sehr treffend glaubten Aristo und Octavenus, daß der Sklave, um den es sich handelte, nicht zu der als Fideikommiß überantworteten Erbschaft gehöre[183], weil der Erblasser dadurch, daß er den Erben bat, ihn freizulassen, zu erkennen gab, daß er ihn nicht herausgegeben wissen wollte. Wenn er jedoch irrtümlich vom Erben herausgegeben worden ist, dann muß man die Sache so beurteilen, wie Julian schreibt.

*Paulus, Kaiserliche Rechtsansichten*
*aus der Rechtsprechung des Kaisergerichts Buch 3 oder 4*
Julius Föbus errichtete ein Testament, worin er seine drei Kinder – Föbus und Heraklia von derselben Frau, Polykrates von einer anderen – zu gleichen Teilen zu Erben einsetzte. Er bat Polykrates, den jüngeren Sohn, er möge nach Empfang eines bestimmten Grundstücks die übrige Erbschaft den Geschwistern überlassen, und er hatte wechselseitig die beiden, die von derselben Mutter abstammten, für den Fall, daß einer von ihnen nicht Erbe würde, als Ersatzerben eingesetzt. Für den Anteil des Polykrates hatte er, wenn dieser vor Erreichung der Mündigkeit[184] aus dem Leben scheide, ein Nacherben-Testament errichtet, das er der Mutter zur Eröffnung überantwortete, falls Polykrates unmündig stürbe. Außerdem verlangte er von den beiden älteren, derjenige, der kinderlos sterbe, solle seinen Anteil nach Abzug des von der Mutter oder den Großeltern Ererbten an den oder die Überlebenden[185] herausgeben. Die Schwester Heraklia,

trem Foebum heredem instituit. Polycrates fideicommissum petierat et obtinuerat apud Aurelium Proculum proconsulem Achaiae. Appellatione facta, cum solus Foebus egisset μονομερῶς, victus est, quia «ei vel eis» verba utrosque fratres complecterentur. Atqui invicem duos illos tantum substituerat. Sed et voluntas haec patris videbatur, qui exceperat eorum bona materna, quia Polycrates aliam matrem et quidem superstitem habebat, cuius etiam fidei commissum erat, ut legata, quae ei dederat in testamento, moriens Polycrati filio suo restitueret.

*Papinianus, Responsa VI* *[39]*

Pannonius Avitus, cum in Cilicia procuraret, heres institutus ante vita decesserat, quam heredem se institutum cognosceret. Quia bonorum possessionem, quam procurator eius petierat, heredes Aviti ratam habere non potuerant, ex persona defuncti restitutionem in integrum implorabant, quae stricto iure non competit, quia intra diem agnitionis Avitus obisset. Divum tamen Pium contra constituisse Maecianus libro IV quaestionum refert in eo, qui legationis causa Romae erat et filium, qui matris delatam bonorum possessionem absente patre admittere non potuerat, absens amiserat, sine respectu eius distinctionis restitutionem locum habere. Quod et hic humanitatis gratia obtinendum est.

Enterbung

*Imperatores Valerianus et Gallienus Augusti Maximae* *[40]*

86 Reprehendenda tu magis es quam mater
87 tua. Illa enim nisi heredem te sibi esse

die kinderlos starb, hatte ihren Bruder Föbus als Erben eingesetzt. Polykrates verlangte daraufhin die Herausgabe der Hälfte auf Grund des Fideikommisses[186] und war hiermit bei Aurelius Proculus, dem Statthalter von Griechenland, erfolgreich. Föbus legte Berufung ein[187], weil er allein zu berücksichtigen sei, und unterlag, weil sich die Worte «an den oder die» auf beide Brüder bezögen. Andererseits hatte der Vater nur jene beiden anderen wechselseitig zu Ersatzerben eingesetzt. Gleichwohl schien dies sein Wille zu sein, da er ja auch das von der Mutter Ererbte ausgenommen hatte, weil Polykrates von einer anderen Mutter, die noch lebte, abstammte; er hatte diese auch gebeten, die Vermächtnisse, die er ihr testamentarisch hatte zukommen lassen, bei ihrem Tode an ihren Sohn Polykrates herauszugeben.

*Papinian, Bescheide Buch 6*

Pannonius Avitus, zum Erben eingesetzt, während er in Kilikien als kaiserlicher Finanzprokurator war, schied aus dem Leben, ehe er erfuhr, daß er zum Erben eingesetzt sei. Weil die Erben des Avitus den Erbschaftsbesitz, den sein Bevollmächtigter beantragt hatte, nicht hatten genehmigen können[188], verlangten sie aus dem Recht des Verstorbenen Wiedereinsetzung in den vorigen Stand[189], die nach strengem Recht nicht stattfindet, weil Avitus vor Ablauf der Antragsfrist gestorben war[190]. Mäcian berichtet indes im 4. Buch seiner «Untersuchungen», daß der göttliche Antoninus Pius anders entschieden habe: jemand war als Gesandter[191] in Rom und hatte während seiner Abwesenheit den Sohn verloren, der den ihm von Mutters Seite angefallenen Erbschaftsbesitz[192] in Abwesenheit des Vaters nicht hatte wahrnehmen können; ohne Rücksicht auf jene Unterscheidung finde die Wiedereinsetzung statt. Das muß man auch hier um der Menschlichkeit willen durchschlagen lassen.

*Die Kaiser Valerian und Gallien an Maxima*

Du verdienst mehr Tadel als deine Mutter. Denn wenn sie nicht wollte, daß du ihre Erbin seist, hätte sie dir nicht geboten, was

vellet, id quod est inutile, matrimonium te dirimere cum viro non iuberet. Tu porro voluntatem eius divortio comprobasti. Oportuerat autem, etsi condicio huiusmodi admitteretur, praeferre lucro concordiam maritalem. Enimvero cum boni mores haec observari vetent, sine ullo damno coniunctionem retinere potuisti. Redi igitur ad maritum sciens hereditatem matris, etiamsi redieris, retenturam, quippe quam retineres, licet prorsus ab eo non recessisses.

Proposita XII kalendas Decembres Valeriano IV et Gallieno III Augustis consulibus.

## Auslegung im Erbrecht

*Callistratus, Quaestiones II* [41]

Papirius Fronto libro tertio responsorum ait praedio cum vilico et contubernali eius et filiis legato nepotes quoque ex filiis contineri, nisi voluntas testatoris aliter habeat. Filii enim appellatione saepe et nepotes accipi multifariam placere. Divus quoque Marcus rescripsit non videri sine liberis defunctum, qui nepotem suum heredem reliquit. Praeter haec omnia natura nos quoque docet parentes pios, qui liberorum procreandorum animo et voto uxores ducunt, filiorum appellatione omnes qui ex nobis descendunt continere. Nec enim dulciore nomine possumus nepotes nostros quam filii appellare. Etenim idcirco filios filiasve concipimus atque edimus, ut ex prole eorum earumve diuturnitatis nobis memoriam in aevum relinquamus.

unwirksam ist, nämlich die Ehe mit deinem Mann aufzulösen[193]. Du jedoch bist ihrem Willen durch die Scheidung nachgekommen. Indessen hättest du, selbst wenn eine derartige Bedingung zulässig wäre, das eheliche Einvernehmen dem Gewinn vorziehen müssen.

Da nun aber die guten Sitten derartige Gepflogenheiten ausschließen, hättest du ohne Schaden an der ehelichen Verbindung festhalten können. Kehre also zu deinem Manne zurück[194] mit dem Wissen, daß du die Erbschaft deiner Mutter auch, wenn du zurückgekehrt bist, behalten kannst, da du sie ja auch dann behalten würdest, wenn du gar nicht von ihm weggegangen wärest.

Verkündet am 20. November unter dem vierten Konsulat des Kaisers Valerian und dem dritten Konsulat des Kaisers Gallien (257).

*Callistratus, Untersuchungen Buch 2*

Papirius Fronto schreibt im 3. Buch seiner «Bescheide», wenn ein Gutshof mitsamt Verwalter[195], dessen Wohngenossin und den Kindern vermacht sei, dann gehörten auch die Kindeskinder dazu, wenn der Wille des Erblassers nicht anders laute. Denn daß in die Bezeichnung ‹Kind› oft auch die Enkel einbegriffen würden, sei vielfach anerkannt. Auch der göttliche Mark Aurel hat den Bescheid gegeben, offensichtlich sei der nicht kinderlos verschieden, der einen Enkel als Leibeserben hinterlassen habe. Abgesehen von dem allem lehrt uns auch die Lebenswirklichkeit, daß pflichtbewußte Väter, die in der Absicht und mit dem Wunsche, Kinder zu zeugen, heiraten, in die Bezeichnung ‹Kinder› alle einbeziehen, die von uns abstammen. Denn mit einem zärtlicheren Namen können wir unsere Enkel nicht anrufen als mit dem eines Kindes. Deswegen nämlich empfangen und bringen wir Söhne und Töchter zur Welt, damit wir uns durch deren Nachkommenschaft ein ewigdauerndes Andenken hinterlassen[196].

*Labeo, Posteriora a Iavoleno epitomata II* [42]

Qui concubinam habebat, ei vestem prioris concubinae utendam dederat, deinde ita legavit: «Vestem, quae eius causa empta parata esset.» Cascellius Trebatius negant ei deberi prioris concubinae causa parata, quia alia condicio esset in uxore. Labeo id non probat, quia in eiusmodi legato non ius uxorium sequendum, sed verborum interpretatio esset facienda idemque vel in filia vel in qualibet alia persona iuris esset. Labeonis sententia vera est.

*Cervidius Scaevola, Digesta XVII* [43]

Codicillis confirmatis ita cavit: «Tiburtibus municipibus meis amantissimisque scitis balineum Iulianum iunctum domui meae, ita ut publice sumptu heredum meorum et diligentia decem mensibus totius anni praebeatur gratis.» Quaesitum est, an et sumptus refectionibus necessarios heredes praestare debeant.

Respondit secundum ea quae proponerentur videri testatorem super calefactionis et praebitionis onus de his quoque sensisse, qui ad cottidianam tutelam pertineant, quibus balineae aut instruuntur aut denique inter solitas cessationum vices parari purgarique, ut habiles ad lavandum fierent, sint solitae.

*Cervidius Scaevola, Responsa I* [44]

Olympico habitationem et horreum, quod in ea domo erat, quoad viveret, legavit. Iuxta eandem domum hortus et cenaculum, quod
90 Olympico legatum non est, fuerunt. Ad
91 hortum autem et cenaculum semper per do-

*Labeo, Aus dem Nachlaß, ausgewählt und erläutert von Javolen, Buch 2*

Jemand, der mit einer Konkubine lebte, hatte ihr die Kleidung der vorigen Konkubine zum Gebrauch überlassen, dann setzte er ihr als Vermächtnis aus: «die Kleidung, die um ihretwillen gekauft oder angefertigt worden» sei. Cascellius und Trebaz lehnen ab, daß sie Anspruch auf die Kleider habe, die für die vorige Konkubine angefertigt worden sind, weil es sich anders als bei einer Ehefrau verhalten müsse[197]. Labeo mißbilligt diese Auffassung, nicht weil bei einem derartigen Vermächtnis Ehegatten-Recht als Richtschnur dienen, sondern weil man den Wortlaut auslegen müsse, und auch bei einer Tochter oder einer beliebigen anderen Person sei dasselbe rechtens. Labeos Meinung ist zutreffend[198].

*Cervidius Scävola, Digesten Buch 17*

Jemand hatte in einem vorbehaltenen Kodizill folgendes verfügt: «Für meine geliebten Mitbürger von Tibur ist, wie ihr wißt, das Julianische Bad an mein Haus angebaut, so daß es auf Kosten und durch die Fürsorge meiner Erben der Öffentlichkeit zehn Monate im Jahr kostenlos zur Verfügung stehen soll.» Man hat angefragt, ob die Erben auch für die Aufwendungen aufkommen müssen, die für die Instandhaltung nötig sind.

Er[199] hat den Bescheid gegeben, nach dem vorgelegten Wortlaut müsse angenommen werden, daß der Erblasser über die Lasten der Heizung und der Öffnung hinaus auch an die Aufwendungen gedacht habe, die zur täglichen Wartung gehören, die der Ausstattung von Bädern dienen oder mit denen man sie während der üblichen Schließungszeiten herzurichten und zu reinigen pflegt, damit sie zum Baden geeignet sind.

*Cervidius Scävola, Bescheide Buch 1*

Dem Olympicus hatte jemand ein Wohnrecht und einen Speicher, der sich in dem Hause befand, auf Lebenszeit vermacht. Neben diesem Hause befanden sich ein Garten und ein Speiseraum, der dem Olympicus nicht vermacht worden war. Der Zugang zu Garten und Speiseraum aber führte seit jeher durch

mum, cuius habitatio relicta erat, aditus fuit. Quaesitum est, an Olympicus aditum praestare deberet.

Respondi servitutem quidem non esse, sed heredem transire per domum ad ea quae commemorata sunt posse, dum non noceat legatario.

# EIGENTUM

## Eigentumserwerb

*Gaius, Institutiones I* *[45[*

Est ... mancipatio, ut supra quoque diximus, imaginaria quaedam venditio; quod et ipsum ius proprium Romanorum est, eaque res ita agitur: adhibitis non minus quam quinque testibus civibus Romanis puberibus et praeterea alio eiusdem condicionis, qui libram aeneam teneat, qui appellatur libripens, is qui mancipio accipit, aes tenens ita dicit: «HUNC EGO HOMINEM EX IURE QUIRITIUM MEUM ESSE AIO ISQUE MIHI EMPTUS ESTO HOC AERE AENEAQUE LIBRA»; deinde aere percutit libram idque aes dat ei a quo mancipio accipit quasi pretii loco. Eo modo et serviles et liberae personae mancipantur; animalia quoque quae mancipi sunt, quo in numero habentur boves, equi, muli, asini; item praedia tam urbana quam rustica quae et ipsa mancipi sunt, qualia sunt Italica, eodem modo solent mancipari. In eo solo praediorum mancipatio a ceterorum mancipatione differt, quod personae serviles et li-
92 berae, item animalia quae mancipi sunt, nisi
93 in praesentia sint, mancipari non possunt,

das Haus, an dem das Wohnrecht hinterlassen worden war. Man hat angefragt, ob Olympicus verpflichtet sei, den Zugang zu gestatten.

Ich habe den Bescheid gegeben, daß zwar keine Dienstbarkeit vorliege, daß der Erbe jedoch durch das Haus zu den erwähnten Örtlichkeiten gehen könne, solange er dem Vermächtnisnehmer dadurch keinen Schaden zufügt.

*Gaius, Institutionen Buch 1*
Die Manzipation ist, wie wir oben schon gesagt haben, eine Art Scheinkauf, eine Rechtseinrichtung, die ebenfalls römischen Bürgern[200] vorbehalten ist. Dieser Akt geht so vonstatten: Unter Hinzuziehung von mindestens fünf Zeugen, mündigen römischen Bürgern, sowie eines sechsten, der dieselben Voraussetzungen erfüllt (er hält die eherne Waage und heißt daher Waagehalter), spricht der Manzipationsnehmer, indem er ein Stück Kupfer[201] in der Hand hält, folgendes: «Von diesem Sklaven erkläre ich, daß er nach dem Recht der Quiriten[202] mein eigen ist, und er sei von mir gekauft auf Grund dieses Stückes Kupfer und dieser ehernen Waage.» Dann schlägt er mit dem Stück Kupfer an die Waage und überreicht es dem Manzipationsgeber anstelle eines Kaufpreises.

Auf diese Weise werden sowohl Sklaven als auch freie Personen manzipiert, ferner Tiere, die Manzipationssachen sind, wozu Rinder, Pferde, Maultiere und Esel gerechnet werden; desgleichen pflegen Grundstücke in der Stadt und auf dem Lande, sofern auch sie Manzipationssachen sind, wie die italischen[203], auf dieselbe Weise manzipiert zu werden. Nur darin besteht ein Unterschied zwischen der Manzipation von Grundstücken und der von anderen Sachen, daß Sklaven und freie Personen sowie Tiere, die Manzipationssachen sind, nur dann manzipiert werden können, wenn sie

adeo quidem, ut eum qui mancipio accipit, adprehendere id ipsum, quod ei mancipio datur, necesse sit; unde etiam mancipatio dicitur, quia manu res capitur; praedia vero absentia solent mancipari.

*Ulpianus, Ad edictum praetoris XIX* *[46]*
Pomponius tractat: Cum pastori meo lupi porcos eriperent, hos vicinae villae colonus cum robustis canibus et fortibus, quos pecoris sui gratia pascebat, consecutus lupis eripuit aut canes extorserunt; et cum pastor meus peteret porcos, quaerebatur, utrum eius facti sint porci, qui eripuit, an nostri maneant; nam genere quodam venandi id erant nancti. Cogitabat Mucius, an non, quemadmodum terra marique capta, cum in suam naturalem laxitatem pervenerant, desinerent eorum esse qui ceperunt, ita ex bonis quoque nostris capta a bestiis marinis et terrestribus desinant nostra esse, cum effugerent bestiae nostram persecutionem. Quis denique manere nostrum dicit, quod avis transvolans ex area aut ex agro nostro abstulit aut quod nobis eripuit? Si igitur desinit, si fuerit ore bestiae liberatum, occupantis erit, quemadmodum piscis vel aper vel avis, qui potestatem nostram evasit, si ab alio capiatur, ipsius fit.

Sed putat potius nostrum manere tamdiu, quamdiu reciperari possit, licet in avibus et piscibus et feris verum sit quod scribit. Idem ait, etsi naufragio quid amissum sit, non statim nostrum esse desinere; denique quadruplo teneri eum qui rapuit. Et sane melius est dicere, et quod
94 a lupo eripitur, nostrum manere, quamdiu
95 recipi possit id quod ereptum est. Si igitur

an Ort und Stelle sind, da der Manzipationsnehmer eben den Gegenstand, den er durch die Manzipation erwirbt, anfassen muß (daher heißt der Akt Manzipation, Handergreifung, weil die Sache mit der Hand ergriffen wird); Grundstücke hingegen werden gewöhnlich nicht an Ort und Stelle manzipiert.

*Ulpian, Erläuterungen zum Edikt des Prätors Buch 19*
Pomponius schreibt: Als Wölfe meinem Hirten Schweine raubten, da verfolgte sie ein Pächter eines Nachbarhofes mit starken und scharfen Hunden, die er zum Schutze seines Viehs hielt, und entriß ihnen die Schweine, oder die Hunde entwanden sie ihnen, und als nun mein Hirt die Herausgabe der Schweine verlangte, da erhob sich die Frage, ob sie dessen Eigentum geworden seien, der sie den Wölfen entrissen hatte, oder ob sie nach wie vor uns gehörten: immerhin hatte man sie durch eine Art Jagd[204] erlangt. Mucius[205] erwog, ob nicht, ebenso wie zu Lande oder zu Wasser gefangene Tiere aufhörten, deren Eigentum zu sein, die sie gefangen hatten, sobald sie wieder in ihre natürliche Freiheit gelangt seien, auch die von Raubtieren zu Wasser oder zu Lande unserem Hab und Gut abgejagte Beute aufhöre, unser Eigentum zu sein, sobald sich die wilden Tiere unserer Verfolgung entzogen hätten. Denn wer behauptet, uns gehöre nach wie vor, was ein vorüberfliegender Vogel von unserer Tenne oder unserem Acker davongetragen oder was er uns geraubt hat[206]? Gehört es also nicht mehr uns, dann wird es, sobald es dem Maule des Raubtieres entrissen ist, Eigentum des Besitzergreifenden – wie ja auch ein Fisch oder Eber oder Vogel, der aus unserer Gewalt entkommen ist, wenn er dann von jemand anderem gefangen wird, in dessen Eigentum gelangt. Er glaubt indes, daß etwas so lange unser eigen bleibe, als die Möglichkeit besteht, es wiederzuerlangen, wenn auch seine Bemerkung über Vögel, Fische und andere wilde Tiere im übrigen zutrifft. Er sagt ferner, daß etwas, auch wenn es durch Schiffbruch verloren gegangen sei, nicht sofort aufhöre, unser eigen zu sein; schließlich hafte mit dem Vierfachen, wer sich daran bereichere. In der Tat ist es besser zu sagen, daß auch das, was uns vom Wolf entrissen wird, unser bleibt, solange wir zurückgewinnen können, was uns entrissen worden ist. Wenn

manet, ego arbitror etiam furti competere actionem. Licet enim non animo furandi fuerit colonus persecutus, quamvis et hoc animo potuerit esse, sed et si non hoc animo persecutus sit, tamen cum reposcenti non reddit, supprimere et intercipere videtur. Quare et furti et ad exhibendum teneri eum arbitror et vindicari exhibitos ab eo porcos posse.

*Proculus, Epistulae VIII* *[47]*

Insula est enata in flumine contra frontem agri mei ita, ut nihil excederet longitudo regionem praedii mei. Postea aucta est paulatim et processit contra frontes et superioris vicini et inferioris. Quaero, quod adcrevit utrum meum sit, quoniam meo adiunctum est, an eius iuris sit, cuius esset, si initio ea nata eius longitudinis fuisset.

Proculus respondit: Flumen istud, in quo insulam contra frontem agri tui enatam esse scripsisti ita, ut non excederet longitudinem agri tui, si alluvionis ius habet et insula initio propior fundo tuo fuit quam eius, qui trans flumen habebat, tota tua facta est; et quod postea ei insulae alluvione accessit, id tuum est, etiamsi ita accessit, ut procederet insula contra frontes vicinorum superioris et inferioris, vel etiam ut propior esset fundo eius, qui trans flumen habet.

Item quaero, si, cum propior ripae meae enata est insula et postea totum flumen fluere inter me et insulam coepit relicto suo alveo, quo maior amnis fluerat, numquid dubites, quin etiam insula mea maneat et nihilo minus eius soli, quod flumen reliquit, pars fiat mea? Rogo, quid sentias scribas mihi.

es nun unser bleibt, dann steht uns, wie ich meine, auch die Diebstahlsklage zu. Denn wenn auch der Pächter die Verfolgung nicht in der Absicht zu stehlen aufgenommen hat (obwohl er diese Absicht haben konnte) – doch selbst wenn er es nicht in dieser Absicht getan hat, dann ist trotzdem, wenn er die Sache auf Anfordern nicht zurückgibt, offensichtlich, daß er sie unterschlägt und so entwendet[207]. Daher haftet er meines Erachtens wegen Diebstahls und auf Vorlegung[208]; und hat er die Schweine vorgelegt, können sie herausverlangt werden.

*Proculus, Briefe Buch 8*
Eine Insel ist im Fluß gegenüber der Grenze meines Grundstücks entstanden[209], und zwar so, daß die Länge nirgends über die Reichweite meines Landes hinausging. Später wurde sie allmählich größer und dehnte sich bis vor die Grenzen des oberen und des unteren Nachbarn aus. Ich möchte wissen, ob das, was hinzugekommen ist, mir gehört, da es sich ja mit meinem Besitz verbunden hat, oder ob es dem zufällt, dem es zufiele, wenn die Insel von Anfang an auf seiner Höhe entstanden wäre.

Proculus hat den Bescheid gegeben: Wenn der Fluß, in dem, wie du schreibst, gegenüber der Grenze deines Grundstücks eine Insel von der Ausdehnung entstanden ist, daß sie nicht über die Länge deines Grundstücks hinausging, groß genug für das Recht auf angeschwemmtes Land ist und wenn die Insel zu Anfang deinem Grundstück näher lag als dem Anlieger am anderen Ufer, dann ist sie ganz dein geworden, und was später durch Anschwemmung zur Insel hinzukommt, wird ebenfalls dein, auch wenn es in der Weise hinzukommt, daß sich die Insel bis vor die Grenzen des oberen und des unteren Nachbarn ausdehnt oder daß sie dann dem Grundstück des Anliegers am anderen Ufer näher liegt.

Ferner möchte ich wissen: wenn eine Insel in größerer Nähe zu meinem Ufer entstanden ist und später der ganze Fluß zwischen mir und der Insel zu fließen beginnt, indem er das Bett verläßt, das der größere Flußarm benutzt hatte, hast du dann Bedenken, daß die Insel mein bleibt und außerdem ein Teil des Bodens, den der Fluß freigegeben hat, mein wird? Schreibe mir bitte, wie du darüber denkst.

Proculus respondit: Si, cum propior fundo tuo initio fuisset insula, flumen relicto alveo maiore, qui inter eam insulam fuerat et eum fundum vicini, qui trans flumen erat, fluere coepit inter eam insulam et fundum tuum, nihilo minus insula tua manet. Sed alveus, qui fuit inter eam insulam et fundum vicini, medius dividi debet, ita ut pars propior insulae tuae tua, pars autem propior agro vicini eius esse intellegatur. Intellego, ut et cum ex altera parte insulae alveus fluminis exaruerit, desisse insulam esse, sed quo facilius res intellegeretur, agrum, qui insula fuerat, insulam appellant.

*Imperator Antoninus Augustus*
*Aristaeneto* [48]

Si inferiorem partem aedificii, quae solum contingit, ad te pertinere probare potes, eam, quam vicinus imposuit, accessisse dominio tuo non ambigitur. Sed et id, quod in solo tuo aedificatum est, quoad in eadem causa manet, iure ad te pertinet. Si vero fuerit dissolutum, materia eius ad pristinum dominium redit, sive bona fide sive mala fide aedificium exstructum sit, si non donandi animo aedificia alieno solo imposita sint.

Proposita XII kalendas Novembres Antonino Augusto IV et Balbino consulibus.

## Eigentumsherausgabeanspruch

*Celsus, Digesta III* [49]

In fundo alieno, quem imprudens emeras,
98 aedificasti aut conseruisti, deinde evincitur.
99 Bonus iudex varie ex personis causisque

Proculus hat den Bescheid gegeben: Wenn die Insel zu Anfang näher an deinem Grundstück gelegen und der Fluß den breiteren Teil des Bettes, der sich zwischen der Insel und dem Grundstück des Nachbarn am anderen Ufer befand, verlassen und ganz zwischen der Insel und deinem Grundstück zu fließen begonnen hat, dann bleibt die Insel gleichwohl dein eigen. Das Bett aber, das sich zwischen der Insel und dem Grundstück des Nachbarn befunden hatte, muß in der Mitte geteilt werden, so daß die der Insel näher gelegene Hälfte als dein und die dem Grundstück des Nachbarn näher gelegene Hälfte als dessen Eigentum anzusehen ist. Ich sehe wohl, daß es sich, wenn das Flußbett auf der einen Seite der Insel ausgetrocknet ist, um keine Insel mehr handelt; doch damit die Sache leichter verständlich ist, nennen wir das Gebiet, das Insel gewesen war, weiterhin Insel.

*Kaiser Caracalla an Aristänetus*[210]
Wenn du den unteren Teil des Gebäudes, der mit dem Boden verbunden ist, als dir gehörig erweisen kannst, dann besteht kein Zweifel, daß der von deinem Nachbarn darübergebaute Teil zu deinem Eigentum hinzugekommen ist[211]. Doch auch das, was man unmittelbar auf deinem Grund gebaut hat, gehört von Rechts wegen dir, solange es in diesem Zustande verbleibt. Wenn jedoch das Gebäude abgebrochen wird, fallen die Baustoffe in das einstige Eigentum zurück, unabhängig davon, ob das Gebäude gut- oder bösgläubig errichtet worden war[212], es sei denn, jemand hatte in Schenkungsabsicht Gebäude auf fremdem Grund errichtet.

Verkündet am 21. Oktober unter dem vierten Konsulat des Kaisers Caracalla und dem Konsulat des Balbinus (213).

*Celsus, Digesten Buch 3*
Auf einem fremden Grundstück, das du, ohne Bescheid zu wissen, gekauft hattest[213], hast du gebaut oder die Saat bestellt; daraufhin wird es dir entzogen. Ein guter Richter wird hier

constituet. Finge et dominum eadem facturum fuisse: reddat impensam, ut fundum recipiat, usque eo dumtaxat, quo pretiosior factus est, et si plus pretio fundi accessit, solum quod impensum est. Finge pauperem, qui, si reddere id cogatur, laribus sepulcris avitis carendum habeat: sufficit tibi permitti tollere ex his rebus quae possis, dum ita ne deterior sit fundus, quam si initio non foret aedificatum. Constituimus vero, ut, si paratus est dominus tantum dare, quantum habiturus est possessor his rebus ablatis, fiat ei potestas. Neque malitiis indulgendum est, si tectorium puta, quod induxeris, picturasque corradere velis, nihil laturus nisi ut officias. Finge eam personam esse domini, quae receptum fundum mox venditura sit: nisi reddit, quantum prima parte reddi oportere diximus, eo deducto tu condemnandus es.

## Nachbarrecht

*Proculus, Epistulae II* [50]

Quidam Hiberus nomine, qui habet post horrea mea insulam, balnearia fecit secundum parietem communem. Non licet autem tubulos habere admotos ad parietem communem, sicuti ne parietem quidem super parietem communem. De tubulis eo amplius hoc iuris est, quod per eos flamma torretur paries. Qua de re volo cum Hibero loquaris, ne rem illicitam faciat.

Proculus respondit: Nec Hiberum pro ea re dubitare puto, quod rem non permissam facit tubulos secundum communem parietem exstruendo.

verschieden, je nach Person und Sachlage, entscheiden. Nimm an, der Eigentümer hätte dasselbe getan: er[214] ersetze die Verwendungen, um das Grundstück zurückzuerhalten, und zwar bis zu dem Betrage, um den es wertvoller geworden ist; und wenn sich der Wert des Grundstücks über die Verwendung hinaus gesteigert hat, dann lediglich die verwendete Summe. Nimm an, er sei arm, so daß er, wenn er zum Ersatz der Verwendungen gezwungen würde, auf die ererbten Laren und Grabstätten[215] verzichten müßte. Dann genügt es, daß man dir erlaubt, das Eingebaute soweit möglich wegzunehmen, solange das Grundstück dadurch nicht geringwertiger wird, als wenn überhaupt nicht gebaut worden wäre. Wir setzen jedoch fest, daß der Eigentümer, der bereit ist, so viel zu zahlen, wie der Besitzer durch Wegnahme dieser Gegenstände gehabt hätte, die Befugnis dazu hat. Außerdem sind Schikanen unzulässig: wenn du z. B. den Stuck, den du angebracht hast, und die Wandmalereien abkratzen willst, was dir nichts einbrächte und nur Schaden anrichtete. Nimm an, es handele sich beim Eigentümer um jemanden, der das wiedererlangte Grundstück alsbald verkaufen würde: wenn er nicht den Betrag ersetzt, dessen Ersatz wir im ersten Teil für erforderlich erklärt haben, dann darfst du von vornherein nur zu einer entsprechend verminderten Summe verurteilt werden[216].

*Proculus, Briefe Buch 2*

Jemand mit Namen Hiberus, der hinter meinen Speichern ein Mietshaus besitzt, hat entlang der gemeinsamen Wand ein Bad errichtet. Es ist jedoch nicht erlaubt, an der gemeinsamen Wand Röhren anzubringen, wie ja nicht einmal eine Wand auf der gemeinsamen Wand erlaubt ist.

Für Röhren gilt dies um so mehr, als die durch sie verbreitete Hitze die Wand ausdörrt. Ich bitte dich, hierüber mit Hiberus zu reden, damit er nichts Unerlaubtes tut.

Proculus hat den Bescheid gegeben: Ich glaube, daß auch Hiberus nicht im Zweifel darüber ist, daß er etwas Unzulässiges tut, wenn er entlang der gemeinsamen Wand Röhren anbringt.

*Imperator Claudius Augustus Prisco* [51]

Praeses provinciae usu aquae, quam ex fonte iuris tui profluere adlegas, contra statutam consuetudinis formam carere te non permittet, cum sit durum et crudelitati proximum ex tuis praediis aquae agmen ortum sitientibus agris tuis ad aliorum usum vicinorum iniuria propagari.

Proposita VII kalendas Maias Claudio Augusto et Paterno consulibus.

*Ulpianus, Ad edictum praetoris XVII* [52]

Aristo Cerellio Vitali respondit non putare se ex taberna casiaria fumum in superiora aedificia iure immitti posse, nisi ei rei servitutem talem admittit. Idemque ait: et ex superiore in inferiora non aquam, non quid aliud immitti licet. In suo enim alii hactenus facere licet, quatenus nihil in alienum immittat; fumi autem sicut aquae esse immissionem. Posse igitur superiorem cum inferiore agere ius illi non esse id ita facere. Alfenum denique scribere ait posse ita agi ius illi non esse in suo lapidem caedere, ut in meum fundum fragmenta cadant. Dicit igitur Aristo eum, qui tabernam casiariam a Minturnensibus conduxit, a superiore prohiberi posse fumum immittere, sed Minturnenses ei ex conducto teneri. Agique sic posse dicit cum eo, qui eum fumum immittat, ius ei non esse fumum immittere.

*Kaiser Claudius Gothicus an Priscus*

Der Statthalter der Provinz wird nicht zulassen, daß du den Gebrauch des Wassers, das, wie du darlegst, einer dir gehörigen Quelle entspringt, entgegen der gewohnheitsrechtlich geltenden Regelung entbehren mußt: es wäre hart und grenzte an Grausamkeit, wenn ein auf deinem Besitz entspringender Wasserlauf, während deine Felder an Trockenheit leiden, zum Nutzen fremder Nachbarn widerrechtlich abgeleitet würde.

Verkündet am 25. April unter dem Konsulat des Kaisers Claudius Gothicus und des Paternus (269).

*Ulpian, Erläuterungen zum Edikt des Prätors Buch 17*

Aristo hat dem Cerellius Vitalis den Bescheid erteilt, er glaube nicht, daß es rechtens sei, aus einer Gewürzhandlung[217] Gerüche den höher gelegenen Häusern zuzuführen, es sei denn, jemand räume hierfür eine Dienstbarkeit ein. Aristo erklärt auch, daß es nicht zulässig sei, aus einem höher gelegenen Grundstück den darunter befindlichen Wasser oder sonst etwas zuzuführen. Denn auf seinem Grundstück dürfe man nur insoweit tätig werden, als man nichts einem fremden zuführe; bei Gerüchen aber handle es sich ebenso wie bei Wasser um eine Zuführung. Der Besitzer des höher gelegenen Grundstücks könne also gegen den des unteren klagen: er habe kein Recht, so zu handeln. Er sagt schließlich, Alfenus schreibe, man könne schon darauf klagen, daß der Nachbar kein Recht habe, auf seinem Grundstück einen Stein zu behauen, wenn Splitter auf das des Klagenden fielen. Aristo erklärt demnach, der Mann, der von der Gemeinde Minturnae[218] die Gewürzhandlung gepachtet habe, könne von seinem oberen Nachbarn daran gehindert werden, Gerüche zuzuführen; die Gemeinde hafte ihm jedoch aus dem Pachtvertrage[219]. Und man könne, sagt er, gegen den Mann, der die Gerüche zuführt, so klagen: er habe kein Recht, die Gerüche zuzuführen.

Diebstahl

*Imperatores Diocletianus et Maximianus Augusti et Constantius et Maximianus nobilissimi Caesares Demostheni* [53]

De his, quae subtraxisse novercam pupilli tui precibus significas, rectorem adi provinciae, qui si eam, posteaquam dominus rerum is pro quo supplicas factus est, aliquid furatam cognoverit, non ignorat in quadruplum manifesti, nec manifesti vero dupli actione furti constituta condemnationem formare.

Data VII kalendas Septembres Viminaci Diocletiano V et Maximiano IV Augustis consulibus.

*Modestinus, Responsa VII* [54]

Sempronia libellos composuit quasi datura centurioni, ut ad officium transmitterentur, sed non dedit. Lucius pro tribunali eos recitavit quasi officio traditos. Non sunt inventi in officio neque centurioni traditi. Quaero, cui crimini subiciatur, qui ausus est libellos de domo subtractos pro tribunali legere, qui non sint dati?

Modestinus respondit, si clam subtraxit, furtum commissum.

*Iavolenus, Epistulae VI* [55]

Si tibi dederim rem, ut Titio meo nomine donares, et tu tuo nomine eam ei dederis, an factam eius putes?

Respondit, si rem tibi dederim, ut Titio meo nomine donares, eamque tu tuo nomine ei dederis, accipientis facta non est et tu furti obligaris.

*Die Kaiser Diokletian und Maximian und die sehr edlen Vizekaiser Konstantius und Galerius*[220] *an Demosthenes*

Wegen der Dinge, die sich die Stiefmutter deines Mündels, wie du in der Eingabe vorbringst, angeeignet hat[221], wende dich an den Gouverneur der Provinz. Wenn der feststellt, sie habe, nachdem der, für den du einkommst, Eigentümer geworden ist, etwas gestohlen, dann weiß er sehr wohl – da bei handhaftem Diebstahl ein Anspruch auf das Vierfache, bei nicht handhaftem auf das Doppelte besteht –, wie sie zu verurteilen ist.

Gegeben am 26. August zu Viminacium[222] unter dem fünften Konsulat des Kaisers Diokletian und dem vierten des Kaisers Maximian (293).

*Modestin, Bescheide Buch 7*

Sempronia hat einen Schriftsatz abgefaßt, um ihn einem Hauptmann zu übergeben, damit er dem Gericht zugeleitet würde, doch sie übergab ihn nicht. Lucius aber verlas ihn vor Gericht, als sei er der Geschäftsstelle zugegangen. Er fand sich jedoch weder dort, noch war er dem Hauptmann übergeben worden. Ich frage, welches Vergehen der begangen hat, der sich herausnahm, einen aus dem Hause entwendeten Schriftsatz vor Gericht zu verlesen, der nicht übergeben worden ist.

Modestin hat den Bescheid gegeben: Wenn der Betreffende ihn heimlich entwendet hat[223], dann liegt ein Diebstahl vor.

*Javolen, Briefe Buch 6*

Wenn ich dir eine Sache gebe, damit du sie in meinem Namen dem Titius schenkst[224], und du sie ihm in deinem Namen gibst, glaubst du, daß sie in sein Eigentum gelangt ist?

Er[225] hat den Bescheid gegeben: Wenn ich dir eine Sache gebe, damit du sie in meinem Namen dem Titius schenkst, und du sie ihm in deinem Namen gibst, dann ist sie nicht in das Eigentum des Empfängers gelangt[226], und du haftest wegen Diebstahls[227].

*Celsus, Digesta XII* [56]

Infans apud furem adolevit: tam adulescentis furtum fecit ille quam infantis et unum tamen furtum est, ideoque dupli tenetur, quanti umquam apud eum plurimi fuit. Nam quod semel dumtaxat furti agi cum eo potest, quid refert propositae quaestioni? Quippe, si subreptus furi foret ac rursus a fure altero eum recuperasset, etiam si duo furta fecisset, non amplius quam semel cum eo furti agi posset. Nec dubitaverim, quin adulescentis potius quam infantis aestimationem fieri oporteret. Et quid tam ridiculum est quam meliorem furis condicionem esse propter continuationem furti existimare?

*Cicero, Ad familiares* [57]

Cicero Trebatio salutem.

Inluseras heri inter scyphos, quod dixeram controversiam esse, possetne heres, quod furtum antea factum esset, furti recte agere. Itaque etsi domum bene potus seroque redieram, tamen id caput, ubi haec controversia est, notavi et descriptum tibi misi, ut scires id, quod tu neminem sensisse dicebas, Sex. Aelium, M'. Manilium, M. Brutum sensisse. Ego tamen Scaevolae et Testae adsentior.

## Raub

*Imperatores Diocletianus et Maximianus Augusti et Constantius et Maximianus nobilissimi Caesares Sosio* [58]

Si servus ignorante domino vel sciente et prohibere nequeunte res tuas vi rapuit, do-
106 minum eius apud praesidem provinciae, si
107 necdum utilis annus excessit, quadrupli,

*Celsus, Digesten Buch 12*
Ein Sklavenkind ist beim Dieb herangewachsen. Der Mann hat ebenso den Erwachsenen gestohlen wie das Kind[228], und dennoch handelt es sich nur um einen einzigen Diebstahl. Deshalb haftet er auf das Doppelte des höchsten Wertes, den der Sklave je bei ihm gehabt hat. Denn daß er nur einmal wegen Diebstahls verklagt werden kann: was macht das für die vorliegende Frage aus? Könnte er doch auch, wenn der Sklave dem Diebe gestohlen worden wäre und er ihn dem zweiten Diebe wiederabgenommen hätte, selbst wenn er dadurch einen zweiten Diebstahl begangen hätte[229], nicht mehr als einmal wegen Diebstahls verurteilt werden. So ist überhaupt nicht zu bezweifeln, daß man den Wert des Erwachsenen und nicht den des Kindes zugrundelegen muß. Und was wäre so lächerlich wie die Annahme, daß sich die Stellung des Diebes verbessert, weil der Diebstahl andauert[230]?

*Cicero, Briefe an seine Freunde*
Cicero grüßt Trebaz.

Du hast Dich gestern beim Bechern darüber lustig gemacht, daß ich sagte, es sei umstritten, ob ein Erbe wegen eines Diebstahls, der vor dem Erbfall begangen wurde[231], mit Erfolg die Diebstahlsklage anstrengen könne[232]. So habe ich denn, obwohl ich ziemlich betrunken und spät nach Hause zurückgekehrt bin, gleichwohl den Abschnitt, der diese Streitfrage enthält, herausgesucht. Ich sende Dir hiermit die Abschrift: damit Du siehst, daß das, wovon Du sagtest, es sei noch niemandes Meinung gewesen[233], wirklich die Meinung von Sextus Älius, Manius Manilius und Marcus Brutus gewesen ist. Ich stimme trotzdem Scävola[234] und Testa[235] zu.

*Die Kaiser Diokletian und Maximian und die sehr edlen Vizekaiser Konstantius und Galerius[236] an Sosius*
Wenn ein Sklave dir deine Sache gewaltsam entrissen hat, ohne daß der Herr davon wußte, oder wenn er zwar davon wußte, es aber nicht verhindern konnte, dann kannst du den Herrn beim Provinzstatthalter mit der Halterhaftungsklage belangen[237]:

quod si hoc effluxit tempus, simpli noxali iudicio convenire potes. Qui si noxae maluerit servum dedere, nihilo minus cum ipso quantum ad eum pervenit experiri non prohiberis. Nam si eo conscio et prohibere valente, detracta noxae deditione conventus ad summam condemnationis solvendam omnimodo compellendus est. Sane si criminis publici accusationem propter uxorem tuam a servo raptam intendendam putaveris, non contra dominum, sed contra eum, quem facinus commisisse proponis, hanc instituere debes.

Proposita XVIII kalendas Ianuarias Sirmi Diocletiano V et Maximiano IV Augustis consulibus.

## Injurien

*Iavolenus,*
*Ex posterioribus Labeonis IX* *[59]*

Si inferiorum dominus aedium superioris vicini fumigandi causa fumum faceret aut si superior vicinus in inferiores aedes quid aut proiecerit aut infuderit, negat Labeo iniuriarum agi posse. Quod falsum puto, si tamen iniuriae faciendae causa inmittitur.

*Paulus, Ad edictum praetoris XIX* *[60]*

Si quis servum meum vel filium ludibrio habeat licet consentientem, tamen ego iniuriam videor accipere, veluti si in popinam duxerit illum, si alea luserit. Sed hoc utcumque tunc locum habere potest, quotiens ille qui suadet animum iniuriae faciendae habet. Atquin potest malum consilium dare et qui dominum ignoret; et ideo incipit servi corrupti actio necessaria esse.

wenn die Jahresfrist seit Klagmöglichkeit noch nicht verstrichen ist, auf das Vierfache; wenn diese Zeit verflossen ist, auf das Einfache[238]. Zieht er es dann vor, dich durch Auslieferung des Sklaven abzufinden, dann bist du trotzdem, soweit etwas an ihn selbst gelangt ist, nicht daran gehindert, mit ihm zu prozessieren[239]. Und wenn, als der Sklave die Tat beging, sein Herr davon wußte und sie zu verhindern vermochte, dann entfällt die Auslieferung zur Abfindung, und der Herr ist unweigerlich gezwungen, die Urteilssumme zu zahlen[240]. Wenn du allerdings glaubst, eine Anklage wegen eines Verbrechens erheben zu sollen, weil der Sklave dir deine Frau geraubt hat, dann mußt du sie nicht gegen den Herrn, sondern gegen den, der, wie du sagst, die Tat begangen hat, richten[241].

Verkündet am 15. Dezember zu Sirmium[242] unter dem fünften Konsulat des Kaisers Diokletian und dem vierten des Kaisers Maximian (293).

*Javolen,*
*Aus dem Nachlaß Labeos Buch 9*

Wenn der Eigentümer eines weiter unten gelegenen Hauses Rauch erzeugt, um den oberen Nachbarn darin einzuhüllen, oder wenn der obere Nachbar etwas in die weiter unten gelegenen Häuser wirft oder gießt, dann kann nach Labeo nicht wegen Injurien[243] geklagt werden. Ich halte das für falsch, wenn die Zuführung des Stoffes eine Belästigung bewirken soll[244].

*Paulus, Erläuterungen zum Edikt des Prätors Buch 19*

Wenn jemand mit meinem Sklaven oder Sohn Possen treibt, dann widerfährt mir ersichtlich trotz dessen Zustimmung eine Injurie, z. B. wenn er ihn in eine Kneipe führt oder Würfel mit ihm spielt. Doch dies kann jedenfalls nur dann gelten, wenn der Einflußnehmende das Bewußtsein hat, zu weit zu gehen. Nun kann aber auch der einen schlechten Rat geben, der den Herrn gar nicht kennt[245], und daher beginnt hier die Klage wegen Sklavenverführung[246] notwendig zu werden.

*Venuleius, Publica iudicia II* [61]

Vestem sordidam rei nomine in publico habere capillumve summittere nulli licet, nisi ita coniunctus est adfinitate, ut invitus in reum testimonium dicere cogi non possit.

*Ulpianus, Ad edictum praetoris LVII* [62]

Si quis me prohibeat in mari piscari vel everriculum, quod Graece σαγήνη dicitur, ducere, an iniuriarum iudicio possim eum convenire? Sunt qui putent iniuriarum me posse agere. Et ita Pomponius et plerique esse huic similem eum, qui in publicum lavare vel in cavea publica sedere vel in quo alio loco agere sedere conversari non patiatur, aut si quis re mea uti me non permittat; nam et hic iniuriarum conveniri potest. ... Si quem tamen ante aedes meas vel ante praetorium meum piscari prohibeam, quid dicendum est? Me iniuriarum iudicio teneri an non? Et quidem mare commune omnium est et litora, sicuti aer, et est saepissime rescriptum non posse quem piscari prohiberi; sed nec aucupari, nisi quod ingredi quis agrum alienum prohiberi potest. Usurpatum tamen et hoc est, tametsi nullo iure, ut quis prohiberi possit ante aedes meas vel praetorium meum piscari. Quare si quis prohibeatur, adhuc iniuriarum agi potest. In lacu tamen, qui mei dominii est, utique piscari aliquem prohibere possum.

## Sachbeschädigung

*Alfenus, Digesta II* [63]

110 In clivo Capitolino duo plostra onusta mulae
111 ducebant. Prioris plostri muliones conver-

*Venuleius, Kriminalstrafgerichtsbarkeit Buch 2*

Wegen eines Angeklagten in der Öffentlichkeit Trauerkleider zu tragen oder das Haar wachsen zu lassen, ist nur dem erlaubt, der ihm so nahe steht, daß er nicht gezwungen werden kann, wider Willen gegen den Angeklagten Zeugnis abzulegen[247].

*Ulpian, Erläuterungen zum Edikt des Prätors Buch 57*

Wenn mich jemand hindert, im Meere zu fischen oder eine Reuse – die im Griechischen Sagēnē heißt – auszulegen: ob ich ihn dann wohl mit einem Verfahren wegen Injurien belangen kann? Manche glauben, ich könne ihn wegen Injurien verklagen. So auch Pomponius und die meisten anderen: diesem Mann sei der vergleichbar, der nicht dulden will, daß jemand in der Öffentlichkeit wäscht oder auf einer öffentlichen Zuschauerbank sitzt oder an irgendeinem anderen öffentlichen Orte verweilt, sitzt oder sich unterhält, oder wenn jemand mir nicht erlaubt, daß ich mich meiner eigenen Sache bediene. Denn auch so jemand kann wegen Injurien belangt werden. Doch wenn ich jemanden hindere, vor meinem Hause oder meiner Villa zu fischen, was soll man dann sagen? Bin ich dann einem Injurienverfahren ausgesetzt oder nicht? Das Meer ist immerhin Gemeingut aller, ebenso die Ufer, wie auch die Luft, und immer wieder ist der Bescheid ergangen, daß niemand gehindert werden dürfe zu fischen, auch nicht, Vögel zu fangen, abgesehen davon, daß man jemanden hindern kann, ein fremdes Grundstück zu betreten. Dennoch hat man sich auch dies angemaßt, wiewohl ohne jedes Recht, daß jemand gehindert werden könne, vor meinem Hause oder meiner Villa zu fischen. Wenn also jemand daran gehindert wird, dann ist noch stets eine Klage wegen Injurien möglich. Doch in einem See, der zu meinem Besitztum gehört, kann ich allemal jedem das Fischen verbieten.

*Alfenus, Digesten Buch 2*

Den Weg zum Kapitol hinauf zogen Maultiere zwei beladene Karren; die Maultiertreiber des vorderen Karrens stützten den

sum plostrum sublevabant, quo facilius mulae ducerent. Superius plostrum cessim ire coepit, et cum muliones, qui inter duo plostra fuerunt, e medio exissent, posterius plostrum a priore percussum retro redierat et puerum cuiusdam obtriverat. Dominus pueri consulebat, cum quo se agere oporteret.

Respondi in causa ius esse positum. Nam si muliones, qui superius plostrum sustinuissent, sua sponte se subduxissent et ideo factum esset, ut mulae plostrum retinere non possent atque onere ipso retraherentur, cum domino mularum nullam esse actionem; cum hominibus, qui conversum plostrum sustinuissent, lege Aquilia agi posse. Nam nihilo minus eum damnum dare, qui quod sustineret mitteret sua voluntate, ut id aliquem feriret, veluti si quis asellum cum agitasset non retinuisset, aeque si quis ex manu telum aut aliud quid immisisset, damnum iniuria dare.

Sed si mulae, quia aliquid reformidassent, et muliones timore permoti, ne opprimerentur, plostrum reliquissent, cum hominibus actionem nullam esse, cum domino mularum esse. Quod si neque mulae neque homines in causa essent, sed mulae retinere onus nequissent aut cum coniterentur lapsae concidissent et ideo plostrum cessim redisset atque hi quod conversum fuisset onus sustinere nequissent, neque cum domino mularum neque cum hominibus esse actionem. Illud quidem certum esse, quoquo modo res se haberet, cum domino posteriorum mularum agi non posse, quoniam non sua sponte, sed percussae retro redissent.

hintenüber geneigten Karren[248], damit die Maultiere ihn leichter ziehen konnten. Doch der obere Karren begann rückwärts zu rollen, und als die Maultiertreiber, die sich zwischen den beiden Karren befanden, zur Seite sprangen,

da rollte der hintere Karren, vom vorderen angestoßen, zurück und zermalmte einen jungen Sklaven von jemand anderem. Der Herr des Sklaven fragte, an wen er sich zu halten habe.

Ich habe den Bescheid gegeben, die Rechtslage hänge von den Umständen ab. Denn wenn die Maultiertreiber, die den oberen Karren gestützt hätten, von sich aus beiseite gesprungen seien und die Maultiere eben deshalb den Karren nicht mehr hätten halten können und von der Last zurückgezogen worden seien, dann bestehe kein Anspruch gegen den Eigentümer der Maultiere[249]; gegen die Leute, die den sich neigenden Karren gestützt hätten, könne nach Maßgabe des Aquilischen Gesetzes vorgegangen werden[250]. Denn in nicht geringerem Maße füge derjenige einen Schaden zu, der aus freien Stücken etwas losläßt, das er hält, so daß jemand davon getroffen wird; wie wenn jemand ein Eselchen, das er angetrieben hat, nicht anhält, und desgleichen wenn jemand einen Spieß oder etwas anderes fahren läßt, dann füge er widerrechtlich einen Schaden zu. Doch wenn die Maultiere, weil sie vor etwas gescheut wären, und die Maultiertreiber aus Furcht, sie könnten zerquetscht werden, den Karren hätten fahren lassen, dann gebe es keinen Anspruch gegen die Leute, wohl aber gegen den Eigentümer der Maultiere. Wenn aber weder die Maultiere noch die Leute verantwortlich seien, wenn vielmehr die Maultiere die Last nicht hätten halten können oder, als sie sich anstrengten, ausgeglitten und hingefallen seien und wenn der Karren deshalb rückwärts gerollt sei und auch die Leute dort, wo die Last sich neigte, nicht mehr hätten stützen können, dann bestehe weder gegen den Eigentümer der Maultiere noch gegen die Leute ein Anspruch[251]. Dies allerdings sei sicher, wie immer die Sache sich verhalte: der Eigentümer der hinteren Maultiere könne nicht in Anspruch genommen werden, da die Tiere nicht von sich aus, sondern weil sie gedrängt wurden, zurückgewichen seien.

*Pomponius, Ex Sabino XXII* [64]

(Sabinus:) Cum servus tuus in suspicionem furti Attio venisset, dedisti eum in quaestionem sub ea causa, ut, si id repertum in eo non esset, redderetur tibi. Is eum tradidit praefecto vigilum quasi in facinore deprehensum. Praefectus vigilum eum summo supplicio adfecit. Ages cum Attio dare eum tibi oportere, quia et ante mortem dare tibi eum oportuerit.

(Pomponius:) Labeo ait posse etiam ad exhibendum agi, quoniam fecerit quo minus exhiberet. Sed Proculus dari oportere ita ait, si fecisses eius hominem, quo casu ad exhibendum agere te non posse. Sed si tuus mansisset, etiam furti te acturum cum eo, quia re aliena ita sit usus, ut sciret se invito domino uti aut dominum si sciret prohibiturum esse.

## VERTRÄGE

### Kauf

*Cervidius Scaevola, Digesta VII* [65]

Mulier fundos Gaio Seio vendidit et acceptis arrae nomine pecuniis statuta sunt tempora solutioni reliquae pecuniae; quibus si non paruisset emptor, pactus est, ut arram perderet et inemptae villae essent. Die statuto emptor testatus est se pecuniam omnem reliquam paratum fuisse exsolvere, et sacculum cum pecunia signatorum signis obsignavit; defuisse autem venditricem; posteriore autem die nomine fisci testato conventum emptorem, ne ante mulieri pecuniam

*Pomponius, Aus Sabinus Buch 22*
Sabinus: Als dein Sklave in Verdacht geraten war, Attius bestohlen zu haben, hast du ihn zur Untersuchung mit der Maßgabe überstellt, daß er, wenn er nicht für schuldig befunden würde, dir zurückgegeben werde[252]. Attius überantwortete ihn dem Polizeipräsidenten und gab an, er sei bei einer Untat ertappt worden[253]. Der Polizeipräsident vollzog an ihm die Höchststrafe[254]. Du kannst Attius belangen, insofern er verpflichtet ist, dir den Sklaven herauszugeben[255]; denn schon vor dessen Tod war er dazu verpflichtet[256].

Pomponius: Labeo sagt, man könne ihn auch mit der Klage auf Vorlegung[257] packen, da er bewirkt habe, daß er ihn nicht vorlegen kann[258]. Proculus wiederum sagt, er sei nur dann zur Herausgabe verpflichtet[259], wenn du ihm den Sklaven übereignet habest, in welchem Falle du aber nicht auf Vorlegung klagen könnest[260]. Wenn er aber dein eigen geblieben sei, dann könnest du auch[261] wegen Diebstahls gegen ihn klagen[262], weil er von einer fremden Sache einen Gebrauch gemacht habe, von dem er wußte, daß er dem Willen des Herrn entgegen sei[263], oder den der Herr, wenn er davon erführe, verhindern würde.

*Cervidius Scävola, Digesten Buch 7*
Eine Frau verkaufte dem Gaius Seius Grundstücke. Nachdem sie bestimmte Summen als Anzahlung erhalten hatte, wurden Termine für die Zahlung des restlichen Geldes festgesetzt; wenn der Käufer die Termine nicht einhalte, dann solle er vereinbarungsgemäß die Anzahlung verlieren und der Kauf solle hinfällig sein. Am festgesetzten Tage[264] gab der Käufer vor Zeugen kund, daß er bereit gewesen sei, den ganzen restlichen Betrag zu zahlen, die Verkäuferin indes habe sich nicht eingefunden; und er versiegelte den Geldbeutel mit ihren Siegeln[265]. Am Tage darauf wurde namens der Staatskasse[266] vor Zeugen kundgetan, dem Käufer sei verboten worden, der Frau den Kaufpreis

exsolveret, quam fisco satisfaceret. Quaesitum est, an fundi non sint in ea causa, ut a venditrice vindicari debeant ex conventione venditionis.

Respondit secundum ea quae proponerentur non commisisse in legem venditionis emptorem.

*Papinianus, Quaestiones X* *[66]*

Arboribus ... vento deiectis vel absumptis igne dictum est emptionem fundi non videri esse contractam, si contemplatione illarum arborum, veluti oliveti, fundus comparabatur, sive sciente sive ignorante venditore.

Servus ea lege veniit, ne in Italia esset; quod si aliter factum esset, convenit citra stipulationem, ut poenam praestaret emptor. Vix est, ut eo nomine vindictae ratione venditor agere possit, acturus utiliter, si non servata lege in poenam quam alii promisit inciderit. Huic consequens erit, ut hactenus agere possit, quatenus alii praestare cogitur; quidquid enim excedit, poena, non rei persecutio est. Quod si, ne poenae causa exportaretur, convenit, etiam affectionis ratione recte agetur. Nec videntur haec inter se contraria esse, cum beneficio adfici hominem intersit hominis; enimvero poenae non inrogatae indignatio solam duritiam continet.

*Papinianus, Responsa III* *[67]*

Mulier servam ea lege vendidit, ut, si redisset in eam civitatem, unde placuit exportari, manus iniectio esset. Manente vinculo ser-
116 vitutis si redierit, quae vendidit manum
117 iniciet et ex iure concesso mancipium ab-

zu zahlen, ehe er die Staatskasse befriedigt habe. Man hat angefragt, ob es sich mit den Grundstücken nicht so verhalte, daß die Verkäuferin sie auf Grund des Kaufvertrages als ihr Eigentum herausverlangen müsse[267].

Er[268] hat den Bescheid gegeben, nach dem, was vorgebracht werde, habe der Käufer nicht gegen die Vereinbarung verstoßen[269].

*Papinian, Untersuchungen Buch 10*
Wenn die Bäume vom Wind entwurzelt oder vom Feuer dahingerafft worden sind[270], dann heißt es, der Kauf des Grundstücks werde als nicht vereinbart angesehen, wenn das Grundstück im Hinblick auf die Bäume, wie bei einem Olivenhain, erworben wurde, ob der Verkäufer davon[271] wußte oder nicht.

Ein Sklave wurde mit der Maßgabe verkauft, daß er sich nicht in Italien aufhält[272]. Für den Fall, daß dies aber doch passiert, kam man ohne förmliches Versprechen überein, daß der Käufer eine Vertragsstrafe zahle. Es ist kaum anzunehmen, daß deswegen der Verkäufer, um Vergeltung zu üben, klagen kann; erfolgreich klagt er vielmehr, wenn er sich seinerseits bei Nichtbeachtung der Bedingung eine Vertragsstrafe zuzieht, die er einem Dritten versprochen hat[273]. Daraus folgt, daß er so viel einklagen kann, als er dem Dritten zu leisten gezwungen wird[274]. Denn was darüber hinausgeht, ist Strafe, nicht Schadensersatz. Wenn man aber vereinbart hat, der Sklave dürfe nicht zur Strafe außer Landes gebracht werden[275], dann kann man[276] zu Recht auch wegen Nichtvermögensschadens klagen. Zwischen diesen Ergebnissen besteht offensichtlich kein Widerspruch: ein Mensch kann ein Interesse daran haben, daß ein Mensch[277] eine Wohltat erfährt; der Unwille jedoch über eine nicht verhängte Strafe bedeutet lediglich Härte[278].

*Papinian, Bescheide Buch 3*
Eine Frau verkaufte eine Sklavin mit der Bestimmung, daß sie, wenn sie in die Gemeinde, aus der sie entfernt werden sollte, zurückkehre, festgenommen werden dürfe. Wenn sie nun bei fortbestehender Sklaverei zurückkehrt, dann kann die Verkäuferin sie festnehmen und auf Grund des ihr eingeräumten Rechts

ducet. Post manumissionem autem si redierit, in perpetuam servitutem sub eadem lege publice distrahetur. Quae vendidit si manum iniecerit non liberatae, mancipium retinere poterit ac manumittere; adimi quippe libertatem et publice venditionem ita fieri placuit propter pericula venditorum, qui vel metuentes servis suis offensam vel duritiam possunt paenitendo remittere.

*Paulus, Quaestiones V* [68]

Titius cum decederet, Seiae Stichum Pamphilum Arescusam per damnationem reliquit eiusque fidei commisit, ut omnes ad libertatem post annum perduceret. Cum legataria fideicommissum ad se pertinere noluisset nec tamen heredem a sua petitione liberasset, heres eadem mancipia Sempronio vendidit nulla commemoratione fideicommissae libertatis facta. Emptor, cum pluribus annis mancipia supra scripta sibi servissent, Arescusam manumisit, et cum ceteri quoque servi cognita voluntate defuncti fideicommissam libertatem petissent et heredem ad praetorem perduxissent, iussu praetoris ab herede sunt manumissi. Arescusa quoque nolle se emptorem patronum habere responderat. Cum emptor pretium a venditore empti iudicio Arescusae quoque nomine repeteret, lectum est responsum Domitii Ulpiani, quo continebatur Arescusam pertinere ad rescriptum sacrarum constitutionum, si nollet emptorem patronum habere; emptorem tamen nihil posse post manumissionem a venditore consequi. Ego cum meminissem et Iulianum in ea sententia esse, ut existimaret post
118 manumissionem quoque empti actionem du-
119 rare, quaero, quae sententia vera est. Illud

die Sklavin abführen. Wenn sie jedoch nach ihrer Freilassung zurückkehrt, dann wird man sie öffentlich in ewige Sklaverei mit derselben Bestimmung verkaufen[279]. Wenn die Verkäuferin sie festgenommen hat, während sie noch unfrei war, dann kann sie sie als Sklavin behalten und freilassen. Denn der Entzug der Freiheit und der öffentliche Verkauf hat sich nur wegen der mißlichen Lage der Verkäufer durchgesetzt, die ihren Sklaven aus Furcht den Verstoß oder aus Reue die Härte erlassen könnten[280].

*Paulus, Untersuchungen Buch 5*
Als Titius starb, hinterließ er der Seia den Stichus, den Pamphilus und die Arescusa durch ein schuldrechtliches Vermächtnis[281] und bat sie, sie möchte ihnen allen nach Ablauf eines Jahres die Freiheit verschaffen. Als nun die Vermächtnisnehmerin die Auflage ablehnte, ohne indes den Erben von ihrem Anspruch[282] zu befreien, verkaufte der Erbe die Sklaven dem Sempronius, wobei er die durch Fideikommiß angeordnete Freilassung mit keinem Wort erwähnte.

Der Käufer ließ, nachdem ihm die erwähnten Sklaven mehrere Jahre gedient hatten, die Arescusa frei. Und als die anderen Sklaven von dem Willen des Verstorbenen erfahren hatten, forderten sie die durch das Fideikommiß angeordnete Freilassung und führten den Erben zum Prätor[283], woraufhin sie auf Befehl des Prätors vom Erben freigelassen wurden. Außerdem hatte Arescusa erklärt, sie wolle den Käufer nicht zum Patron haben.

Als nun der Käufer mit Hilfe der Kaufklage den Preis auch für Arescusa vom Verkäufer[284] zurückverlangte, da wurde ein Gutachten Ulpians verlesen, woraus hervorging, daß Arescusa ein Erlaß aus den allerhöchsten Verordnungen[285] zur Seite stehe, wenn sie den Käufer nicht zum Patron wolle; der Käufer könne gleichwohl nach der Freilassung nichts mehr vom Verkäufer erlangen[286].

Ich aber erinnere mich, daß auch Julian die Meinung vertritt, die Kaufklage bleibe selbst nach der Freilassung in Geltung, und so möchte ich wissen, welche Auffassung zutrifft. Auch verlangte der Käufer in die-

etiam in eadem cognitione nomine emptoris desiderabatur, ut sumptus, quos in unum ex his quem erudierat fecerat, ei restituerentur. Idem quaero, Arescusa, quae recusavit emptorem patronum habere, cuius sit liberta constituta? An possit vel legatariam quae non liberavit vel heredem patronum habere? Nam ceteri duo ab herede manumissi sunt.

Respondi: Semper probavi Iuliani sententiam putantis manumissione non amitti ex empto actionem, quamvis auctoritatis actio non competit nisi in libertatem evicto mancipio, quod iam fieri non potest. De sumptibus vero, quos in erudiendum hominem emptor fecit, videndum est. Nam empti iudicium ad eam quoque speciem sufficere existimo; non enim pretium continet tantum, sed omne quod interest emptoris servum non evinci. Plane si in tantum pretium excessisse proponas, ut non sit cogitatum a venditore de tanta summa, veluti si ponas agitatorem postea factum vel pantomimum evictum esse eum, qui minimo veniit pretio, iniquum videtur in magnam quantitatem obligari venditorem, idque et Iulianum agitasse Africanus refert; quod iustum est: sicut minuitur praestatio, si servus deterior apud emptorem effectus sit, cum evincitur. Illud expeditius videbatur, si mihi alienam aream vendideris et in eam ego aedificavero atque ita eam dominus evincit. Nam quia possim petentem dominum, nisi impensam aedificiorum solvat, doli mali exceptione summovere, magis est, ut ea res ad periculum venditoris non pertineat. Quod et in servo dicendum est, si in servi-
120 tutem, non in libertatem evinceretur, ut do-
121 minus mercedes et impensas praestare

sem Prozeß die Verwendungen, die er für die Ausbildung eines Sklaven gemacht hatte, erstattet zu bekommen. Schließlich möchte ich wissen, wessen Freigelassene Arescusa, die den Käufer als Patron abgelehnt hat, geworden ist. Kann sie denn die Vermächtnisnehmerin, die sie nicht freigelassen hat, oder eher den Erben zum Patron haben? Denn die beiden anderen wurden ja vom Erben freigelassen[287].

Ich[288] habe den Bescheid gegeben: Ich habe stets die Ansicht Julians gebilligt, der annahm, daß durch die Freilassung die Kaufklage nicht verlorengehe, obwohl eine Gewährleistung wegen Rechtsmängeln nur in Betracht kommt, wenn der Sklave gerichtlich für frei erklärt worden ist, was hier nicht mehr geschehen kann[289]. Aber wir müssen auch die Verwendungen prüfen, die der Käufer der Ausbildung des Sklaven hat zugute kommen lassen. Ich glaube nämlich, daß die Kaufklage auch für diesen Posten ausreicht. Sie ist nämlich nicht etwa auf den Kaufpreis begrenzt, sondern erfaßt das gesamte Interesse des Käufers, den Sklaven nicht aus Rechtsgründen einzubüßen. Wenn sich allerdings ergeben sollte, daß die Kosten den Preis so sehr überschritten haben, daß der Verkäufer einen solchen Betrag nicht in Betracht ziehen konnte, wenn man z. B. annimmt, der Sklave sei hernach zu einem Wagenlenker oder Pantomimen ausgebildet worden und dann habe ihn, der für einen ganz geringen Preis verkäuflich war, der Käufer aus Rechtsgründen eingebüßt, dann ist es offensichtlich unbillig, den Verkäufer für eine große Summe haftbar zu machen[290], und dies hat, wie Africanus berichtet, auch Julian erwogen. Das ist auch gerecht. Entsprechend vermindert sich die Leistungspflicht, wenn der Sklave beim Käufer an Wert verloren hat, bevor er ihm wieder entzogen wird. Ein anderer Fall ist leichter zu lösen: wenn du mir ein fremdes Grundstück verkauft hast und ich darauf gebaut habe und der Eigentümer es in diesem Zustand für sich beansprucht[291]. Denn weil ich den klagenden Eigentümer, der die Verwendungen für die Gebäude nicht zahlt, mit der Einrede der Arglist abwehren kann, ist es eher[292] so, daß dieser Umstand nicht zum Risiko des Verkäufers gehört. Und das muß auch bei einem Sklaven gelten, wenn er als Sklave eines anderen entzogen und nicht die Freiheit für ihn erstritten wird: daß der

debeat. Quod si emptor non possideat aedificium vel servum, ex empto habebit actionem. ... Superest tertia deliberatio: cuius debet esse liberta Arescusa, quae recusat emptorem. Et non sine ratione dicetur eius debere effici libertam, a quo vendita est, id est heredis, quia et ipse ex empto actione tenetur.

*Pseudo-Ulpianus, Opiniones V* *[69]*
Si medicus, cui curandos suos oculos qui eis laborabat commiserat, periculum amittendorum eorum per adversa medicamenta inferendo compulit, ut ei possessiones suas contra fidem bonam aeger venderet, incivile factum praeses provinciae coerceat remque restitui iubeat.

Tausch

*Paulus, Ad edictum praetoris XXXIII* *[70]*
Origo emendi vendendique a permutationibus coepit. Olim enim non ita erat nummus neque aliud merx, aliud pretium vocabatur, sed unusquisque secundum necessitatem temporum ac rerum utilibus inutilia permutabat, quando plerumque evenit, ut quod alteri superest alteri desit. Sed quia non semper nec facile concurrebat, ut, cum tu haberes quod ego desiderarem, invicem haberem quod tu accipere velles, electa materia est, cuius publica ac perpetua aestimatio difficultatibus permutationum aequalitate quantitatis subveniret. Eaque materia forma publica percussa usum dominiumque non tam ex substantia praebet quam ex quantitate, nec ultra merx utrumque, sed alterum
122 pretium vocatur.
123 Sed an sine nummis venditio dici hodie-

wahre Eigentümer Löhne und sonstige Verwendungen erstatten muß[293]. Wenn allerdings der Käufer das Gebäude oder den Sklaven nicht besitzt, dann steht ihm die Kaufklage zu[294]. Jetzt bleibt noch die dritte Frage übrig: wer der Patron der freigelassenen Arescusa ist, die den Käufer ablehnt. Hier ist es nicht unvernünftig zu behaupten, daß sie dessen Freigelassene werden müsse, der sie verkauft hat, also des Erben, zumal dieser auch auf Grund der Kaufklage haftet[295].

*Pseudo-Ulpian, Meinungen Buch 5*
Wenn ein Arzt jemanden, der an den Augen litt und sich ihm zu ihrer Heilung anvertraut hatte, durch das Übel verschlimmernde Arzneimittel die Gefahr des Verlustes heraufbeschwörend gezwungen hat, ihm wider Treu und Glauben seine Besitzungen zu verkaufen[296], dann soll der Statthalter der Provinz gegen das ungehörige Geschehen einschreiten und Rückerstattung anordnen[297].

*Paulus, Erläuterungen zum Edikt des Prätors Buch 33*
Der Ursprung von Kauf und Verkauf geht auf Tauschgeschäfte zurück. Denn in früherer Zeit gab es nicht, wie jetzt, Geld, und man unterschied auch nicht zwischen Ware und Preis; vielmehr tauschte ein jeder, wie es die Zeiten und Umstände mit sich brachten, Nützliches gegen Unnützes ein, da ja sehr oft der Fall eintritt, daß dem einen fehlt, was der andere im Überfluß hat.

Doch weil es nicht immer und nicht ohne weiteres zusammentraf, daß, während du besaßest, was ich benötigte, ich wiederum besaß, was du anzunehmen bereit warst, wurde ein Material ausgewählt, dessen allgemeine und ständige Schätzung durch die Gleichheit des Wertes den Schwierigkeiten von Tauschgeschäften abhalf. Und dieses Material, staatlich geprägt, wird nicht so sehr nach seinem Substanzwert als nach seinem Nennwert gebraucht und übereignet, und man nennt nicht mehr beide Gegenstände Ware, sondern bezeichnet den einen als Preis.

Doch ob ein Geschäft ohne Geld heute noch Kauf heißen

que possit, dubitatur, veluti si ego togam dedi, ut tunicam acciperem. Sabinus et Cassius esse emptionem et venditionem putant, Nerva et Proculus permutationem, non emptionem hoc esse. Sabinus Homero teste utitur, qui exercitum Graecorum aere ferro hominibusque vinum emere refert illis versibus:

ἔνθεν ἄρ᾽ οἰνίζοντο καρηκομόωντες Ἀχαιοί,
ἄλλοι μὲν χαλκῷ, ἄλλοι δ᾽αἴθωνι σιδήρῳ,
ἄλλοι δὲ ῥινοῖς, ἄλλοι δ᾽αὐτῇσι βόεσσι,
ἄλλοι δ᾽ ἀνδραπόδεσσιν.

Sed hi versus permutationem significare videntur, non emptionem, sicut illi:

ἔνθ᾽ αὖτε Γλαύκῳ Κρονίδης φρένας ἐξέλετο Ζεύς,
ὃς πρὸς Τυδείδην Διομήδεα τεύχε᾽ ἄμειβεν.

Magis autem pro hac sententia illud diceretur, quod alias idem poeta dicit:

πρίατο κτεάτεσσιν ἑοῖσιν.

Sed verior est Nervae et Proculi sententia. Nam sicut aliud est vendere, aliud emere, alius emptor, alius venditor, ita pretium aliud, aliud merx. At in permutatione discerni non potest, uter emptor vel uter venditor sit. Multumque differunt praestationes. Emptor enim, nisi nummos accipientis fecerit, tenetur ex vendito; venditori sufficit ob evictionem se obligare possessionem tradere et purgari dolo malo; itaque, si evicta res non sit, nihil debet. In permutatione vero, si utrumque pretium est, utriusque rem fieri oportet, si merx, neutrius. Sed cum debeat et res et pretium esse, non potest permutatio emptio venditio esse, quoniam non potest inveniri, quid eorum merx et quid
124 pretium sit; nec ratio patitur, ut una eadem-
125 que res et veneat et pretium sit emptionis.

kann, ist umstritten, z. B. wenn ich eine Toga weggebe, um eine Tunica zu erhalten. Sabinus und Cassius nehmen an, daß auch dann ein Kauf vorliege; Nerva und Proculus hingegen halten das für einen Tausch, nicht für einen Kauf.

Sabinus beruft sich auf das Zeugnis Homers, der von dem Heer der Griechen berichtet, daß es für Bronze, Eisen und Sklaven Wein kaufe, und zwar in den Versen (Ilias 7,472–475):

Da erstanden sie Wein, die haupthaarumwallten Achaier,
hier die einen für Erz und andre für funkelndes Eisen,
andere teils für Felle und teils für lebende Rinder,
wieder andre für Sklaven.

Doch die Verse beschreiben offenbar einen Tausch, keinen Kauf, wie auch die folgenden (Ilias 6,234–235):

Darauf verwirrte Zeus der Kronide dem Glaukos die Sinne,
daß er die Rüstung tauscht mit dem Tydeussohn
Diomedes.

Eher könnte man für diese Ansicht anführen, was der genannte Dichter an anderer Stelle sagt (Odyssee 1,430):

Er kaufte mit eigenen Mitteln.

Doch richtiger ist die Ansicht von Nerva und Proculus. Denn ebenso wie «verkaufen» etwas anderes ist als «kaufen» und «Käufer» etwas anderes als «Verkäufer», so ist auch der «Preis» etwas anderes als die «Ware». Beim Tausch hingegen kann man nicht unterscheiden, wer Käufer und wer Verkäufer ist. Auch sind die Leistungspflichten ganz verschieden. Denn der Käufer haftet aus dem Kaufvertrage, wenn er dem Empfänger kein Eigentum an dem Gelde verschafft; beim Verkäufer genügt es, was die Rechte Dritter betrifft, daß er dem Käufer ungestörten Eigenbesitz verschafft und von Arglist frei ist, und so schuldet er nichts, wenn die Sache nicht entzogen wird[298]. Beim Tausch aber ist es so, daß, wenn beides Preis ist, beiden Beteiligten Eigentum verschafft werden muß, wenn beides Ware, niemandem. Doch da sowohl ein Kaufgegenstand als auch ein Preis vorhanden sein muß, kann ein Tausch kein Kauf sein, da sich nicht ausmachen läßt, welche Sache die Ware und welche der Preis ist, und das verbietet die Vernunft, daß eine und dieselbe Sache zugleich verkauft wird und als Kaufpreis dient.

*Imperatores Diocletianus et Maximianus Augusti et Constantius et Maximianus nobilissimi Caesares Timotheo* [71]

Emptionem rebus fieri non posse pridem placuit. Igitur cum frumenti certam modiationem Callimacho et Acamato te dedisse, ut tibi repraesentent olei designatum pondus, adseveres, si placitis citra stipulationis sollemnitatem non exhibeant fidem, quantum dedisti, causa non secuta condicere pro desiderio tuo potes.

Subscripta XIII kalendas Novembres Constantio et Maximiano Caesaribus consulibus.

## Schenkung

*Iulianus, Digesta XVIII* [72]

Si tibi pecuniam donassem, ut tu mihi eandem crederes, an credita fieret? Dixi in huiusmodi propositionibus non propriis verbis nos uti, nam talem contractum neque donationem esse neque pecuniam creditam: donationem non esse, quia non ea mente pecunia daretur, ut omnimodo penes accipientem maneret; creditam non esse, quia exsolvendi causa magis daretur quam alterius obligandi. Igitur si is, qui pecuniam hac condicione accepit, ut mihi in creditum daret, acceptam dederit, non fore creditam. Magis enim meum accepisse intellegi debeo.

*Imperatores Diocletianus et Maximianus Augusti et Constantius et Maximianus nobilissimi Caesares Dionysio* [73]

Si filiae tuae sponsus ei mancipium donavit
126 ac tu in eum iumenta liberalitatis ratione
127 contulisti nec nuptiis secutis contra iuris

*Die Kaiser Diokletian und Maximian*
*und die sehr edlen Vizekaiser Konstantius und Galerius*[299]
*an Timotheus*

Daß bei Sachwerten auf beiden Seiten[300] kein Kauf zustandekommen kann, ist seit langem anerkannt. Da du also, wie du versicherst, dem Callimachus und Acamatus eine bestimmte Menge Getreide geliefert hast, damit sie dir als Entgelt ein vereinbartes Quantum Öl verschaffen, kannst du, wenn sie die ohne die Form eines Schuldversprechens getroffenen Abmachungen nicht einhalten, deinem Wunsche entsprechend die Rückgabe des Gelieferten verlangen, da der mit der Lieferung bezweckte Erfolg nicht eingetreten ist.

Unterfertigt am 20. Oktober unter dem Konsulat der Vizekaiser Konstantius und Galerius (294).

*Julian, Digesten Buch 18*

Wenn ich dir einen Geldbetrag schenkte, damit du ihn mir als Darlehen gewährst[301]: käme dann ein Darlehen zustande? Ich habe die Meinung vertreten, bei derartigen Vereinbarungen gebrauchten wir die Ausdrücke nicht im strengen Sinne; ein solcher Vertrag sei nämlich weder eine Schenkung[302] noch ein Darlehen: keine Schenkung, weil der Betrag nicht in der Absicht gegeben wird, daß er unbedingt beim Empfänger bleibt; und kein Darlehen, weil er mehr zum Zwecke der Erfüllung gegeben wird[303], als um einen anderen zu verpflichten. Wenn also jemand, der Geld unter der Bedingung empfangen hat, daß er es mir als Darlehen gibt, es nach dem Empfang hergibt, dann ist kein Darlehen zustandegekommen; ich muß eher als jemand verstanden werden, der sein eigen bekommen hat[304].

*Die Kaiser Diokletian und Maximian*
*und die sehr edlen Vizekaiser Konstantius und Galerius*
*an Dionysius*

Wenn der Verlobte deiner Tochter ihr einen Sklaven geschenkt hat und du ihm aus Freigebigkeit Zugtiere hast zukommen lassen und wenn er dann, als keine Heirat folgte, gegen die Rechts-

rationem quod dederat abstulit, non invicem datorum restitutio, sed eius quod illicite rapuit repetitio competit.

Pacht

*Cervidius Scaevola, Digesta VII* [74]

Colonus, cum lege locationis non esset comprehensum, ut vineas poneret, nihilo minus in fundo vineas instituit et propter earum fructum denis amplius milibus sestertium annuis ager locari coeperat. Quaesitum est, si dominus istum colonum fundi eiectum pensionum debitarum nomine conveniat, an sumptus utiliter factos in vineis instituendis reputare possit opposita doli mali exceptione.

Respondit vel expensas consecuturum vel nihil amplius praestaturum.

*Paulus, Imperiales sententiae in cognitionibus prolatae I (II)* [75]

Aemilius Ptolemaeus conduxerat a fisco possessionem eamque paulatim pluribus locaverat maiore quantitate quam ipse susceperat. Conveniebatur a procuratoribus Caesaris in eam quantitatem quam ipse perciperet.

Hoc iniquum et inutile fisco videbatur, ut tamen suo periculo ipse eos quibus locaverat conveniret; ideoque pronuntiavit in eam solam quantitatem eum conveniri debere, qua ipse conductor exstiterat.

*Imperator Constantinus Augustus ad provinciales* [76]

Apud quemcumque colonus iuris alieni fu-
128 erit inventus, is non solum eundem origini
129 suae restituat, verum super eodem capitatio-

norm sein Geschenk wieder weggenommen hat, dann findet keine wechselseitige Rückerstattung der Geschenke, sondern die Rückforderung des unerlaubterweise Geraubten[305] statt.

*Cervidius Scävola, Digesten Buch 7*

Obwohl im Pachtvertrag die Einrichtung von Rebpflanzungen nicht vorgesehen war, legte der Pächter trotzdem auf dem gepachteten Gut Rebpflanzungen an, und wegen der Erträgnisse daraus hatte er begonnen, das Land mit einem Gewinn von 10000 Sesterzen jährlich unterzuverpachten. Man hat angefragt: wenn der Eigentümer diesen Pächter des Gutes hinauswirft[306] und wegen der geschuldeten Pachtzinsen[307] belangt, ob der Pächter dann die nützlichen Verwendungen, die er bei der Anlage der Rebpflanzungen gemacht hat, aufrechnen kann, indem er sich auf die Einrede der Arglist beruft.

Er[308] hat den Bescheid gegeben, daß der Pächter entweder seine Auslagen ersetzt erhalte oder weiter nichts zu leisten habe[309].

*Paulus, Kaiserliche Rechtsansichten aus der Rechtsprechung des Kaisergerichts Buch 1 oder 2*

Ämilius Ptolemäus hatte vom Staat einen Besitz gepachtet[310] und denselben nach und nach an mehrere Leute für einen höheren Gesamtbetrag unterverpachtet, als er selber zu zahlen verpflichtet war. Er wurde von den kaiserlichen Finanzprokuratoren auf den Betrag belangt, den er selber einnehme.

Dem Kaisergericht[311] erschien dies ungerecht und unergiebig für die Staatskasse[312], daß er selber gleichwohl auf sein Risiko gegen seine Pächter klagen müsse. Daher entschied es, er dürfe nur auf den Betrag belangt werden, zu dem er selber Pächter geworden war.

*Kaiser Konstantin an die Provinzbewohner*

Bei wem immer ein Pächter fremder Zugehörigkeit[313] gefunden wird, der muß ihn nicht nur an seinen Ursprungsort zurücküberstellen, sondern auch die Kopfsteuer[314] der betreffen-

nem temporis agnoscat. Ipsos etiam colonos, qui fugam meditantur, in servilem condicionem ferro ligari conveniet, ut officia, quae liberis congruunt, merito servilis condemnationis compellantur implere.

Data III kalendas Novembres Pacatiano et Hilariano consulibus.

## Bankgeschäfte

*Cervidius Scaevola, Responsa I* *[77]*

Quintus Caecilius Candidus ad Paccium Rogatianum epistulam scripsit in verba infra scripta: «Caecilius Candidus Paccio Rogatiano suo salutem. Viginti quinque nummorum, quos apud me esse voluisti, notum tibi ista hac epistula facio ad ratiunculam meam pervenisse. Quibus ut primum prospiciam, ne vacua tibi sint; id est ut usuras eorum accipias, curae habebo.» Quaesitum est, an ex ea epistula etiam usurae peti possint.

Respondi deberi ex bonae fidei iudicio usuras, sive percepit sive pecunia in re sua usus est.

*Papinianus, Quaestiones IX* *[78]*

«Lucius Titius Sempronio salutem. Centum nummos, quos hac die commendasti mihi adnumerante servo Sticho actore, esse apud me ut notum haberes, hac epistula manu mea scripta tibi notum facio. Quae quando voles et ubi voles confestim tibi numerabo.» Quaeritur propter usurarum incrementum.

Respondi depositi actionem locum habere. Quid est enim aliud commendare
130 quam deponere? (Ulpianus:) Quod ita verum
131 est, si id actum est, ut corpora nummorum

den Zeit für ihn entrichten. Auch sollen die Pächter selbst, die auf Flucht sinnen, wie Sklaven in Ketten gebunden werden, so daß sie gezwungen sind, die Pflichten, die Freien obliegen, dank einer Verurteilung, wie sie bei Sklaven üblich ist[315], zu erfüllen[316].

Gegeben am 30. Oktober unter dem Konsulat des Pacatianus und des Hilarianus (332).

*Cervidius Scävola, Bescheide Buch 1*

Quintus Cäcilius Candidus schrieb an Paccius Rogatianus einen Brief, der folgenden Wortlaut hatte: «Cäcilius Candidus grüßt seinen Paccius Rogatianus. Der Betrag von fünfundzwanzig Sesterzen[317], der nach Deinem Willen bei mir stehen soll, ist, wie ich Dir mit diesem Brief bekannt gebe, in mein Büchlein[318] eingetragen. Ich werde bei erster Gelegenheit dafür sorgen, daß er Dir nicht müßig herumliegt, das heißt: es wird mir angelegen sein, daß Du Zinsen dafür bekommst.» Man hat angefragt, ob auf Grund dieses Briefes auch Zinsen verlangt werden könnten.

Ich habe den Bescheid gegeben, daß bei einem Anspruch nach Treu und Glauben, wie hier[319], Zinsen zu zahlen seien, ob nun der Empfänger sie wirklich erzielt oder das Geld für sich selber verwendet hat.

*Papinian, Untersuchungen Buch 9*

«Lucius Titius grüßt Sempronius. Die hundert Sesterzen, die Du mir heute anvertraut hast, eingezahlt vom Sklaven Stichus, Deinem Buchhalter, befinden sich bei mir; damit Dir dies bekannt ist, teile ich es Dir hierdurch eigenhändig mit. Ich werde Dir die Summe wann und wo Du willst sofort auszahlen.» Man bittet um Auskunft wegen der anlaufenden Zinsen.

Ich habe den Bescheid gegeben, daß der Rückforderungsanspruch des Hinterlegers Platz greife. Denn was ist «anvertrauen» anderes als «hinterlegen»? Ulpian[320]: Das trifft allerdings nur dann zu, wenn gemeint war, daß dieselben Geldstücke zurückgegeben werden; denn wenn man ausgemacht hat, daß dieselbe

eadem redderentur; nam si ut tantundem solveretur convenit, egreditur ea res depositi notissimos terminos. In qua quaestione si depositi actio non teneat, cum convenit tantundem, non idem reddi, rationem usurarum haberi non facile dicendum est. (Papinianus:) Et est quidem constitutum in bonae fidei iudiciis, quod ad usuras attinet, ut tantundem possit officium arbitri quantum stipulatio; sed contra bonam fidem et depositi naturam est usuras ab eo desiderare temporis ante moram, qui beneficium in suscipienda pecunia dedit. Si tamen ab initio de usuris praestandis convenit, lex contractus servabitur.

*Paulus, Quaestiones III* *[79]*

Lecta est in auditorio Aemilii Papiniani praefecti praetorio iuris consulti cautio huiusmodi: «Lucius Titius scripsi me accepisse a Publio Maevio quindecim milia denariorum mutua numerata mihi de domo et haec quindecim proba recte dari kalendis futuris stipulatus est Publius Maevius, spopondi ego Lucius Titius. Si die supra scripta summa Publio Maevio eive ad quem ea res pertinebit data soluta satisve eo nomine factum non erit, tunc eo amplius, quo post solvam, poenae nomine in dies triginta inque denarios centenos denarios singulos dari stipulatus est Publius Maevius, spopondi ego Lucius Titius. Convenitque inter nos, uti pro Maevio ex summa supra scripta menstruos refundere debeam denarios trecenos ex omni summa ei heredive eius.» Quaesitum est de obligatione usurarum,
132 quoniam numerus mensium, qui solutioni
133 competebat, transierat.

Summe zurückgezahlt werden solle, dann geht die Sache über die allbekannten Grenzen des Hinterlegungsvertrages hinaus. Wenn nun in diesem Fall ein Rückforderungsanspruch des Hinterlegten nicht besteht, da die Rückzahlung derselben Summe ausgemacht wurde, nicht derselben Geldstücke, dann läßt sich nicht leicht vertreten, daß Zinsen berechnet werden dürfen[321]. Papinian: Und bei Ansprüchen, die nach Treu und Glauben zu beurteilen sind, besteht zwar, was die Zinsen betrifft, der Grundsatz, daß das pflichtgemäße Ermessen des Richters dieselbe Rechtswirkung haben kann wie ein förmliches Schuldversprechen; es wäre indes wider Treu und Glauben und das Wesen der Hinterlegung, für die Zeit vor Verzug von dem noch Zinsen zu verlangen, der sich großzügig bereit fand, das Geld aufzubewahren[322]. Wenn hingegen von Anfang an über die Verzinsung Einigkeit bestand, dann ist die Vertragsbestimmung einzuhalten.

*Paulus, Untersuchungen Buch 3*
Verlesen wurde vor dem Gerichtshof des Prätorianerpräfekten und Rechtsgelehrten Ämilius Papinian[323] eine Vertragsurkunde folgenden Wortlauts: «Ich, Lucius Titius, erkläre hiermit, von Publius Mävius 15000 Denare aus seinem Hause als Darlehen empfangen zu haben, und daß diese 15000 in guter Münze richtig am nächsten Monatsersten zurückgezahlt werden, hat sich Publius Mävius ausbedungen und habe ich, Lucius Titius, förmlich versprochen. Wenn der Betrag am oben bezeichneten Tage dem Publius Mävius oder seinem Rechtsnachfolger nicht gezahlt, nicht beglichen oder der Gläubiger nicht sonstwie befriedigt ist, dann hat sich darüber hinaus für die Zeit, die ich später zahle, als Strafe für je 30 Tage und je 100 Denare Publius Mävius die Zahlung je eines Denars[324] ausbedungen und habe ich, Lucius Titius, dies förmlich versprochen.

Ferner haben wir vereinbart, daß ich verpflichtet bin, von der oben genannten Summe monatlich dreihundert Denare auf Rechnung des Mävius zurückzuzahlen, bis die ganze Summe zu seinen oder seines Erben Gunsten getilgt ist[325].» Man hat wegen der Verpflichtung zur Zahlung von Zinsen angefragt, weil die Zeit, die für die Rückzahlung zur Verfügung stand, verstrichen war[326].

Dicebam, quia pacta in continenti facta stipulationi inesse creduntur, perinde esse, ac si per singulos menses certam pecuniam stipulatus, quoad tardius soluta esset, usuras adiecisset; igitur finito primo mense primae pensionis usuras currere et similiter post secundum et tertium tractum usuras non solutae pecuniae pensionis crescere nec ante sortis non solutae usuras peti posse quam ipsa sors peti potuerat. Pactum autem quod subiectum est quidam dicebant ad sortis solutionem tantum pertinere, non etiam ad usurarum, quae priore parte simpliciter in stipulationem venissent, pactumque id tantum ad exceptionem prodesse et ideo non soluta pecunia statutis pensionibus ex die stipulationis usuras deberi, atque si id nominatim esset expressum.

Sed cum sortis petitio dilata sit, consequens est, ut etiam usurae ex eo tempore, quo moram fecit, accedant, et si, ut ille putabat, ad exceptionem tantum prodesset pactum, quamvis sententia diversa obtinuerit, tamen usurarum obligatio ipso iure non committetur; non enim in mora est is, a quo pecunia propter exceptionem peti non potest. Sed quantitatem, quae medio tempore colligitur, stipulamur, cum condicio exstiterit, sicut est in fructibus. Idem et in usuris potest exprimi, ut ad diem non soluta pecunia quo competit usurarum nomine ex die interpositae stipulationis praestetur.

*Ulpianus, Ad edictum praetoris XXVI [80]*
Numeravi tibi decem milia sestertium et
134 haec alii stipulatus sum: nulla est stipulatio.
135 An condicere decem milia sestertium pos-

Ich erklärte: da in engem zeitlichem Zusammenhang getroffene formlose Abreden als Bestandteile eines förmlichen Schuldversprechens gelten, sei es ebenso, als wenn der Gläubiger sich für jeden einzelnen Monat eine feste Summe hätte versprechen lassen und Zinsen für die Zeit hinzugefügt hätte, bis die verspätete Zahlung geleistet ist. Demgemäß begännen nach Ablauf des ersten Monats die Zinsen für die erste Rate zu laufen, und entsprechend kämen nach dem zweiten und dritten Aufschub die Zinsen für die nicht gezahlten Raten hinzu, und man könne nicht eher Zinsen für die nicht zurückgezahlte Gesamtsumme verlangen, als diese Summe hätte verlangt werden können. Von der Zusatzvereinbarung behaupteten einige allerdings[327], daß sie sich lediglich auf die Zahlung des Kapitals beziehe, nicht auch auf die der Zinsen, die weiter oben uneingeschränkt in das Schuldversprechen aufgenommen worden seien, und aus der Zusatzvereinbarung ergebe sich nur eine Einrede[328]. Und deshalb seien, wenn das Geld entgegen den vereinbarten Raten nicht zurückgezahlt werde, vom Tage des Schuldversprechens an Zinsen fällig, wie wenn dies ausdrücklich so festgesetzt worden wäre[329]. Da jedoch die Einklagbarkeit des Kapitals aufgeschoben ist, folgt daraus, daß auch Zinsen erst vom Zeitpunkt des Verzuges an hinzukommen. Und selbst wenn sich, wie jener[330] annahm, aus der Zusatzvereinbarung nur eine Einrede ergibt (wiewohl sich die gegenteilige Meinung durchgesetzt hat)[331], dann tritt gleichwohl von Rechts wegen keine Verpflichtung zur Zahlung von Zinsen ein; denn derjenige befindet sich nicht im Verzug, von dem eine Geldsumme wegen einer Einrede nicht gefordert werden kann[332]. Allerdings kommt es vor, daß wir uns den Betrag, der sich in der Zwischenzeit ansammelt, für den Fall, daß die Bedingung eintritt, ausbedingen, z. B. bei Fruchterträgen; ebenso kann man auch bei Zinsen festlegen, daß, wenn das Kapital bei Fälligkeit nicht zurückgezahlt ist, vom Datum des Schuldversprechens an für Zinsen gehaftet wird[333].

*Ulpian, Erläuterungen zum Edikt des Prätors Buch 26*
Ich habe dir 10000 Sesterzen gezahlt und mir förmlich versprechen lassen, daß du sie einem Dritten zurückzahlst. Das Schuldversprechen ist nichtig[334]. Kann ich nun die Rückzahlung der

sim, quasi duobus contractibus intervenientibus, uno qui re factus est, id est numeratione, alio qui verbis, id est inutiliter, quoniam alii stipulari non potui?

Et puto posse. Idem erit, si a pupillo fuero sine tutoris auctoritate stipulatus, cui tutore auctore credidi. Nam et tunc manebit mihi condictio ex numeratione.

Item quaeri potest et si, quod tibi numeravi, sub impossibili condicione stipuler; cum enim nulla sit stipulatio, manebit condictio.

Sed et si ei numeravero, cui postea bonis interdictum est, mox ab eo stipuler, puto pupillo eum comparandum, quoniam et stipulando sibi adquirit.

Si nummos meos tuo nomine dedero velut tuos absente te et ignorante, Aristo scribit adquiri tibi condictionem. Iulianus quoque de hoc interrogatus libro decimo digestorum scribit veram esse Aristonis sententiam nec dubitari, quin, si meam pecuniam tuo nomine voluntate tua dedero, tibi adquiritur obligatio, cum cottidie credituri pecuniam mutuam ab alio poscamus, ut nostro nomine creditor numeret futuro debitori nostro.

Deposui apud te decem milia sestertium, postea permisi tibi uti. Nerva, Proculus etiam antequam moveantur condicere quasi mutua tibi haec me posse aiunt, et est verum, ut et Marcello videtur: animo enim coepit possidere. Ergo transit periculum ad eum, qui mutuam rogavit, et poterit ei
136 condici.

137 Rogasti me, ut tibi pecuniam crederem.

10000 Sesterzen verlangen, insofern hier zwei Verträge vorliegen, einer, der durch Leistung vollzogen ist, nämlich durch die Zahlung[335], und ein weiterer durch förmliches Versprechen, das jedoch unwirksam ist, da ich mir nichts zugunsten eines Dritten versprechen lassen konnte? Nach meiner Meinung trifft das zu. Ebenso verhält es sich, wenn ich mir von einem Mündel ohne Einwilligung des Vormunds Rückzahlung förmlich habe versprechen lassen, nachdem ich ihm mit Einwilligung des Vormunds das Darlehen ausgezahlt habe. Denn auch dann bleibt mir der Rückzahlungsanspruch auf Grund der Zahlung[336]. Das gleiche Problem stellt sich, wenn ich mir die Rückzahlung dessen, was die ich dir gezahlt habe, unter einer unmöglichen Bedingung versprechen lasse; denn während das Schuldversprechen nichtig ist, bleibt der Rückzahlungsanspruch. Und wenn ich an jemanden eine Zahlung leiste, der hernach entmündigt wird, und mir erst dann die Rückzahlung von ihm versprechen lasse, kann man ihn meines Erachtens mit einem Mündel vergleichen; denn auch wenn er seinerseits sich etwas versprechen läßt, erwirbt er für sich[337].

Wenn ich mein Geld in deiner Abwesenheit und ohne dein Wissen in deinem Namen auszahle, als wäre es deines, dann erwirbst du, wie Aristo schreibt, den Rückzahlungsanspruch. Auch Julian schreibt, da man ihn deswegen befragt hatte, im zehnten Buch seiner Digesten, daß Aristos Ansicht zutreffe; es bestehe kein Zweifel, daß der Rückzahlungsanspruch, wenn ich mein Geld mit deiner Zustimmung in deinem Namen auszahle, dir zufällt; denn alle Tage fordern wir, wenn wir ein Darlehen gewähren wollen, einen anderen auf[338], er solle als Gläubiger in unserem Namen unserem künftigen Schuldner auszahlen.

Ich habe bei dir 10000 Sesterzen hinterlegt und dir hernach gestattet, sie für dich zu verwenden. Nerva und Proculus meinen, ich könne die Summe auch, bevor du sie angreifst, von dir als Darlehen zurückverlangen, was zutrifft, wie auch Marcellus annimmt: denn den Willen, das Geld nunmehr für sich zu besitzen, hatte er[339] schon vorher[340]. Folglich geht auch die Gefahr auf den über, der um das Darlehen gebeten hat, und kann er mit der Rückforderungsklage belangt werden[341].

Du hast mich gebeten, dir ein Darlehen zu gewähren. Da ich

Ego cum non haberem, lancem tibi dedi vel massam auri, ut eam venderes et nummis utereris. Si vendideris, puto mutuam pecuniam factam. Quod si lancem vel massam sine tua culpa perdideris prius quam venderes, utrum mihi an tibi perierit, quaestionis est. Mihi videtur Nervae distinctio verissima existimantis multum interesse, venalem habui hanc lancem vel massam necne, ut, si venalem habui, mihi perierit, quemadmodum si alii dedissem vendendam; quod si non fui proposito hoc ut venderem, sed haec fuit causa vendendi, ut tu utereris, tibi eam perisse, et maxime si sine usuris credidi.

*Paulus, Imperiales sententiae in cognitionibus prolatae I (II)* *[81]*

Titianus Primus praeposuerat servum mutuis pecuniis dandis et pignoribus accipiendis. Is servus etiam negotiatoribus hordei solebat pro emptore suscipere debitum et solvere. Cum fugisset servus et is, cui delegatus fuerat dare pretium hordei, conveniret dominum nomine institoris, negabat eo nomine se conveniri posse, quia non in eam rem praepositus fuisset. Cum autem et alia quaedam gessisse et horrea conduxisse et multis solvisse idem servus probaretur, praefectus annonae contra dominum dederat sententiam. Dicebamus quasi fideiussionem esse videri, cum pro alio solveret debitum, non pro aliis susciperet debitum; non solere autem ex ea causa in dominum dari actionem nec videri hoc dominum mandasse. Sed quia
138 videbatur in omnibus eum suo nomine sub-
139 stituisse, sententiam conservavit imperator.

kein Bargeld hatte, gab ich dir eine goldene Schale oder einen Goldbarren, den Verkaufserlös als Darlehen zu verwenden. Wenn dir der Verkauf gelungen ist, dann ist meiner Meinung nach ein Darlehen zustande gekommen. Wenn du aber die Schale oder den Barren ohne Verschulden eingebüßt hast, bevor du verkaufen konntest, dann fragt sich, ob der Verlust zu meinen oder zu deinen Lasten geht. Ich halte die Unterscheidung Nervas für die richtigste, der glaubt, es sei ein großer Unterschied, ob ich die Schale oder den Barren schon vorher verkaufen wollte oder nicht. Wenn ich verkaufen wollte, dann geht der Verlust zu meinen Lasten, wie wenn ich die Sache einem anderen zum Zwecke des Verkaufs ausgehändigt hätte[342]; wenn ich jedoch nicht die Absicht hatte zu verkaufen, wenn vielmehr nur dies der Grund des Verkaufs war, daß du den Erlös verwenden kannst, dann geht der Verlust zu deinen Lasten, vor allem dann, wenn ich dir das Darlehen zinsfrei gewährt habe.

*Paulus, Kaiserliche Rechtsansichten aus der Rechtsprechung des Kaisergerichts Buch 1 oder 2*

Titianus Primus hatte einen Sklaven mit der Auszahlung von Darlehen und der Entgegennahme von Pfändern betraut. Dieser Sklave pflegte auch den Gerstehändlern gegenüber die Schuld ihres Käufers zu übernehmen und zu zahlen[343]. Als der Sklave sich davongemacht hatte und der Händler, dem er den Preis für die Gerste zu zahlen angewiesen worden war, den Herrn aus dem Handeln seines Geschäftsführers verklagte, da bestritt er, daß man ihn deswegen verklagen könne, weil er den Sklaven nicht mit derartigen Geschäften betraut habe. Als nun aber bewiesen wurde, daß der Sklave auch manches andere betrieben, Lagerräume gemietet und für viele Leute Zahlungen übernommen hatte[344], da entschied der Getreidepräfekt[345] gegen den Herrn. Wir[346] vertraten die Ansicht, es handle sich um eine Abart einer Bürgschaft, da er Schulden für andere zahlte, nicht aber die Schuld für andere übernahm[347]; es sei nicht üblich, deswegen einen Anspruch gegen den Herrn zu geben, und offenbar habe der Herr ihn damit auch nicht betraut[348]. Doch weil sich zeigte, daß er den Sklaven allenthalben in seinem Namen hatte handeln lassen, hielt der Kaiser[349] das Urteil aufrecht.

*Cervidius Scaevola, Digesta V* [82]

Octavius Felix mensae nummulariae quam exercebat habuit libertum praepositum. Is Domitio Felici cavit in haec verba: «Octavius Terminalis rem agens Octavii Felicis Domitio Felici salutem. Habes penes mensam patroni mei denarios mille, quos denarios vobis numerare debebo pridie kalendas Maias.» Quaesitum est, Octavio Felice defuncto sine herede bonis eius venditis an ex epistula iure conveniri Terminalis possit.

Respondit nec iure his verbis obligatum nec aequitatem conveniendi eum superesse, cum id institoris officio ad fidem mensae protestandam scripsisset.

*Imperator Alexander Augustus Septimio* [83]

Prior quidem creditor compelli non potest tibi, qui posteriore loco pignus accepisti, debitum offerre. Sed si tu ei omne quod debetur solveris, pignoris tui causa firmabitur. Spem autem eorum praemiorum, quae pro coronis athletis pensitanda sunt, privata pactione pignerare minime admittendum est. Et ideo nec si generale pactum de omnibus bonis pignori obligandis intervenerit, tenet.

Proposita III kalendas Maias Maximo II et Paterno consulibus.

*Pseudo-Ulpianus, Opiniones V* [84]

Si faenerator inciviliter custodiendo athletam et a certaminibus prohibendo cavere compulerit ultra quantitatem debitae pecuniae, his probatis competens iudex rem suae aequitati restitui decernat.

*Cervidius Scävola, Digesten Buch 5*

Octavius Felix hatte einen Freigelassenen mit der Leitung einer kleinen Bank, die er unterhielt, betraut. Der erteilte dem Domitius Felix folgende Urkunde: «Octavius Terminalis, der Bevollmächtigte des Octavius Felix, grüßt Domitius Felix. Du hast bei der Bank meines Patrons ein Guthaben von tausend Denaren, das ich am 30. April an Euch auszahlen muß.» Octavius Felix starb ohne Erben und über sein Vermögen wurde der Nachlaßkonkurs eröffnet. Man hat angefragt, ob Terminalis auf Grund des Briefes zu Recht belangt werden könne.

Er hat den Bescheid gegeben, Terminalis habe sich mit diesen Worten nicht selbst rechtlich verpflichtet[350] und es bestehe auch kein Billigkeitsgrund, ihn zu belangen, da er den Brief als Geschäftsführer geschrieben habe, um die Vertragstreue der Bank zu bekunden.

*Kaiser Alexander Severus*
*an Septimius*[351]

Ein früherer Gläubiger[352] kann zwar nicht gezwungen werden, dir, der du das Pfandrecht nachrangig erworben hast, anzubieten, was dir geschuldet wird. Doch wenn du ihm alles, was er zu fordern hat, zahlst, dann erstarkt dein Pfandrecht. Die Aussicht jedoch auf die Belohnungen, die den Sportlern für ihre Siegeskränze zu zahlen sind[353], durch eine private Vereinbarung zu verpfänden[354], ist durchaus nicht zulässig. Und daher gilt dies auch dann nicht, wenn eine allgemeine Abmachung über die Verpfändung des gesamten Vermögens getroffen worden ist.

Verkündet am 29. April unter dem zweiten Konsulat des Maximus und dem Konsulat des Paternus (233).

*Pseudo-Ulpian, Meinungen Buch 5*

Wenn ein Kreditgeber einen Sportler durch unrechtmäßige Haft und durch Fernhalten von den Wettkämpfen genötigt hat, ihm über den geschuldeten Geldbetrag hinaus eine Schuldverschreibung auszustellen, dann muß, wenn dies erwiesen ist, der zuständige Richter anordnen, daß die Sache nach seinem Gerechtigkeitssinn rückgängig gemacht wird[355].

*Paulus, Quaestiones IV* [85]

Granius Antonius pro Iulio Pollione et Iulio Rufo pecuniam mutuam accipientibus, ita ut duo rei eiusdem debiti fuerint, apud Aurelium Palmam mandator exstitit. Iulii bona ad fiscum venerunt; similiter et creditori fiscus successerat. Mandator allegabat se liberatum iure confusionis, quia fiscus tam creditori quam debitori successerat. Et quidem si unus debitor fuisset, non dubitabam sicut fideiussorem, ita et mandatorem liberatum esse.

Quamvis enim iudicio convento principali debitore mandator non liberetur, tamen ubi successit creditor debitori, veluti solutionis iure sublata obligatione etiam mandator liberatur, vel quia non potest pro eodem apud eundem quis mandator esse. Sed cum duo rei promittendi sint et alteri heres exstitit creditor, iusta dubitatio est, utrum alter quoque liberatus est, ac si soluta fuisset pecunia, an persona tantum exempta confusa obligatione.

Et puto aditione hereditatis confusione obligationis eximi personam, sed et accessiones ex eius persona liberari propter illam rationem, quia non possunt pro eodem apud eundem obligati esse, ut quemadmodum incipere alias non possunt, ita nec remaneant. Igitur alterum reum eiusdem pecuniae non liberari et per hoc nec fideiussorem vel mandatorem eius. Plane quia is mandati iudicio eligere potest vel creditorem, competituram ei exceptionem doli mali, si coeperit conveniri. Cum altero autem reo vel

*Paulus, Untersuchungen Buch 4*

Granius Antoninus hatte sich für Julius Pollio und Julius Rufus, die ein Darlehen empfingen und für die Rückzahlung gesamtschuldnerisch hafteten[356], bei Aurelius Palma als Kreditauftraggeber[357] verpflichtet. Das Vermögen des Julius gelangte an die Staatskasse[358], ebenso war die Staatskasse Rechtsnachfolgerin des Gläubigers geworden. Der Auftraggeber machte geltend, er sei wegen Vereinigung der Forderung mit der Schuld befreit, weil die Staatskasse Rechtsnachfolgerin sowohl des Gläubigers als auch eines Schuldners geworden war. Und in der Tat, wenn es nur einen Schuldner gegeben hätte, dann wäre mir nicht zweifelhaft, daß ebenso, wie ein Bürge, auch der Kreditauftraggeber befreit gewesen wäre. Denn obwohl ein solcher, wenn der Hauptschuldner verklagt worden ist, nicht befreit wird[359], so wird doch, wenn der Gläubiger Rechtsnachfolger des Schuldners wird, auch ein Kreditauftraggeber frei[360], als wäre die Verpflichtung durch Erfüllung erloschen, oder auch, weil niemand für eine Person bei derselben Person Auftraggeber sein kann. Wenn es sich jedoch um zwei Gesamtschuldner handelt und der Gläubiger nur einen beerbt hat, herrschen berechtigte Zweifel, ob auch der andere frei geworden ist, als ob das Geld gezahlt worden wäre, oder ob die Vereinigung der Forderung mit der Schuld nur einen Gesamtschuldner hat ausscheiden lassen. Meiner Meinung nach scheidet durch den Antritt der Erbschaft aufgrund der Vereinigung der Forderung mit der Schuld nur ein Gesamtschuldner aus. Aber auch die bei diesem Gesamtschuldner bestehenden Nebenrechte[361] erlöschen, und zwar deswegen, weil nichts und niemand für eine Person derselben Person haften kann[362]; und ebenso, wie diese Nebenrechte unter entsprechenden Umständen gar nicht erst hätten begründet werden können, bleiben sie auch nicht bestehen. Folglich wird der andere Gesamtschuldner nicht befreit und deshalb auch nicht sein Bürge oder Kreditauftraggeber. Indessen, weil dieser auch beim Gläubiger Rückgriff nehmen kann, steht ihm die Einrede der Arglist zu, wenn er belangt werden sollte[363]. Doch den anderen Schuldner kann der Gläubiger sei es aufs Ganze,

in solidum, si non fuerit societas, vel in partem, si socii fuerunt, posse creditorem agere. Quod si creditor fideiussori heres fuerit vel fideiussor creditori, puto convenire confusione obligationis non liberari eum.

### Seefracht

*Labeo, Pithana a Paulo epitomata I* [86]
Si vehenda mancipia conduxisti, pro eo mancipio quod in nave mortuum est, vectura tibi non debetur.

Paulus: Immo quaeritur, quid actum est, utrum pro his qui impositi an pro his qui deportati essent merces daretur. Quod si hoc apparere non potuerit, satis erit pro nauta, si probaverit impositum esse mancipium.

*Cervidius Scaevola, Digesta VII* [87]
Navem conduxit, ut de provincia Cyrenensi Aquileiam navigaret olei metretis tribus milibus impositis et frumenti modiis octo milibus certa mercede. Sed evenit, ut onerata navis in ipsa provincia novem mensibus retineretur et onus impositum commisso tolleretur. Quaesitum est, an vecturas quas convenit a conductore secundum locationem exigere magister navis possit.

Respondit secundum ea quae proponerentur posse.

*Callistratus, Quaestiones II* [88]
Navis onustae levandae causa, quia intrare flumen vel portum non potuerat cum onere, si quaedam merces in scapham traiectae sunt, ne aut extra flumen periclitetur aut in
144 ipso ostio vel portu, eaque scapha summersa
145 est, ratio haberi debet inter eos, qui in nave

wenn kein Gesellschaftsverhältnis bestanden hat, sei es auf die Hälfte, wenn die beiden Gesellschafter waren[364], in Anspruch nehmen. Wenn dagegen der Gläubiger den Bürgen oder der Bürge den Gläubiger beerbt, dann ist es, meine ich, angemessen, daß die Vereinigung der Forderung gegen den Bürgen mit dessen Schuld einen Hauptschuldner nicht befreit.

*Labeo, Überzeugendes, ausgewählt von Paulus, Buch 1*
Wenn du den Transport von Sklaven übernommen hast, dann ist man dir für den Sklaven, der auf dem Schiff gestorben ist, keine Fracht schuldig.

Paulus: Vielmehr fragt sich, was vereinbart worden ist: ob die Fracht für die verfrachteten oder für die ans Ziel gebrachten Personen gezahlt werden sollte. Wenn sich dies nicht klären läßt, dann genügt für den Verfrachter der Nachweis, daß der Sklave verfrachtet worden ist[365].

*Cervidius Scävola, Digesten Buch 7*
Jemand hat ein Schiff gechartert, um für eine feste Fracht 3000 Metreten Öl und 8000 Scheffel[366] Getreide aus der Provinz Kyrenaika[367] nach Aquileia[368] zu transportieren. Doch dann trat der Fall ein, daß das beladene Schiff noch in der Provinz neun Monate lang festgehalten wurde und die Ladung wegen Zollvergehens der Einziehung verfiel.

Man hat angefragt, ob der Verfrachter vom Befrachter die im Chartervertrag vereinbarte Fracht verlangen könne.

Er[369] hat den Bescheid gegeben: danach, was vorgebracht werde, könne er[370].

*Callistratus, Untersuchungen Buch 2*
Wenn zur Erleichterung eines beladenen Schiffes, weil das Schiff mitsamt Ladung nicht in den Fluß oder Hafen einlaufen konnte, einzelne Güter in ein Leichterboot umgeladen worden sind, damit das Schiff nicht vor der Mündung, mitten in ihr oder im Hafen in Gefahr gerate, und das Leichterboot gesunken ist, dann muß die Rechnung aufgemacht werden zwischen de-

merces salvas habent, cum his, qui in scapha perdiderunt, proinde tamquam si iactura facta esset. Idque Sabinus quoque libro secundo responsorum probat. Contra si scapha cum parte mercium salva est, navis periit, ratio haberi non debet eorum, qui in nave perdiderunt, quia iactus in tributum nave salva venit. Sed si navis, quae in tempestate iactu mercium unius mercatoris levata est, in alio loco summersa est et aliquorum mercatorum merces per urinatores extractae sunt data mercede, rationem haberi debere eius, cuius merces in navigatione levandae navis causa iactae sunt, ab his, qui postea sua per urinatores servaverunt, Sabinus aeque respondit. Eorum vero, qui ita non servaverunt, invicem rationem haberi non debere ab eo, qui in navigatione iactum fecit, si quaedam ex his mercibus per urinatores extractae sunt; eorum enim merces non possunt videri servandae navis causa iactae esse, quae perit.

## Atypische Verträge

*Papinianus, Responsa IV* [89]

Convenit, ut mulier viri sumptibus, quoquo iret, veheretur, atque ideo mulier pactum ad litteras viri secuta provinciam, in qua centurio merebat, petit. Non servata fide conventionis licet directa actio nulla competit, utilis tamen in factum danda est.

*Ulpianus, Ad edictum praetoris XI* [90]

Labeo scripsit, si mihi bibliothecam ita vendideris, si decuriones Campani locum mihi vendidissent, in quo eam ponerem, et

nen, die ihre Waren unversehrt auf dem Schiff behalten, und denen, die sie auf dem Boot eingebüßt haben, genauso, wie wenn ein Seewurf stattgefunden hätte[371]. Und das billigt auch Sabinus im zweiten Buch seiner «Bescheide». Wenn dagegen das Boot mit dem betreffenden Teil der Waren erhalten bleibt, das Schiff jedoch untergeht, dann ist keine Rechnung mit denen aufzumachen, die im Schiff Verluste erlitten haben, weil auch der Seewurf nur dann verteilt wird, wenn das Schiff gerettet worden ist. Doch wenn ein Schiff, das in einem Sturm durch den Seewurf der Waren eines Befrachters erleichtert worden war, anderswo gesunken ist und wenn sodann Taucher die Waren einzelner Befrachter gegen Entgelt geborgen haben, dann muß dem, dessen Güter während der Fahrt zur Erleichterung des Schiffes über Bord geworfen wurden, von Seiten derer beigetragen werden, die hernach ihr Gut mit Hilfe der Taucher retten konnten[372], wie Sabinus ebenfalls beschieden hat. Doch denen, die so ihr Gut nicht retten konnten, braucht umgekehrt nicht von Seiten dessen beigetragen zu werden, dessen Waren während der Fahrt geworfen wurden, falls ein Teil dieser Waren von Tauchern geborgen wurde. Denn von deren Gut kann man nicht behaupten, es sei zur Rettung des Schiffes über Bord geworfen worden, das dann unterging.

*Papinian, Bescheide Buch 4*
In einem Ehevertrag hieß es, die Ehefrau dürfe auf Kosten ihres Mannes reisen, wohin er gehe, und so suchte die Frau, indem sie sich, als der Mann ihr schrieb, auf den Vertrag verließ, die Provinz auf, in der der Mann als Hauptmann Dienst tat. Wenn nun der Vertrag nicht eingehalten wird[373], dann kommt zwar keine gesetzlich vorgesehene Klage in Betracht[374]; immerhin ist eine auf den Einzelfall zugeschnittene Klage zu gewähren[375].

*Ulpian, Erläuterungen zum Edikt des Prätors Buch 11*
Labeo schreibt: Wenn du mir eine Bibliothek für den Fall verkaufst, daß der Gemeinderat von Capua mir einen Platz verkauft, auf dem ich sie errichten kann, und es an mir liegt, daß

per me stet, quo minus id a Campanis impetrem, non esse dubitandum, quin praescriptis verbis agi possit. Ego etiam ex vendito agi posse puto quasi impleta condicione, cum per emptorem stet, quo minus impleatur.

*Imperator Alexander Augustus*
*Pomponiis* [91]

Cum mota inofficiosi querella matrem vestram cum diversa parte transegisse ita, ut partem bonorum susciperet et a lite discederet, proponatis, instaurari quidem semel omissam querellam per vos, qui matri heredes exstitistis, iuris ratio non sinit. Verum si fides placitis praestita non est, in id quod interest diversam partem recte convenietis. Aut enim, si stipulatio conventioni subdita est, ex stipulatu actio competit, aut, si omissa verborum obligatio est, utilis actio, quae praescriptis verbis rem gestam demonstrat, danda est.

Proposita VIII idus Ianuarias Agricola et Clemente consulibus.

*Imperatores Diocletianus et Maximianus*
*Augusti et Constantius et Maximianus*
*nobilissimi Caesares Paulinae* [92]

Ea lege rebus donatis Candido, ut quod placuerat menstruum seu annuum tibi praestaret, cum huiusmodi conventio non nudi pacti nomine censeatur, sed rebus propriis dictae legis substantia muniatur, ad implendum placitum, sicut postulas, praescriptis verbis competit actio.

Subscripta nonas Decembres Nicomediae Caesaribus consulibus.

ich das bei den Leuten von Capua nicht erreiche, dann bestehe kein Zweifel, daß die allgemeine Leistungsklage mit vorangestellter Schilderung des Sachverhalts erhoben werden kann[376]. Ich meine, daß man auch Klage aus Verkauf erheben kann[377], als sei die Bedingung eingetreten, da es am Käufer liegt, daß sie nicht eintritt[378].

*Kaiser Alexander Severus*
*an die Pomponier*
Da nach eurer Darstellung eure Mutter, die den Pflichtteil verlangt hatte, sich mit der Gegenseite dahingehend verglichen hat, daß sie einen Teil des Vermögens erhält und die Klage zurücknimmt, lassen es die Grundsätze des Rechts nicht zu, daß ihr, die Erben eurer Mutter[379], die einmal aufgegebene Klage erneuert. Wenn jedoch jene Übereinkünfte nicht getreulich beachtet worden sind, dann ist es rechtens, daß ihr die Gegenseite auf euer Interesse belangt. Denn entweder, wenn die Abmachung die Form eines Schuldversprechens erhalten hat, kommt die Klage aus Schuldversprechen in Betracht, oder aber es ist, wenn eine förmliche Verpflichtung unterblieb, eine Klage auf den Einzelfall, die in einer Präambel den Sachverhalt schildert, zuzulassen.

Verkündet am 6. Januar unter dem Konsulat des Agricola und Clemens (230).

*Die Kaiser Diokletian und Maximian und die sehr edlen Vizekaiser Konstantius und Galerius*[380] *an Paulina*
Du hast dem Candidus unter der Bedingung Vermögenswerte geschenkt, daß er eine vereinbarte monatliche oder jährliche Summe an dich zahle: da eine derartige Übereinkunft nicht als nackte Abrede[381] gelten kann, sondern der Inhalt der festgesetzten Vertragsbestimmung durch Eigentumshingabe befestigt wird[382], kommt für die Durchsetzung der Vereinbarung, wie du es verlangst, eine Klage in Betracht, die den Sachverhalt schildert[383].

Ausgefertigt am 5. Dezember zu Nikomedia unter dem Konsulat der Vizekaiser (294).

## Verbot der Selbsthilfe

*Callistratus, De cognitionibus V* [93]

Creditores si adversus debitores suos agant, per iudicem id, quod deberi sibi putant, reposcere debent. Alioquin si in rem debitoris sui intraverint id nullo concedente, divus Marcus decrevit ius crediti eos non habere. Verba decreti haec sunt: «Optimum est, ut, si quas putas te habere petitiones, actionibus experiaris. Interim ille in possessione debet morari, tu petitor es.» Et cum Marcianus diceret: «Vim nullam feci», Caesar dixit: «Tu vim putas esse solum, si homines vulnerentur? Vis est et tunc, quotiens quis id, quod deberi sibi putat, non per iudicem reposcit. Non puto autem nec verecundiae nec dignitati nec pietati tuae convenire quicquam non iure facere. Quisquis igitur probatus mihi fuerit rem ullam debitoris non ab ipso sibi traditam sine ullo iudice temere possidere ipseque sibi ius in eam rem dixisse, ius crediti non habebit.»

## Gerichtsferien

*Ulpianus, De omnibus tribunalibus IV* [94]

Ne quis messium vindemiarumque tempore adversarium cogat ad iudicium venire, oratione divi Marci exprimitur, quia occupati circa rem rusticam in forum compellendi non sunt. Sed si praetor aut per ignorantiam vel socordiam evocare eos perseveraverit hique sponte venerint, si quidem senten-
150 tiam dixerit praesentibus illis et sponte liti-
151 gantibus, sententia valebit, tametsi non

*Callistratus, Über die Gerichtsbarkeit Buch 5*
Wenn Gläubiger gegen ihre Schuldner vorgehen wollen, dann müssen sie das, wovon sie meinen, es werde ihnen geschuldet, durch den Richter zurückverlangen. Andernfalls, wenn sie in den Besitz des Schuldners eindringen, ohne hierzu ermächtigt zu sein, entschied der göttliche Mark Aurel, daß sie keinen Anspruch auf die Forderung mehr haben[384]. Das Urteil lautet wie folgt: «Es ist sehr ratsam, daß du, wenn du irgendwelche Forderungen zu haben glaubst, von den Gerichten Gebrauch machst. Unterdessen darf dein Gegner auf seinem Besitz verbleiben; du bist Kläger.» Und während Marcian behauptete: «Ich habe keine Gewalt angewandt», erklärte der Kaiser: «Glaubst du, daß nur dann Gewalt vorliege, wenn Menschen verwundet werden? Gewalt liegt schon vor, wenn jemand seine vermeintliche Forderung anders als durch einen Richter geltend macht[385]. Ich glaube nicht, daß es zu deinem besonnenen, würdigen und rücksichtsvollen Wesen paßt, irgend etwas wider das Recht zu tun. Also: von wem man mir beweisen kann, daß er eine Sache des Schuldners, die ihm nicht von diesem selbst übergeben worden ist, ohne Mitwirkung eines Richters eigenmächtig in Besitz hält und daß er sich in dieser Angelegenheit selber Recht gesprochen hat, der büßt seinen Anspruch aus dem Darlehen ein.»

*Ulpian, Über allerlei Gerichtshöfe Buch 4*
Daß niemand seinen Gegner zur Zeit der Getreide- oder Weinernte zwingen darf, vor Gericht zu erscheinen, wird in einer Senatsrede des göttlichen Mark Aurel[386] zum Ausdruck gebracht: weil, wer mit der Landwirtschaft beschäftigt ist, nicht aufs Forum getrieben werden darf. Wenn jedoch der Prätor aus Unkenntnis oder Unachtsamkeit darauf besteht, derlei Leute zu laden, und sie sich aus freien Stücken einfinden und wenn er dann, da sie anwesend sind und sich nicht weigern zu prozessieren, sein Urteil spricht, dann ist dieses gültig, auch

recte fecerit qui eos evocaverit. Sin vero, cum abesse perseveraverint, sententiam protulerit etiam absentibus illis, consequens erit dicere sententiam nullius esse momenti; neque enim praetoris factum iuri derogare oportet. Et citra appellationem igitur sententia infirmabitur.

Sed excipiuntur certae causae, ex quibus cogi poterimus et per id temporis, cum messes vindemiaeque sunt, ad praetorem venire, scilicet si res tempore peritura sit. ... Sane quotiens res urguet, cogendi quidem sumus ad praetorem venire, verum ad hoc tantum cogi aequum est, ut lis contestetur; et ita ipsis verbis orationis exprimitur. Denique alterutro recusante post litem contestatam litigare dilationem oratio concessit.

## Vorbereitung eines Prozesses

*Ulpianus, Ad edictum praetoris IV* [95]

Qua quisque actione agere volet, eam edere debet. Nam aequissimum videtur eum qui acturus est edere actionem, ut proinde sciat reus, utrum cedere an contendere ultra debeat, et, si contendendum putat, veniat instructus ad agendum cognita actione qua conveniatur.

Actionis verbo continetur in rem, in personam, directa, utilis, praeiudicium, sicut ait Pomponius; stipulationes etiam, quae praetoriae sunt, quia actionum instar obtinent, ut damni infecti, legatorum et si quae similes sunt. Interdicta quoque actionis verbo continentur.

Edere est etiam copiam describendi facere
152 vel in libello complecti et dare vel dictare.
153 Eum quoque edere Labeo ait, qui producat

wenn er sie zu Unrecht geladen hat. Wenn er aber, während sie darauf bestehen fernzubleiben, auch in ihrer Abwesenheit sein Urteil spricht, dann ist es nur folgerichtig zu sagen, daß dieses Urteil keine Bedeutung hat; denn nicht einmal eine Handlung des Prätors kann das Recht außer Kraft setzen. Folglich ist das Urteil, ohne daß es einer Berufung bedürfte, hinfällig.

Doch einzelne Fälle sind ausgenommen, bei denen man uns auch zu der Zeit, in der die Getreide- und Weinernte stattfindet, zwingen kann, vor dem Prätor zu erscheinen, nämlich wenn etwas durch Fristablauf verloren gehen würde. Zwar darf man uns also, sooft etwas eilt, zwingen, vor dem Prätor zu erscheinen, doch billigerweise nur zu dem Zweck, daß der Prozeß eingeleitet wird, was auch im Wortlauf der Senatsrede zum Ausdruck kommt. Kurz und gut, wenn eine der Parteien es ablehnt, nach der Prozeßeinleitung weiterzuprozessieren, dann hat die Senatsrede einen Aufschub zugestanden.

*Ulpian, Erläuterungen zum Edikt des Prätors Buch 4*

Jeder muß die Klage, die er anzustrengen wünscht, bekannt geben[387]. Denn es ist offenbar höchst angemessen, daß jemand, der prozessieren will, die Klage bekannt gibt, damit der Beklagte sich überlegen kann, ob er nachgeben oder den Streit fortsetzen soll, und damit er, wenn er ihn fortsetzen zu sollen glaubt, vorbereitet zum Prozeß erscheint, nachdem er erfahren hat, mit welcher Klage er belangt wird.

In dem Begriff «Klage» sind die dinglichen, die persönlichen, die gesetzlich vorgesehenen, die analogen und die Feststellungsklagen enthalten, wie Pomponius ausführt, ferner die Versprechen, soweit sie gerichtlich erzwungen sind, da sie gleichbedeutend mit Klagen sind, wie das wegen eines drohenden Schadens[388], wegen eines Vermächtnisses[389] und ähnliche. Auch die Interdikte[390] sind in dem Begriff «Klage» enthalten.

Eine Bekanntgabe der Klage ist es auch, Gelegenheit zu einer Abschrift zu geben oder sie in einem Schriftsatz zusammenzufassen und diesen zu überreichen oder die Klage zu diktieren.

Besitzschutzklagen 861 BGB

adversarium suum ad album et demonstret quod dictaturus est vel indicando, quo uti velit.

Editiones instrumentorum sine die et consule fieri debent, ne quid excogitetur edito die et consule et praelato die fiat. Diem autem et consulem excepit praetor, quo instrumentum conscriptum est, non in quem solutio concepta est; nam dies solutionis sicuti summa pars est stipulationis. Rationes tamen cum die et consule edi debent, quoniam accepta et data non alias possunt apparere, nisi dies et consul fuerit editus.

Edenda sunt omnia, quae quis apud iudicem editurus est; non tamen ut et instrumenta, quibus quis usurus non est, compellatur edere. Edere non videtur, qui stipulationem totam non edidit.

## Klagerhebung

*Imperatores Severus et Antoninus Augusti Valenti* *[96]*

Res in iudicium deducta non videtur, si tantum ... actionis species ante iudicium reo cognita sit. Inter litem enim contestatam et editam actionem permultum interest. Edita actio enim speciem futurae litis demonstrat, quam emendari vel mutari licet, prout edicti perpetui monet auctoritas vel ius reddentis decernit aequitas. Lis autem tunc videtur contestata, cum ordinato iudicio a praetore actor litem contestatus est et reus eam accepit.

Data III kalendas Septembres Severo III et Antonino Augustis consulibus.

Auch der gebe die Klage bekannt, sagt Labeo, der seinen Gegner vor die Ediktstafel führt und auf das zeigt, was er zu sagen gedenkt, oder der das benennt, dessen er sich bedienen will.

Die Bekanntgabe der Schuldurkunden[391] soll ohne Nennung des Tages und Jahres[392] erfolgen, damit nichts ausgeheckt wird, wenn Tag und Jahr genannt sind, und dies dann zu einem vordatierten Zeitpunkt geschieht[393]. Der Prätor macht jedoch bei dem Tag und Jahr eine Ausnahme[394], an dem die Urkunde ausgestellt worden ist, nicht jedoch bei dem Datum, für das die Zahlung vorgesehen ist; denn der Tag der Zahlung ist gewissermaßen der wichtigste Teil des förmlichen Schuldversprechens. Geschäftsbücher müssen indes mit Tag und Jahr bekannt gegeben werden, da ja die empfangenen und geleisteten Beträge nur dann nachprüfbar sind, wenn Tag und Jahr bekannt sind.

Bekanntzugeben ist alles, was jemand dem Richter zu unterbreiten gedenkt; doch geht das nicht so weit, daß er auch Urkunden, deren er sich nicht zu bedienen gedenkt, bekannt geben muß. Derjenige genügt nicht seiner Bekanntgabepflicht, der nicht das ganze förmliche Versprechen bekannt gibt.

*Die Kaiser Septimius Severus und Caracalla*[395] *an Valens*

Eine Sache ist offenbar noch nicht gerichtlich anhängig gemacht, wenn dem Beklagten lediglich vor dem Prozeß die Art der Klage bekanntgegeben worden ist. Denn zwischen der Prozeßeinleitung und der Bekanntgabe der Klage besteht ein sehr großer Unterschied. Die Bekanntgabe der Klage umschreibt nämlich den voraussichtlichen Streitgegenstand, den man berichtigen oder verändern kann, wie es die Grundsätze des ständigen Edikts festlegen oder das billige Ermessen des Gerichtsherrn beschließt. Ein Prozeß ist aber offensichtlich dann eingeleitet, wenn der Prätor das Verfahren geordnet, der Kläger den Streit hat bezeugen lassen und der Beklagte sich darauf eingelassen hat[396].

Gegeben am 30. August unter dem dritten Konsulat des Kaisers Septimius Severus und dem Konsulat des Kaisers Caracalla (202).

## Urteil

*Imperatores Carus, Carinus et Numerianus Augusti Zoilo* [97]

Cum sententiam praesidis irritam esse dicis, quod non publice, sed in secreto loco officio eius non praesente sententiam suam dixit, nullum tibi ex his quae ab eo decreta sunt praeiudicium generandum esse constat.

Proposita V kalendas Decembres Caro et Carino consulibus.

## Vollstreckung

*Imperator Antoninus Augustus Agrippae* [98]

Ordo rei gestae et mora solutionis, quae intercessit, constantius desiderat remedium. Si itaque praesidem provinciae, qui rem iudicatam exsequi debet, adieris et adlegaveris res soli, quae pignori captae sunt, diu subhastatas ex compacto sive ambitione diversae partis emptorem non invenire, in possessionem earum te mittet, ut vel hoc remedio res tam diu tracta ad effectum perducatur.

Data XI kalendas Iulias Messala et Sabino consulibus.

## Bischofsgericht

*Commonitorium sancto fratri Victori Augustinus* [99]

Quantum mihi cara sit et vita et fama sanctitatis tuae, considerare dignaberis; ea quae apud me Iudaeus Licinius deploravit, si verum est, multum me contristant. Probavit quidem mihi per tabulas quas ferebat emisse
156 se nescio quos agellos ab eis, quibus mater
157 eius vendiderat, et aliquam partem in uxo-

*Die Kaiser Carinus und Numerian an Zoilus*

Da du behauptest, das Urteil des Gouverneurs sei nichtig, weil er es nicht in der Öffentlichkeit, sondern an einem geheimen Ort in Abwesenheit seiner Beamten gesprochen hat, steht fest, daß dir aus dem, was er entschieden hat, kein Nachteil erwachsen darf.

Verkündet am 27. November unter dem Konsulat des Carus[397] und des Carinus (283).

*Der Kaiser Caracalla an Agrippa*

Die ordentliche Durchführung der Sache und die eingetretene Verzögerung der Befriedigung verlangen nach durchgreifenderen Mitteln. Wenn du dich daher an den Provinzgouverneur, dem die Vollstreckung rechtskräftiger Urteile obliegt, wendest und darlegst, daß die Grundstücke, die gepfändet wurden, trotz langer öffentlicher Ausbietung zur Versteigerung wegen eines Komplotts oder der Umtriebe der Gegenseite keinen Käufer finden[398], dann wird er dich in ihren Besitz einweisen[399], damit wenigstens mit diesem Mittel eine Sache, die sich so lange hingezogen hat, zum Ziele gelangt.

Gegeben am 21. Juni unter dem Konsulat des Messala und Sabinus (214)[400].

*Augustin,*
*Denkschrift an den ehrwürdigen Bruder Victor*[401]

Wie teuer mir Dein Leben und das Ansehen Deiner Ehrwürdigkeit ist, wirst Du bereitwillig in Betracht ziehen; doch das, worüber sich der Jude Licinius bei mir beklagt hat, betrübt mich, wenn es wahr ist, sehr. Er bewies mir nämlich mit Hilfe von Urkunden, die er bei sich hatte, er habe irgendwelche Güter von denen gekauft, denen seine Mutter sie verkauft hatte, mitsamt einem Teil, den er bei seiner Eheschließung seiner Frau

rem suam, quando eam duxit, donatione conlatam; sed quod adiunxit in querela valde incredibile est, quod sanctitas tua ab eadem anicula matre eius omnia emerit et eum qui optimo iure possidebat excluserit et, cum tibi quereretur de te ipso, responderis ei: «Ego emi; si male mihi vendidit mater tua, cum ipsa litiga! A me noli aliquid quaerere, quia nihil tibi dabo.» Quod si mihi mentitus est, dignare rescribere; si autem per ignorantiam iuris hoc tibi visum est respondendum, noverit caritas tua hoc: possidentem excludi nullo iure potuisse nec illam recte vendidisse, quod tamquam proprium suus filius possidebat, etiamsi forte ei aliquid competebat. Prius enim ipsum vincere debuit et tunc vendere, quod illo victo potuerat obtinere. Huic enim in rem competit actio; cum matre sua vero prorsus litigare non noscitur, sed cum illo qui res eius invasit, in quo facto nolo inveniatur fraternitas tua. Valde invidiosum est et a tuis moribus alienum. Si ergo vera mihi dixit, dignare illi reddere res suas et pretium recipere ab eius matre, si datum est. Quod pretium si forte illa tibi reddere noluerit, nec iste rem suam perdere poterit; necesse est enim, ut eam recipiat intercedente iustitia clamantibus legibus. Rogo te, ut cogites quod ait apostolus: «Sine offensione estote Iudaeis et Graecis et ecclesiae dei.» Melius est autem, ut a tuo carissimo fratre commonitus facias quod iustum est, quam ut ista causa veniat ad episcopale iudicium.

Sane cum quaesissem ab illo, ne forte aliquam iniuriam matri suae fecerit et hoc
158 modo eam sine aliqua cupiditate possidendi
159 res huius vindicare voluisti magis hoc ad

schenkte; was er aber dann in seiner Beschwerde hinzufügte, klingt ganz unglaublich: daß Deine Ehrwürdigkeit just von seiner alten Mutter das alles gekauft und ihn, der mit bestem Recht[402] den Besitz innehatte, davon ausgeschlossen habe und daß Du, als er sich bei Dir über Dich selbst beschwerte, ihm geantwortet habest: «Ich bin der Käufer; wenn deine Mutter zu Unrecht an mich verkauft hat, dann prozessiere mit ihr! Von mir darfst du nichts verlangen, weil ich dir nichts geben werde.» Wenn er mich belogen hat, dann sei so gut, mir zurückzuschreiben; wenn Du dies aber aus Rechtsunkenntnis antworten zu sollen glaubtest, dann möge Deine Geneigtheit dies zur Kenntnis nehmen: der Besitzer konnte auf keine Weise ausgeschlossen werden, und die Mutter hat nicht zu Recht verkauft, was ihr Sohn als sein eigen besaß, selbst wenn ihr etwa irgend etwas davon zustand[403]. Denn zunächst hätte sie über ihren Sohn obsiegen müssen und dann erst verkaufen dürfen, was sie durch den Sieg über ihn hätte erlangen können. Ihm steht jetzt nämlich eine dingliche Klage zu; doch daß er mit seiner Mutter prozessiere, kommt nicht in Betracht; er kann vielmehr nur mit dem prozessieren, der sich seiner Besitzungen bemächtigt hat, bei welchem Tun ich Deine Brüderlichkeit nicht antreffen möchte. Denn das ist sehr verwerflich und unvereinbar mit Deinem Charakter. Wenn er mir also die Wahrheit gesagt hat, dann sei so gut, ihm sein Eigentum zurückzugeben und den Kaufpreis von seiner Mutter zurückzuverlangen, wenn er schon entrichtet worden ist. Wenn sie etwa nicht bereit sein sollte, Dir den Preis zu erstatten, dann kann dieser hier trotzdem sein Eigentum nicht verlieren; denn es ist unbedingt erforderlich, daß er es zurückerhält, da die Gerechtigkeit darauf dringt und die Gesetze danach schreien. Bedenke bitte, was der Apostel[404] sagt: «Gebt kein Ärgernis den Juden und Griechen und der Gemeinde Gottes.» Es ist aber besser, daß Du auf Grund einer Mahnung Deines Dich innig liebenden Bruders tust, was recht ist, als daß diese Sache vor das Bischofsgericht kommt.

Als ich ihn nun fragte, ob er etwa seiner Mutter irgendeine Injurie zugefügt habe und ob Du ihr daher, ohne irgendwelches Gelüste, sein Eigentum in Besitz zu nehmen[405], Genugtuung verschaffen wolltest, indem Du dies mehr tatest, um ihn einzu-

terrorem huius faciens, iste respondit questam quidem matrem suam fuisse de iniuria uxoris suae et ancillae ipsius, se autem nullam fecisse. Unde peto sanctitatem tuam, si res ita se habet, ut et huic des verberum disciplinam praesente ipsa matre sua, si eum matri iniuriosum esse cognoveris, quia hoc dixit se libenter pati, aut uxori eius, si ipsa fortassis in culpa est, quia et ipsa potest accipere praesente socru sua iudicante veneratione tua ab ipso marito suo dignam verberum disciplinam. Nam de ancilla facilis est causa, quia de ipsa potest mater huius multo facilius vindicari. Quod propterea se iste non fecisse dicit, quoniam quas iniurias matri suae fecerit ignoravit; postea enim dicit matrem suam iam rebus ipsis venditis fuisse conquestam.

## KRIMINALSTRAFRECHT

### Hoch- und Landesverrat

*Cervidius Scaevola, Regulae IV* *[100]*

Lege Iulia maiestatis tenetur,
- cuius dolo malo iureiurando quis adactus est, quo adversus rem publicam faciat,
- cuiusve dolo malo exercitus populi Romani in insidias deductus hostibusve proditus erit,
- factumve dolo malo cuius dicitur, quo minus hostes in potestatem populi Romani veniant,
- cuiusve opera dolo malo hostes populi
160 Romani commeatu armis telis equis pecu-
161 nia aliave qua re adiuti erunt,

schüchtern, da antwortete er, seine Mutter habe sich zwar über Injurien von seiten seiner Frau und deren Magd beklagt, er selbst aber habe keine begangen. Daher bitte ich Deine Ehrwürdigkeit, daß Du, wenn die Sache sich so verhält, d. h. wenn Du feststellst, daß er der Mutter gegenüber eine Injurie begangen hat, ihm selbst in Anwesenheit seiner Mutter eine Züchtigung durch Schläge verabreichst[406], weil er versicherte, dies gern zu erdulden, oder seiner Frau, falls sie etwa die Schuldige ist, weil auch sie in Anwesenheit ihrer Schwiegermutter, wenn Deine Hochansehnlichkeit das Urteil fällt, von seiten ihres Mannes eine angemessene Züchtigung durch Schläge erhalten kann. Denn bei der Magd ist die Sache einfach, weil hinsichtlich ihrer Person der Mutter viel leichter Genugtuung verschafft werden kann[407]. Was er seinerseits deshalb noch nicht getan zu haben versichert, weil er nicht wußte, was für Injurien sie seiner Mutter angetan haben könnte; denn erst später, behauptet er, habe sich seine Mutter beschwert, als die Grundstücke bereits verkauft waren.

*Cervidius Scävola, Richtlinien Buch 4*

Auf Grund des Julischen Gesetzes über Hoch- und Landesverrat[408] wird bestraft,

- durch wessen Arglist oder eidliche Versicherung jemand dazu gebracht worden ist, zum Schaden des römischen Staates zu handeln;
- durch wessen Arglist ein Heer des römischen Volkes in einen Hinterhalt geführt oder den Feinden verraten worden ist;
- wer arglistig verhindert haben soll, daß Feinde in die Gewalt des römischen Volkes geraten;
- durch wessen Tat oder Arglist Feinde des römischen Volkes Unterstützung durch Nachschub, Verteidigungs- und Angriffswaffen, Pferde, Geld oder anderes erhalten haben;

- utve ex amicis hostes populi Romani fiant,
- cuiusve dolo malo factum erit, quo rex exterae nationis populo Romano minus obtemperet,
- cuiusve opera dolo malo factum erit, quo magis obsides pecunia iumenta hostibus populi Romani dentur adversus rem publicam,
- item qui confessum in iudicio reum et propter hoc in vincula coniectum emiserit.

Hoc crimine liberatus est a senatu, qui statuas imperatoris reprobatas conflaverit.

*Ulpianus, De officio proconsulis VII/ Disputationes VIII* *[101]*

Maiestatis... crimen illud est, quod adversus populum Romanum vel adversus securitatem eius committitur. Quo tenetur is,
- cuius opera dolo malo consilium initum erit,
  quo obsides iniussu principis interciderent,
  quo armati homines cum telis lapidibusve in urbe sint conveniantve adversus rem publicam locave occupentur vel templa,
  quove coetus conventusve fiat hominesve ad seditionem convocentur,
- cuiusve opera consilio malo consilium initum erit,
  quo quis magistratus populi Romani quive imperium potestatemve habet occidatur,
  quove quis contra rem publicam arma ferat,

162 - quive hostibus populi Romani nuntium
163 litterasve miserit signumve dederit,

– durch wessen Tat oder Arglist aus Freunden des römischen Volkes Feinde werden;
– wessen Arglist dazu geführt hat, daß der König einer auswärtigen Völkerschaft dem römischen Volke nicht mehr botmäßig ist;
– wessen Tat oder Arglist dazu geführt hat, daß Geiseln, Geld oder Zugtiere den Feinden des römischen Volkes zum Schaden des Staates übergeben werden;
– desgleichen, wer einen vor Gericht bereits geständigen und aus diesem Grunde gefangen gehaltenen Angeklagten[409] hat entweichen lassen.

Dieses Verbrechens[410] ist kraft Senatsbeschlusses nicht schuldig, wer Standbilder des Kaisers, die keine Billigung fanden, eingeschmolzen hat.

*Ulpian, Über die Aufgaben des Statthalters Buch 7*
*und Erörterungen Buch 8*

Das Verbrechen des Hoch- und Landesverrats wird gegen das römische Volk oder dessen Sicherheit begangen. Desselben macht sich der schuldig,

– durch wessen Tat oder Arglist eine Verabredung getroffen worden ist,
  daß Geiseln ohne kaiserlichen Befehl zu Tode kommen;
  daß gepanzerte Leute mit Angriffswaffen oder Steinen sich in der Stadt aufhalten oder zum Schaden des Staates zusammenkommen oder daß Plätze oder Tempel besetzt werden;
  oder daß eine Zusammenrottung oder ein Auflauf zustandekommt oder Leute zu einem Aufruhr zusammengerufen werden;
– durch wessen Tat oder bösen Rat eine Verabredung getroffen worden ist,
  daß ein Oberbeamter[411] des römischen Volkes oder ein Inhaber der obersten[412] oder der oberen Befehlsgewalt[413] zu Tode kommt;
  oder daß jemand gegen den römischen Staat die Waffen erhebt;
– wer den Feinden des römischen Volkes einen Boten oder einen Brief geschickt oder ein Zeichen gegeben hat;

- feceritve dolo malo, quo hostes populi Romani consilio iuventur adversus rem publicam,
- quive milites sollicitaverit concitaveritve, quo seditio tumultusve adversus rem publicam fiat,
- quive de provincia, cum ei successum esset, non discessit,
- aut qui exercitum deseruit vel privatus ad hostes perfugit,
- quive sciens falsum conscripsit vel recitaverit in tabulis publicis.

*Marcianus, Institutiones XIV* [102]

Lex ... Iulia maiestatis praecipit eum, qui maiestatem publicam laeserit, teneri. Qualis est ille,
- qui in bellis cesserit aut arcem temere aut castra concesserit.

Eadem lege tenetur et
- qui iniussu principis bellum gesserit dilectumve habuerit exercitum comparaverit,
- quive, cum ei in provincia successum esset, exercitum successori non tradidit,
- quive imperium exercitumve populi Romani deseruerit,
- quive privatus pro potestate magistratuve quid sciens dolo malo gesserit,
- quive quid eorum, quae supra scripta sunt, facere curaverit.

Aufruhr

*Callistratus, De cognitionibus VI* [103]

Solent quidam, qui volgo se iuvenes appellant, in quibusdam civitatibus turbulentis se adclamationibus popularium accommo-
164 dare. Qui si amplius nihil admiserint nec
165 ante sint a praeside admoniti, fustibus cae-

– wer arglistig bewirkt hat, daß Feinde des römischen Volkes durch Rat zum Schaden des römischen Staates unterstützt werden;
– wer Soldaten aufgewiegelt oder aufgehetzt hat, so daß eine Meuterei oder ein Aufruhr gegen den römischen Staat ausbricht;
– wer seine Provinz nicht verlassen hat[414], obwohl sein Nachfolger eingetroffen war;
– wer aus dem römischen Heer geflohen oder als Zivilist zu den Feinden übergelaufen ist;
– oder wer wissentlich in öffentlichen Urkunden Falsches niedergeschrieben oder daraus verlesen hat.

*Marcian, Institutionen Buch 14*
Das Julische Gesetz über Hoch- und Landesverrat schreibt vor, daß derjenige, der die Hoheit des Staates verletzt, bestraft wird, zum Beispiel,
– wer im Kriege zurückgewichen ist oder grundlos eine Burg oder ein Lager preisgegeben hat.
Auf Grund desselben Gesetzes wird auch bestraft,
– wer ohne kaiserlichen Auftrag Krieg geführt oder Aushebungen vorgenommen oder ein Heer aufgestellt hat;
– wer, obwohl sein Nachfolger in der Provinz eingetroffen war, demselben das Heer nicht übergeben hat;
– wer aus der Befehlsgewalt oder dem Heer des römischen Volkes geflohen ist;
– wer ohne Amt wissentlich und arglistig etwas ausgeführt hat, als ob er Inhaber einer Befehlsgewalt oder Oberbeamter wäre;
– oder wer etwas von dem, was oben beschrieben ist, durch einen anderen hat tun lassen.

*Callistratus, Über die Gerichtsbarkeit Buch 6*
Manche, die sich gemeinhin Jungmannschaft nennen[415], haben in manchen Städten die Gewohnheit, sich zu tosenden Kundgebungen bei öffentlichen Schauspielen herzugeben. Wenn sie sich weiter nichts haben zuschulden kommen lassen und sie vom Gouverneur noch nicht verwarnt worden sind, dann wer-

si dimittuntur aut etiam spectaculis eis interdicitur. Quod si ita correcti in eisdem deprehendantur, exilio puniendi sunt, nonnumquam capite plectendi, scilicet cum saepius seditiose et turbulente se gesserint et alioquotiens adprehensi tractati clementius in eadem temeritate propositi perseveraverint.

Totschlag

*Ulpianus, De officio proconsulis VII* [104]
Capite primo legis Corneliae de sicariis cavetur, ut is praetor iudexve quaestionis, cui sorte obvenerit quaestio de sicariis eius quod in urbe Roma propiusve mille passus factum sit, uti quaerat cum iudicibus, qui ei ex lege sorte obvenerint de capite eius, qui cum telo ambulaverit hominis necandi furtive faciendi causa, hominemve occiderit, cuiusve id dolo malo factum erit. ... Haec lex non omnem, qui cum telo ambulaverit, punit, sed eum tantum, qui hominis necandi furtive faciendi causa telum gerit, coercet. Compescit item eum, qui hominem occidit, nec adiecit cuius condicionis hominem, ut et ad servum et pergrinum pertinere haec lex videatur. ...

Distinctionem casus et voluntatis in homicidio servari rescripto Hadriani confirmatur. Verba rescripti: «Et qui hominem occidit absolvi solet, sed si non occidendi animo id admisit, et qui non occidit, sed voluit occidere, pro homicida damnatur.

E re itaque constituendum est: ecquo ferro percussit Epafroditus? Nam si gladium instrinxit aut
166 telo percussit, quid dubium est, quin occi-
167 dendi animo percusserit? Si clave percussit

den sie, nachdem sie Stockhiebe erhalten haben, entlassen oder auch vom Besuch der Schauspiele ausgeschlossen. Doch wenn sie, in dieser Weise gezüchtigt, erneut bei demselben Tun betroffen werden, dann sind sie mit Verbannung zu bestrafen, bisweilen auch zu enthaupten, dann nämlich, wenn sie sich öfter aufrührerisch und unruhestiftend betätigt und, wiewohl mehrmals festgenommen und recht milde behandelt, von ihrem blindwütigen Treiben nicht abgelassen haben.

*Ulpian, Über die Aufgaben des Statthalters Buch 7*
Im ersten Kapitel des Cornelischen Gesetzes über Totschläger ist vorgesehen, daß der Prätor oder Gerichtsvorsitzende, dem durch das Los der Gerichtshof über Totschläger im Bereich der Stadt Rom oder innerhalb von einer Meile zugefallen ist, mitsamt den Geschworenen, die ihm nach dem Gesetz durch das Los zugefallen sind, gegen den verhandelt, der mit einer Waffe umhergegangen ist, um einen Menschen zu töten oder einen Raub zu begehen, der einen Menschen getötet hat oder durch dessen Arglist dies bewirkt worden ist. Dies Gesetz stellt nicht jeden, der mit einer Waffe umhergegangen ist, unter Strafe; es weist vielmehr nur den in die Schranken, der eine Waffe bei sich führt, um einen Menschen zu töten oder einen Raub zu begehen. Es schreitet weiterhin gegen den ein, der einen Menschen getötet hat, ohne Angabe, welche personenrechtliche Stellung derselbe haben müsse, so daß das Gesetz offensichtlich auch Sklaven und Ausländer schützt.

Daß man beim Tötungsdelikt auf den Unterschied zwischen Unfall und Absicht achten muß, wird durch einen Bescheid Hadrians bestätigt. Er lautet: «Auch wer einen Menschen getötet hat, pflegt freigesprochen zu werden, sofern er die Tat ohne Tötungsabsicht begangen hat; und wer keine Tötung begangen, aber zu töten beabsichtigt hat, wird als Totschläger bestraft. Man muß daher den Tatumständen entsprechend urteilen. Hat Epafroditus mit einem eisernen Gegenstand zugeschlagen? Hat er nämlich ein Schwert geschwungen oder mit einem Spieß gestoßen, wie kann dann zweifelhaft sein, daß er in Tötungsabsicht zugeschlagen hat? Schlug er mit einem Schlüssel oder mit

aut cucuma aut, cum forte rixaretur, ferro percussit, sed non occidendi mente. Ergo hoc exquirite et, si voluntas occidendi fuit, ut homicidam servum supplicio summo iure iubete affici.» . . .

Cum quidam per lasciviam causam mortis praebuisset, comprobatum est factum Taurini Egnati proconsulis Baeticae a divo Hadriano, quod eum in quinquennium relegasset. Verba consultationis et rescripti ita se habent: «Inter Claudium, optime imperator, et Euaristum cognovi, quod Claudius Lupi filius in convivio, dum sago iactatur, culpa Mari Euaristi ita male acceptus fuerit, ut post diem quintum moreretur. Atque adparebat nullam inimicitiam cum Euaristo ei fuisse. Tamen cupiditatis culpa coercendum credidi, ut ceteri eiusdem aetatis iuvenes emendarentur. Ideoque Mario Euaristo urbe Italia provincia Baetica in quinquennium interdixi et decrevi, ut impendi causa duo milia sestertium patri eius persolveret Euaristus, quod manifesta eius fuerat paupertas. Velis rescribere.» Verba rescripti: «Poenam Mari Euaristi recte, Taurine, moderatus es ad modum culpae: refert enim et in maioribus delictis, consulto aliquid admittatur an casu.» Et sane in omnibus criminibus distinctio haec poenam aut iustam provocare debet aut temperamentum admittere.

## Der Silanische Senatsbeschluß

*Tacitus, Annales XIV* [105]

Haud multo post praefectum urbis Pedanium Secundum servus ipsius interfecit,
168 seu negata libertate, cui pretium pepigerat,
169 sive amore exoleti incensus et dominum

einem Kochtopf, als er zufällig in Streit geraten war, dann hat er zwar mit einem Eisen geschlagen, aber nicht in Tötungsabsicht. Dies also ermittelt; und wenn eine Tötungsabsicht bestanden hat, so befehlt, daß an dem Totschläger, der Sklave war, von Rechts wegen die äußerste Strafe[416] vollzogen wird.»

Als jemand aus Leichtfertigkeit den Tod eines anderen verursacht hatte, da wurde das Vorgehen des Taurinus Egnatius, des Statthalters der Provinz Südspanien, vom göttlichen Hadrian gebilligt: er hatte den Täter für fünf Jahre verbannt. Anfrage und Bescheid haben folgenden Wortlaut: «Zu dem Zwischenfall zwischen Claudius, erhabenster Kaiser, und Euaristus habe ich festgestellt, daß Claudius, der Sohn des Lupus, während einer Zecherei, als man ihn mit einem Mantel hochprellte, durch die Schuld des Marius Euaristus so schlecht aufgefangen wurde, daß er fünf Tage später starb. Und es stellte sich heraus, daß er nicht mit Euaristus verfeindet gewesen war. Trotzdem habe ich geglaubt, Euaristus wegen seines unverantwortlichen Übermuts maßregeln zu sollen, damit sich die übrigen jungen Leute dieses Alters in acht nehmen. Deshalb habe ich Marius Euaristus aus Rom, Italien und der Provinz Südspanien für fünf Jahre verbannt und angeordnet, daß er dem Vater des Claudius zur Erstattung von Unkosten[417] 2000 Sesterzen zahlen soll, da seine Armut offenkundig war. Ich bitte um einen Bescheid.» Hier der Wortlaut des Bescheides: «Die Strafe für Marius Euaristus hast du richtig festgesetzt, Taurinus, nach dem Maße seiner Schuld; es macht nämlich auch bei größeren Vergehen einen Unterschied, ob eine Tat absichtlich begangen wird oder ein Unfall vorliegt.» Und allerdings: bei allen Verbrechen muß dieser Unterschied entweder zur gesetzlichen Strafe führen[418] oder eine Milderung nahelegen[419].

*Tacitus, Annalen Buch 14*

Nicht viel später[420] hat den Stadtpräfekten Pedanius Secundus einer von dessen eigenen Sklaven ermordet, sei es, daß er die Freiheit nicht erhielt, für die er schon einen Preis ausbedungen hatte, sei es, daß er von Liebe zu einem Lustknaben entbrannt

aemulum non tolerans. Ceterum cum vetere ex more familiam omnem, quae sub eodem tecto mansitaverat, ad supplicium agi oporteret, concursu plebis, quae tot innoxios protegebat, usque ad seditionem ventum est senatusque obsessus, in quo ipso erant studia nimiam severitatem aspernantium, pluribus nihil mutandum censentibus. Ex quis C. Cassius sententiae loco in hunc modum disseruit:

«Saepe numero, patres conscripti, in hoc ordine interfui, cum contra instituta et leges maiorum nova senatus decreta postularentur; neque sum adversatus, non quia dubitarem super omnibus negotiis melius atque rectius olim provisum et quae converterentur in deterius mutari, sed ne nimio amore antiqui moris studium meum extollere viderer. Simul quidquid hoc in nobis auctoritatis est, crebris contradictionibus destruendum non existimabam, ut maneret integrum, si quando res publica consiliis eguisset. Quod hodie venit consulari viro domi suae interfecto per insidias servilis, quas nemo prohibuit aut prodidit quamvis nondum concusso senatus consulto, quod supplicium toti familiae minitabatur. Decernite hercule impunitatem: at quem dignitas sua defendet, cum praefecto urbis non profuerit? Quem numerus servorum tuebitur, cum Pedanium Secundum quadringenti non protexerint? Cui familia opem feret, quae ne in metu quidem pericula nostra advertit? An, ut quidam fingere non erubescunt, iniurias suas ultus est interfector, quia de paterna pecunia transegerat aut
170 avitum mancipium detrahebatur? Pronun-
171 tiemus ultro dominum iure caesum videri.

war und den Herrn nicht als Nebenbuhler ertragen konnte. Als nun nach alter Sitte[421] die ganze Dienerschaft, die unter demselben Dache gelebt hatte, zur Hinrichtung geführt werden sollte, da rottete sich das Volk, das die vielen Unschuldigen schützen wollte, zusammen, so daß es zum Aufruhr und zur Einschließung des Senats kam, und auch dort gab es Bemühungen von Leuten, welche die allzu große Strenge ablehnten, wobei allerdings die Mehrheit meinte, man dürfe nichts ändern. Aus ihrer Mitte ließ sich Gaius Cassius[422] bei der Äußerung seiner Meinung wie folgt vernehmen:

«Schon oft, versammelte Väter, war ich in diesem Kollegium zugegen, als gegen die Einrichtungen und Gesetze unserer Vorfahren[423] neue Senatsbeschlüsse beantragt wurden, und ich habe mich nicht widersetzt, nicht weil ich daran gezweifelt hätte, daß man einst in allen Angelegenheiten besser und richtiger Vorsorge getroffen habe und daß sich, was man ändere, verschlechtern müsse, sondern um nicht den Anschein zu erwecken, als wolle ich durch allzu große Liebe zur alten Sitte meine Gesinnung herausstreichen. Zugleich glaubte ich das bißchen Ansehen, das ich genieße, nicht durch allzu häufiges Widersprechen zunichte machen zu dürfen, damit es unversehrt bleibe für den Fall, daß der Staat einmal meiner Ratschläge bedürfe. Dies ist heute eingetreten, da ein ehemaliger Konsul in seinem eigenen Hause der Heimtücke eines Sklaven erlag, die niemand verhinderte oder verriet, obwohl der Senatsbeschluß noch unerschüttert war, der die ganze Dienerschaft mit dem Tode bedrohte. Beschließt, beim Herkules, Straflosigkeit: doch wen wird dann sein Ansehen schützen, wenn es dem Stadtpräfekten nicht genützt hat? Wem wird die Zahl der Sklaven Sicherheit schenken, wenn für Pedanius Secundus vierhundert nicht ausgereicht haben? Wem wird die Dienerschaft noch helfen, wenn sie nicht einmal in Furcht auf die Gefahren achtet, die uns drohen? Oder hat, wie einige sich auszudenken nicht erröten, der Mörder Unrecht vergolten, das ihm widerfahren war, weil er einen Vertrag geschlossen hatte, der das väterliche Vermögen betraf, oder weil ihm ein vom Großvater ererbter Sklave vorenthalten wurde[424]? Sprechen wir also aus, der Herr sei offenbar zu Recht getötet worden!

Libet argumenta conquirere in eo, quod sapientioribus deliberatum est? Sed et si nunc primum statuendum haberemus, creditisne servum interficiendi domini animum sumpsisse, ut non vox minax excideret, nihil per temeritatem proloqueretur? Sane consilium occultavit, telum inter ignaros paravit: num excubias transire, cubiculi foris recludere, lumen inferre, caedem patrare poterat omnibus nesciis? Multa sceleris indicia praeveniunt: servi si prodant, possumus singuli inter pluris, tuti inter anxios, postremo, si pereundum sit, non inulti inter nocentis agere.

Suspecta maioribus nostris fuerunt ingenia servorum, etiam cum in agris aut domibus isdem nascerentur caritatemque dominorum statim acciperent. Postquam vero nationes in familiis habemus, quibus diversi ritus, externa sacra aut nulla sunt, conluviem istam non nisi metu coercueris. At quidam insontes peribunt. Nam et ex fuso exercitu cum decimus quisque fusti feritur, etiam strenui sortiuntur. Habet aliquid ex iniquo omne magnum exemplum, quod contra singulos utilitate publica rependitur.»

Sententiae Cassii ut nemo unus contra ire ausus est, ita dissonae voces respondebant numerum aut aetatem aut sexum ac plurimorum indubiam innocentiam miserantium; praevaluit tamen pars quae supplicium decernebat. Sed obtemperari non poterat conglobata multitudine et saxa ac faces minante. Tum Caesar populum edicto increpuit atque omne iter, quo damnati ad poenam ducebantur, militaribus praesidiis saepsit. Censuerat Cingonius Varro,

Soll man Gründe zusammensuchen in einer Sache, die von Klügeren erwogen worden ist? Doch wenn wir jetzt zum ersten Male etwas zu beschließen hätten: glaubt ihr, daß ein Sklave den Mut aufgebracht hätte, seinen Herrn zu ermorden, ohne daß er ein drohendes Wort hätte fallen lassen, ohne sich aus Unbedachtsamkeit zu verplappern? Doch gut, er hielt seinen Plan geheim, er legte die Waffe unter Ahnungslosen bereit: konnte er etwa die Wachen passieren, die Schlafzimmertür öffnen, Licht herbeitragen und den Mord ausführen, ohne daß jemand etwas merkte? Viele Anzeichen gehen einem Verbrechen voraus: wenn die Sklaven uns davon Mitteilung machen, dann können wir, allein unter den vielen, in Sicherheit unter den Angsterfüllten leben oder schließlich, wenn wir denn sterben müssen, nicht ungesühnt unter den Mitschuldigen bleiben. Verdächtig war unseren Vorfahren die Wesensart der Sklaven, auch als sie noch auf denselben Gütern oder in denselben Häusern geboren wurden und alsbald in den Genuß der Zuneigung ihrer Herren kamen. Nachdem wir aber Angehörige von Völkern in unserer Dienerschaft haben, die andere Bräuche und eine fremdartige Religion oder gar keine haben, können wir dies Gesindel nur noch durch Furcht im Zaume halten. Gewiß, es werden einige Unschuldige sterben müssen. Doch wenn von einer geschlagenen Truppe jeder zehnte mit dem Knüppel niedergemacht wird, dann ziehen auch Tapfere das Los. Es ist ein Stück Ungerechtigkeit in jedem großen Exempel enthalten; es trifft die einzelnen, doch dies wird durch den Nutzen für die Allgemeinheit aufgewogen.»

Der Meinung des Cassius wagte zwar kein einziger unverhohlen zu widersprechen. Immerhin meldeten sich auch abweichende Stimmen zu Wort, die mit Bedauern auf die Zahl oder das Alter oder das Geschlecht oder die unbezweifelbare Unschuld der meisten hinwiesen; doch überwog die Partei, die für die Hinrichtung eintrat. Aber man konnte nicht Folge leisten, da sich eine Menge zusammengerottet hatte, die mit Steinen und Fackeln drohte. Da erteilte der Kaiser[425] dem Volk in einem Erlaß eine Rüge, und er ließ den ganzen Weg, auf dem die Verurteilten zur Hinrichtung geführt werden sollten, durch Militärposten absperren. Cingonius Varro hatte noch den

ut liberti quoque, qui sub eodem tecto fuissent, Italia deportarentur. Id a principe prohibitum est, ne mos antiquus, quem misericordia non minuerat, per saevitiam intenderetur.

*Callistratus, De cognitionibus V* *[106]*
Divus Marcus cum Commodo Pisoni rescripsit in haec verba: «Cum constiterit apud te, Piso carissime, Iulium Donatum, posteaquam conterritus adventu latronum profugerat villam suam, vulneratum esse, mox testamento facto purgasse officium servorum suorum, nec pietas pro servis nec sollicitudo heredis obtinere debet, ut ad poenam vocentur, quos absolvit dominus ipse.»

## Astrologie

*Ulpianus, De officio proconsulis VII* *[107]*
Praeterea interdictum est mathematicorum callida impostura et obstinata persuasione. Nec hodie primum interdici eis placuit, sed vetus haec prohibitio est; denique exstat senatus consultum Pomponio et Rufo consulibus factum, quo cavetur, ut mathematicis Chaldaeis ariolis et ceteris, qui simile inceptum fecerunt, aqua et igni interdicatur omniaque bona eorum publicentur, et si externarum gentium quis id fecerit, ut in eum animadvertatur.

Sed fuit quaesitum, utrum scientia huiusmodi hominum puniatur, an exercitio et professio. Et quidem apud veteres dicebatur professionem eorum, non notitiam esse prohibitam; postea variatum. Nec dissimulandum est nonnumquam inrepsisse in

Antrag gestellt, daß die Freigelassenen, die unter demselben Dache gelebt hatten, aus Italien zu verweisen seien. Das wurde vom Kaiser verhindert, damit nicht die alte Sitte, welche das Mitleid nicht gemildert hatte, noch durch Grausamkeit verschärft werde.

*Callistratus, Über die Gerichtsbarkeit Buch 5*
Der göttliche Mark Aurel nebst Commodus[426] gab Piso[427] einen Bescheid, der folgenden Wortlaut hatte: «Da du dich davon überzeugt hast, teuerster Piso, daß Julius Donatus seine Wunden empfing, als er vor eindringenden Räubern entsetzt aus seinem Landgut geflohen war, und bald darauf in seinem Testament die Treue seiner Sklaven anerkannt hat, darf weder der Wunsch des Erben, die Sklaven büßen zu lassen, noch seine Ängstlichkeit es dahin bringen, daß denen Strafe droht, die der Herr selber freigesprochen hat.»

*Ulpian, Über die Aufgaben des Statthalters Buch 7*
Außerdem ist der schlaue Betrug und die hartnäckige Überredungskunst der Astrologen untersagt. Und nicht erst heute hielt man es für richtig, ihr Tun zu untersagen; dieses Verbot ist vielmehr alt.

Schließlich gibt es einen Senatsbeschluß, der unter dem Konsulat von Pomponius und Rufus[428] ergangen ist und anordnet, die Astrologen, Chaldäer, Wahrsager und andere, die sich zu einem derartigen Unterfangen verstehen, aus dem Reich zu verbannen und ihr Vermögen einzuziehen und, sofern es ein Ausländer ist, der sich dies herausnimmt, ihn zu bestrafen.

Man hat indes erörtert, ob das Wissen dieser Leute bestraft wird oder die berufsmäßige Ausübung. So hieß es denn bei den Alten, der Beruf, nicht die Kenntnis sei verboten;

später war man anderer Ansicht. Allerdings darf man nicht verschweigen, daß sich bisweilen die Gewohnheit eingeschlichen hat, sogar

usum, ut etiam profiterentur et publice se praeberent. Quod quidem magis per contumaciam et temeritatem eorum factum est, qui visi erant vel consulere vel exercere, quam quod fuerat permissum.

Saepissime denique interdictum est fere ab omnibus principibus, ne quis omnino huiusmodi ineptiis se immisceret, et varie puniti sunt ii qui id exercuerint, pro mensura scilicet consultationis. Nam qui de principis salute, capite puniti sunt vel qua alia poena graviore adfecti; enimvero si qui de sua suorumque, levius. Inter hos habentur vaticinatores, quamquam ii quoque plectendi sunt, quoniam nunnumquam contra publicam quietem imperiumque populi Romani improbandas artes exercent.

Exstat denique decretum divi Pii ad Pacatum legatum provinciae Lugudunensis, cuius rescripti verba quia multa sunt, de fine eius ad locum haec pauca subieci. Denique divus Marcus eum, qui motu Cassiano vaticinatus erat et multa quasi instinctu deorum dixerat, in insulam Syrum relegavit. Et sane non debent impune ferre huiusmodi homines, qui sub obtentu ex monito deorum quaedam vel enuntiant vel iactant vel scientes confingunt.

## Manichäismus

*Imperatores Diocletianus et Maximianus Augusti et Constantius et Maximianus nobilissimi Caesares*
*Iuliano proconsuli Africae* [108]

Otia maxima interdum homines in commu-
176 nione condicionis naturae humanae modum
177 excedere hortantur et quaedam genera in-

einen Beruf daraus zu machen und öffentlich seine Dienste anzubieten. Dahin hat es mehr die Hartnäckigkeit und Dreistigkeit derer gebracht, die als Fragesteller oder Ausübende in Erscheinung traten, als daß es erlaubt gewesen wäre.

Schließlich ist sehr oft von nahezu allen Kaisern verordnet worden, daß sich ausnahmslos niemand mit derlei Torheiten befassen dürfe, und mannigfaltig wurde bestraft, wer sich als Astrologe betätigt hat, und zwar nach der Bedeutung der Beratung. Denn wenn jemand über das Ergehen des Kaisers die Zukunft befragte, dann wurde auf Hinrichtung[429] oder eine andere, schwerere Strafe[430] erkannt;

wenn es jedoch nur um das eigene Ergehen und um das der Angehörigen ging, dann war die Strafe leichter. Hierzu rechnet man die Seher, wiewohl auch sie bestraft werden müssen, da sie ihre mißbilligenswerten Künste bisweilen gegen die öffentliche Ruhe und die Herrschaftsgewalt des römischen Volkes anwenden.

Schließlich gibt es eine Entscheidung des göttlichen Antoninus Pius an Pacatus[431], den Statthalter von Mittelgallien; da der Bescheid sehr wortreich ist, habe ich hier nur einiges wenige aus dem Schlußteil angefügt. Ferner hat der göttliche Mark Aurel jemanden, der während des Cassianischen Putsches[432] geweissagt und wie von den Göttern getrieben vieles geredet hatte, auf die Insel Syros[433] verbannt. In der Tat dürfen solche Leute nicht ungestraft davonkommen, die angeblich auf Grund einer göttlichen Weisung bestimmte Dinge verkünden oder daherreden oder wissentlich erfinden.

*Die Kaiser Diokletian und Maximian*
*und die sehr edlen Vizekaiser*
*Konstantius und Galerius*
*an Julian, den Statthalter von Afrika*

Reichliche Muße, im Verein mit den Anlagen der menschlichen Natur, treibt die Menschen bisweilen an, das Maß zu überschreiten, und ermuntert sie dazu, allerlei ebenso nichtige wie

anissima ac turpissima doctrinae superstitionis inducere suadent, ut sui erroris arbitrio pertrahere et alios multos videantur, Iuliane karissime. Sed dii immortales providentia sua ordinare et disponere dignati sunt, quae bona et vera sunt, ut multorum et bonorum et egregiorum virorum et sapientissimorum consilio et tractatu inlibata probarentur et statuerentur, quibus nec obviam ire nec resistere fas est, neque reprehendi a nova vetus religio deberet. Maximi enim criminis est retractare, quae semel ab antiquis statuta et definita suum statum et cursum tenent ac possident.

Unde pertinaciam pravae mentis nequissimorum hominum punire ingens nobis studium est. Hi enim, qui novellas et inauditas sectas veteribus religionibus opponunt, ut pro arbitrio suo pravo excludant, quae divinitus concessa sunt quondam nobis, de quibus sollertia tua serenitati nostrae rettulit, Manichaei: audivimus eos nuperrime veluti nova et inopinata prodigia in hunc mundum de Persica adversaria nobis gente progressa vel orta esse et multa facinora ibi committere, populosque namque quietos perturbare nec non et civitatibus maxima detrimenta inserere. Et verendum est, ne forte, ut fieri adsolet, accedenti tempore conentur per exsecrandas consuetudines et scaevas leges Persarum innocentioris naturae homines, Romanam gentem modestam atque tranquillam et universum orbem nostrum veluti venenis de suis malivolis inficere.

Et quia omnia, quae pandit prudentia tua in relatione religionis illorum, genera male-
178 ficiorum statutis evidentissime sunt exqui-
179 sita et inventa commenta, ideo aerumnas

schändliche Lehren des Aberglaubens zu verbreiten, so daß sie nach der Willkür ihres eigenen Irrtums offensichtlich auch viele andere mitreißen, teuerster Julian. Doch die unsterblichen Götter haben sich in ihrer Voraussicht bereit gefunden, zu bestimmen und festzusetzen, was gut und wahr ist, so daß durch die Empfehlungen und Erörterungen vieler rechtschaffener und ausgezeichneter und hochweiser Männer unverfälscht gebilligt und zum Ausdruck gebracht worden ist, welchen Dingen man nicht entgegentreten oder sich widersetzen darf, so daß es nicht angeht, daß die alte Religion von einer neuen verworfen wird. Denn es ist ein sehr schlimmes Verbrechen, anzutasten, was, nachdem es einmal von den Alten eingerichtet und festgesetzt worden ist, seine Verfassung und vorgeschriebene Bahn einhält und befolgt.

Daher ist es für uns ein wichtiges Anliegen, den verwerflichen Eigensinn dieser äußerst schändlichen Menschen zu bestrafen. Denn sie, die neuartige und unerhörte Lehren den alten Götterdiensten entgegensetzen, um nach ihrer verwerflichen Willkür auszuschließen, was uns einst von seiten der Götter zugestanden worden ist, worüber dein Eifer unserer Glückseligkeit[434] berichtet hat:

von ihnen, den Manichäern, vernahmen wir, daß sie unlängst wie neue und unvermutete Ungeheuer von den Persern, unseren Feinden, in diese Welt vorgedrungen oder aufgebrochen sind und daß sie hier vielerlei Untaten begehen, indem sie friedliche Völkerschaften in Verwirrung bringen und auch in den Städten größtes Unheil stiften.

Und es ist zu befürchten, daß sie im Laufe der Zeit, wie es zu geschehen pflegt, versuchen, mit Hilfe der fluchwürdigen Gewohnheiten und absonderlichen Gesetze der Perser uns Menschen von unschuldigerer Wesensart, das maßvolle und ruhige Römervolk und unseren ganzen Kulturkreis mit ihren Bösartigkeiten wie mit Giften zu verpesten.

Und weil alles, wovon deine Umsicht in deinem Bericht über ihre Religion handelt, im Sinne der Bestimmungen ganz offensichtlich als Verbrechen ermittelt und für Betrug befunden worden ist, setzen wir die gebührenden und ihrer würdigen

atque poenas debitas et condignas illis statuimus. Iubemus namque auctores quidem ac principes una cum abominandis scripturis eorum severiori poenae subici, ita ut flammeis ignibus exurantur. Consentaneos vero et usque adeo contentiosos capite puniri praecipimus, et eorum bona fisco nostro vindicari sancimus. Si qui sane etiam honorati aut cuiuslibet dignitatis vel maiores personae ad adhuc inauditam et turpem atque per omnia infamem sectam vel ad doctrinam Persarum se transtulerint, eorum patrimonia fisco nostro adsociari facies, ipsos quoque Phaenensibus vel Proconnensibus metallis dari. Uti igitur stirpitus amputari lues haec nequitiae de saeculo beatissimo nostro possit, devotio tua iussis ac statutis tranquillitatis nostrae maturet obsecundare.

Data pridie kalendas Apriles Alexandriae.

## Christentum

*Passio sanctae Crispinae* [109]

Diocletiano novies et Maximiano octies Augustis consulibus, die nonarum Decembrium aput coloniam Thebestinam in secretario pro tribunali adsidente Anullino proconsule commentariense officium dixit: «Thagorensis Crispina, quae legem dominorum nostrorum principum contempsit, si iusseris, audiatur.» Anullinus proconsul dixit: «Inducatur.» Ingressa itaque Crispina Anullinus proconsul dixit: «Praecepti sacri cognovisti sententiam?» Crispina respondit: «Quid praeceptum sit, nescio.» Anullinus dixit: «Ut omnibus diis nostris pro salute princi-
180 pum sacrifices, secundum legem datam a do-
181 minis nostris Diocletiano et Maximiano piis

Maßregeln und Strafen fest. Denn wir befehlen, die Urheber und Anführer zusammen mit ihren abscheulichen Schriften einer strengeren Bestrafung zu unterziehen in der Weise, daß man sie in Feuerflammen verbrennen läßt. Anhänger aber, die noch immer uneinsichtig sind, sollen mit dem Tode bestraft und ihr Vermögen von unserer Staatskasse eingezogen werden.

Wenn sich aber auch Standespersonen oder Leute von irgendeinem Rang oder Höhergestellte auf die bislang unerhörte, schimpfliche und in jeder Hinsicht widerwärtige Glaubensgemeinschaft oder Lehre der Perser eingelassen haben, dann wirst du dafür sorgen, daß ihr Vermögen in unsere Staatskasse gelangt und sie selbst den Phänensischen oder Proconnensischen Bergwerken[435] überantwortet werden. Damit nun diese Pest der Nichtsnutzigkeit mit der Wurzel aus unserem so überaus glücklichen Zeitalter getilgt werden kann, möge deine Ergebenheit eilends den Befehlen und Anordnungen unserer Friedfertigkeit Folge leisten.

Gegeben am 31. März zu Alexandria[436].

*Die Leidensgeschichte der Heiligen Crispina*

Als Kaiser Diokletian zum neunten und Kaiser Maximian zum achten Male Konsul waren[437], am 5. Dezember, saß der Statthalter Anullinus[438] in der Stadt Tebessa[439] auf dem Tribunal des Gerichtssaales zu Gericht.

Der Protokollführer sprach: «Crispina aus Thagora[440], die das Gesetz unserer kaiserlichen Herren mißachtet hat, soll, wenn du befiehlst, gehört werden.» Der Statthalter Anullinus sprach: «Man führe sie herein.» Als Crispina nun eingetreten war, sprach der Statthalter Anullinus: «Du kennst den Inhalt der allerhöchsten Vorschrift?»

Crispina antwortete: «Ich weiß nicht, um welche Vorschrift es sich handelt.» Anullinus sprach: «Daß du allen unseren Göttern für das Heil der Kaiser opfern sollst gemäß dem Gesetz[441], das unsere Herren, die gnädigen Kaiser Diokletian und Maximian und die

Augustis et Constantio et Maximo nobilissimis Caesaribus.» Crispina respondit: «Numquam sacrificavi nec sacrifico nisi uni et vero deo et domino nostro Iesu Christo filio eius, qui natus et passus est.» Anullinus proconsul dixit: «Amputa superstitionem et subiuga caput tuum ad sacra deorum Romanorum.» Crispina respondit: «Cotidie adoro deum meum omnipotentem; praeter eum nullum alium deum novi.» Anullinus dixit: «Dura es et contemptrix, et incipies vim legum invita sustinere.» Crispina respondit: «Quicquid emerserit, pro fide mea quam teneo, libenter patior.» Anullinus dixit: «Vanitas est animi tui, ut non iam dimissa superstitione sacra numina venereris.» Crispina respondit: «Cotidie veneror, sed deum vivum et verum, qui est dominus meus, praeter quem alium non novi.» Anullinus dixit: «Ego sacrum praeceptum offero, quod observes.« Crispina respondit: «Praeceptum observabo, sed domini mei Iesu Christi.» Anullinus proconsul dixit: «Caput tibi amputari praecipio, si non obtemperaveris praeceptis imperatorum dominorum nostrorum, quibus deservire cogeris subiugata: quod et omnis Africa sacrificia fecit, nec tibi dubium est.» Crispina respondit: «Numquam bene sit illis, ut me daemoniis faciant sacrificare, nisi uni deo, qui fecit caelum et terram, mare et omnia quae in eis sunt.»

Anullinus dixit: «Ergo isti dii a te non sunt accepti? Quibus cogeris exhibere famulatum, ut salva pervenias ad devotionem.» Crispina respondit: «Nulla devotio est, quae opprimi cogit invitos.» Anullinus dixit:
182 «Sed ut iam devota sis, quaerimus, ut in
183 templis sacris flexo capite diis Romanorum

sehr edlen Vizekaiser Konstantius und Galerius erlassen haben.» Crispina antwortete: «Nie habe ich geopfert noch werde ich je opfern, es sei denn, dem einen und wahren Gott und unserm Herrn Jesus Christus, seinem Sohn, der geboren wurde und gelitten hat.» Der Statthalter Anullinus sprach: «Wirf den Aberglauben von dir und beuge dein Haupt dem Kult der römischen Götter.» Crispina antwortete: «Täglich bete ich zu meinem Gott, dem Allmächtigen; außer ihm kenne ich keinen anderen Gott.»

Anullinus sprach: «Du bist hartnäckig und uneinsichtig, und bald wirst du die Gewalt der Gesetze über dich ergehen lassen müssen.» Crispina antwortete: «Was immer kommen mag, wegen des Glaubens, zu dem ich mich bekenne, will ich's gerne erleiden.» Anullinus sprach: «Verblendung deiner Seele ist's, daß du den Aberglauben noch immer nicht preisgibst und die heiligen Gottheiten verehrst.» Crispina antwortete: «Tagtäglich verehre ich – aber nur den lebendigen und wahren Gott, der mein Herr ist, außer dem ich keinen anderen kenne.» Anullinus sprach: «Ich verweise auf die allerhöchste Vorschrift, die du befolgen mußt.» Crispina antwortete: «Ich werde die Vorschrift befolgen – die meines Herrn Jesus Christus.»

Der Statthalter Anullinus sprach: «Ich werde dich enthaupten lassen, wenn du nicht den Vorschriften der Kaiser, unserer Herren, gehorchen willst, denen du dich fügen und unterwerfen mußt: Ganz Afrika hat Opfer dargebracht, wie du sehr wohl weißt.» Crispina antwortete: «Denen soll es nie zum Guten ausschlagen, daß sie mich veranlassen wollen, den Dämonen zu opfern – es sei denn dem einen Gott, der Himmel und Erde geschaffen hat, das Meer und alles, was darin ist.»

Anullinus sprach: «Also werden diese Götter von dir nicht anerkannt? Du bist gezwungen, ihnen zu dienen, damit du überhaupt noch lebend deiner Frömmigkeit nachgehen kannst.» Crispina antwortete: «Es gibt keine Frömmigkeit, die dazu zwingt, Menschen gegen ihren Willen zu unterdrücken.» Anullinus sprach:

«Wir verlangen doch nur, daß du fromm bist: daß du in den heiligen Tempeln gesenkten Hauptes den Göttern der

tura immoles.» Crispina respondit: «Hoc non feci aliquando, ex quo nata sum, nec novi nec facio, usquequo vixero.» Anullinus dixit: «Sed fac, si vis a legum severitate immunis evadere.» Crispina respondit: «Quod dicis non timeo; hoc nihil est; deus autem qui est in caelis, si consensero esse sacrilega, simul me perdet, ut non inveniar in illo die venturo.» Anullinus dixit: «Sacrilega non eris, si sacris obtemperes iussionibus.» Crispina respondit: «Dii, qui non fecerunt caelum et terram, pereant! Ego sacrifico deo aeterno, permanenti in saecula saeculorum, qui est deus verax et metuendus, qui fecit mare et herbas virides et aridam terram; homines autem facti ab ipso quid mihi possunt praestare?» Anullinus proconsul dixit: «Cole religionem Romanam, quam et domini nostri invictissimi Caesares et nos ipsi observamus.» Crispina respondit: «Iam saepius tibi dixi, quibus volueris subicere tormentis, parata sum sustinere, quam anima mea polluatur in idolis, quae sunt lapides et figmenta manu hominum facta.» Anullinus dixit: «Blasphemiam loqueris, nam non prosequeris, quod saluti tuae conveniat.»

Et adiecit Anullinus proconsul commentariensi officio dicens: «Ad omnem deformationem deducta a novacula ablatis crinibus decalvetur, ut eius primum facies ad ignominiam deveniat.» Crispina respondit: «Loquantur ipsi dii, et credo. Ego si salutem non quaererem, audienda ante tribunal tuum non essem.» Anullinus dixit: «Diu vivere desideras aut mori in poenis sicut et ceterae consortes tuae?» Crispina respondit:
184 «Si mori vellem et in interitum animam
185 meam tradere in ignem aeternum, iam tuis

Römer Weihrauch opferst.» Crispina antwortete: «Dies habe ich nie getan, seit ich geboren bin, und weiß nichts davon, und ich werde es nicht tun, solange ich lebe.» Anullinus sprach: «Tu's jetzt, wenn du der Strenge der Gesetze ohne Schaden entrinnen willst.» Crispina antwortete: «Was du sagst, fürchte ich nicht; das ist nichts; Gott aber, der im Himmel ist, der wird mich, wenn ich mich zu einem Frevel bereit finde, sofort vernichten, so daß ich an dem Tage, der da kommen wird, nicht zu finden bin.» Anullinus sprach: «Du begehst keinen Frevel, wenn du den allerhöchsten Befehlen gehorchst.» Crispina antwortete: «Die Götter, die Himmel und Erde nicht geschaffen haben, mögen zugrunde gehen! Ich opfere nur dem ewigen Gotte, der da bleibt für alle Zeiten, der der wahre Gott ist, den man fürchten muß, der das Meer und die grünen Pflanzen und das trockene Land geschaffen hat; doch Menschen, die von ihm geschaffen sind: was können die mir antun?»

Der Statthalter Anullinus sprach: «Achte die römische Religion, die unsere Herren, die unbesiegbaren Kaiser, und auch wir selbst verehren.» Crispina antwortete: «Ich habe dir schon mehrmals gesagt: welchen Foltern du mich auch unterwerfen willst, ich bin bereit, sie zu ertragen, statt daß meine Seele durch Götzenbilder befleckt wird, die nur Steine sind und Erzeugnisse von Menschenhand.» Anullinus sprach: «Du sprichst eine Lästerung aus. Denn du willst nicht vollziehen, was deinem Wohl dienen würde.»

Und der Statthalter Anullinus fügte hinzu, indem er sich an den Protokollführer wandte: «Sie ist gänzlich zu entstellen, die Haare sind mit dem Rasiermesser zu entfernen und das Haupt kahl zu scheren, damit sich zunächst einmal ihre Schönheit in Häßlichkeit verwandelt[442].» Crispina antwortete: «Laß deine Götter sprechen, und ich will glauben. Wenn es mir nicht um mein Heil[443] ginge, dann müßte ich nicht vor deinem Tribunal gehört werden.»

Anullinus sprach: «Willst du lange leben oder willst du sterben in Strafen wie deine Genossinnen?» Crispina antwortete: «Wenn ich sterben und meine Seele dem Verderben im ewigen Feuer ausliefern wollte, dann

daemoniis darem voluntatem meam.» Anullinus dixit: «Caput tibi amputari praecipiam, si venerabiles deos adorare contempseris.» Crispina respondit: «Gratias ago deo meo, si hoc fuero consecuta. Caput meum libentissime pro deo meo perdere desidero; nam vanissimis idolis mutis et surdis non sacrifico.» Anullinus proconsul dixit: «Et omnino in isto sensu tuo stulto persistis?» Crispina respondit: «Deus meus, qui est et qui in aeternum permanet, ipse me iussit nasci, ipse dedit mihi salutem per aquam baptismi salutarem, ipse mecum est adiuvans me et ancillam suam in omnibus confortans, ut sacrilegium non faciat.»

Anullinus dixit: «Quid pluribus sufferimus impiam Christianam? Acta ex codice, quae dicta sunt, relegantur.» Et cum relegerentur, Anullinus proconsul sententiam de libello legit: «Crispina in superstitione indigna perdurans, quae diis nostris sacrificare noluit: secundum Augustae legis mandata caelestia gladio eam animadverti iussi.» Crispina respondit: «Benedico deum, qui sic me de manibus tuis dignatus est liberare. Deo gratias!» Et signans frontem suam signaculum crucis, extendens cervicem suam decollata est pro nomine domini nostri Iesu Christi, cui honor in saecula saeculorum. Amen.

## Kinäden in Rom

*Imperatores Valentinianus, Theodosius*
*et Arcadius Augusti*
*ad Orientium vicarium urbis Romae* [110]

186 Non patimur urbem Romam virtutum om-
187 nium matrem diutius effeminati in viro pu-

gäbe ich meinen Willen jetzt deinen Dämonen preis.» Anullinus sprach: «Ich werde dich enthaupten lassen, wenn du es ablehnst, die ehrwürdigen Götter anzubeten.» Crispina antwortete: «Ich sage meinem Gott Dank, wenn ich das erreicht habe. Mit großen Freuden sehne ich mich danach, mein Haupt für meinen Gott hinzugeben; denn den nichtigen Götzenbildern, die taub und stumm sind, opfere ich nicht.» Der Statthalter Anullinus sprach: «Und du willst ganz und gar an deiner törichten Sinnesart festhalten?»

Crispina antwortete: «Mein Gott, der da ist und in Ewigkeit bleibt, ließ selbst mich geboren werden, er selbst gab mir das Heil durch das heilsame Wasser der Taufe, er selbst ist bei mir, mir zu helfen und seiner Magd in allem Kraft zu verleihen, daß sie keinen Frevel begeht.»

Anullinus sprach: «Was sollen wir die unfromme Christin noch länger ertragen? Man verlese das Verhandlungsprotokoll.» Und nachdem man das verlesen hatte, las der Statthalter Anullinus das schriftlich formulierte Urteil ab: «Da Crispina in unwürdigem Aberglauben verharrt, sie, die unseren Göttern nicht hat opfern wollen, erteile ich gemäß den allerhöchsten Vorschriften des kaiserlichen Gesetzes den Befehl, daß sie mit dem Schwerte hingerichtet wird.» Crispina antwortete: «Ich lobpreise Gott, der die Gnade hat, mich dadurch aus deinen Händen zu befreien. Gott, dir sei Dank!» Und indem sie auf ihrer Stirn das Kreuzzeichen anbrachte und ihren Nacken hinstreckte, wurde sie enthauptet: für den Namen unseres Herrn Jesus Christus, dem Ehre gebührt von Ewigkeit zu Ewigkeit. Amen.

*Die Kaiser Valentinian II., Theodosius und Arcadius*[444]
*an Orientius,*
*den Vikar der Stadt Rom*[445]

Wir dulden nicht, daß die Stadt Rom, die Mutter aller Tugenden, noch länger durch die Befleckung der weibisch gewordenen

doris contaminatione foedari et agreste illud a priscis conditoribus robur fracta molliter plebe tenuatum convicium saeculis vel conditorum inrogare vel principum, Orienti karissime et iucundissime nobis.

Laudanda igitur experientia tua omnes, quibus flagiti usus est virile corpus muliebriter constitutum alieni sexus damnare patientia nihilque discretum habere cum feminis, occupatos, ut flagitii poscit immanitas, atque omnibus eductos, pudet dicere, virorum lupanaribus spectante populo flammae vindicibus expiabit, ut universi intellegant sacrosanctum cunctis esse debere hospitium virilis animae nec sine summo supplicio alienum expetisse sexum, qui suum turpiter perdidisset.

Proposita pridie idus Maias Romae in atrio Minervae Tatiano et Symmacho consulibus.

## Wirtschaftsstrafrecht

*Ulpianus, De officio proconsulis VIII [111]*
Annonam adtemptare et vexare vel maxime dardanarii solent; quorum avaritiae obviam itum est tam mandatis quam constitutionibus. Mandatis denique ita cavetur: «Praeterea debebis custodire, ne dardanarii ullius mercis sint, ne aut ab his, qui coemptas merces supprimunt, aut a locupletioribus, qui fructus suos aequis pretiis vendere nollent, dum minus uberes proventus exspectant, annona oneretur.» Poena autem in hos varie statuitur; nam plerumque, si negotiantes sunt, negotiatione eis tantum interdicitur,
188 interdum et relegari solent, humiliores ad
189 opus publicum dari. Onerant annonam

männlichen Schamhaftigkeit geschändet wird und die bäuerliche Kraft aus der Zeit der einstigen Gründer, durch Verweichlichung des Volkes geschwächt, vor den Jahrhunderten Vorwürfe gegen die Gründer erhebt oder gegen die Kaiser, teuerster und schätzenswertester Orientius. Deine bemerkenswerte Erfahrung wird also alle diejenigen, welche die schändliche Gewohnheit haben, ihren weibisch hergerichteten männlichen Körper zum Erleiden des anderen Geschlechts zu verdammen und sich in nichts mehr von Frauen zu unterscheiden, festnehmen, wie es die Ungeheuerlichkeit ihres schändlichen Tuns verlangt, wird sie aus all den – man schämt sich, es auszusprechen – Männerbordellen hervorholen und sie vor den Augen des Volkes im strafenden Feuer büßen lassen, damit alle einsehen, daß für jedermann die Herberge einer männlichen Seele unverletzlich sein muß[446] und daß nicht ohne die Folge der härtesten Strafe nach dem fremden Geschlecht strebt, der das eigene in Schande verloren hat.

Verkündet am 14. Mai zu Rom, in der Minervahalle[447], unter dem Konsulat des Tatianus und des Symmachus (391).

*Ulpian, Über die Aufgaben des Statthalters Buch 8*
Den Getreidepreis anzutasten und zu verfälschen, ist insbesondere die Gewohnheit der Kornspekulanten, deren Habgier sowohl Weisungen als auch Erlasse entgegengetreten sind. In den Weisungen[448] ist folgendes vermerkt: «Außerdem mußt du darauf achten, daß die Kornspekulanten ohne Ware bleiben, daß weder diejenigen, die aufgekaufte Waren horten, noch auch die Vermögenderen, die ihre Frucht nicht zu angemessenen Preisen verkaufen wollen, um weniger reichliche Ernteerträge abzuwarten, den Getreidepreis in die Höhe treiben.»

Die Strafe wird bei ihnen verschieden bemessen. Denn meistens, wenn es Händler sind, wird ihnen lediglich der Handel untersagt; manchmal kommt es vor, daß sie verbannt und daß Leute niederen Standes zu öffentlichen Arbeiten verurteilt werden. Den

etiam staterae adulterinae, de quibus divus Traianus edictum proposuit, quo edicto poenam legis Corneliae in eos statuit, perinde ac si lege testamentaria, quod testamentum falsum scripsisset signasset recitasset, damnatus esset. Sed et divus Hadrianus eum, qui falsas mensuras habuit, in insulam relegavit.

## ÖFFENTLICHER STRAFPROZESS

### Wer kann angeklagt werden?

*Venuleius Saturninus,*
*De iudiciis publicis II* [112]

Si servus reus postulabitur, eadem observanda sunt, quae si liber esset, ex senatus consulto Cotta et Messala consulibus. Omnibus autem legibus servi rei fiunt excepta lege Iulia de vi privata, quia ea lege damnati partis tertiae bonorum publicatione puniuntur, quae poena in servum non cadit. Idemque dicendum est in ceteris legibus, quibus pecuniaria poena irrogatur vel etiam capitis, quae servorum poenis non convenit, sicuti relegatio. Item nec lex Pompeia parricidii, quoniam caput primum eos adprehendit, qui parentes cognatosque aut patronos occiderint, quae in servos, quantum ad verba pertinet, non cadunt. Sed cum natura communis est, similiter et in eos animadvertetur. Item Cornelia iniuriarum servum non debere recipi reum Cornelius Sulla auctor fuit. Sed durior ei poena extra ordinem imminebit.

Getreidepreis erhöhen auch verfälschte Waagen. Ihretwegen verkündete der göttliche Trajan ein Gesetz, worin er den Täter mit der Strafe des Cornelischen Gesetzes[449] bedrohte, als wäre er nach dem Testamentsgesetz verurteilt worden, weil er ein falsches Testament geschrieben, versiegelt oder verlesen habe. Doch auch der göttliche Hadrian hat jemanden, der falsche Maße hatte, auf eine Insel verbannt.

*Venuleius Saturninus,*
*Über Strafgerichtshöfe Buch 2*
Wenn ein Sklave als Angeklagter vorgeladen wird, dann gilt nach einem Senatsbeschluß unter den Konsuln Cotta und Messala[450] alles ebenso, wie wenn er frei wäre. Auf Grund aller Gesetze[451] können Sklaven angeklagt werden, mit Ausnahme des Julischen Gesetzes über private Gewalttätigkeiten[452], weil die auf Grund dieses Gesetzes Verurteilten mit der Einziehung eines Drittels ihres Vermögens bestraft werden, eine Strafe, die beim Sklaven nicht möglich ist[453]. Dasselbe muß man auch bei den anderen Gesetzen annehmen, die eine Geldstrafe oder auch eine Kapitalstrafe verhängen, die nicht zu den Sklavenstrafen paßt, wie die Verbannung. Ebensowenig gilt für Sklaven das Pompeische Gesetz gegen den Verwandtenmord[454], da sich dessen erstes Kapitel mit denen befaßt, die einen Aszendenten, einen Seitenverwandten oder den Patron getötet haben, was bei Sklaven im engen Wortsinne nicht möglich ist[455]. Doch da die natürlichen Verhältnisse allen gemeinsam sind, wird entsprechend eine Strafe über sie verhängt. Desgleichen darf keine Anklage eines Sklaven auf Grund des Cornelischen Gesetzes über Injurien entgegengenommen werden, wie Cornelius Sulla bestimmt hat[456]. Doch ihm droht eine härtere Strafe in einem außerordentlichen Verfahren.

## Wer kann anklagen?

*Aemilius Macer,*
*De publicis iudiciis II* [113]

Qui accusare possunt, intellegemus, si scierimus, qui non possunt. Itaque prohibentur accusare alii propter sexum vel aetatem, ut mulier, ut pupillus; alii propter sacramentum, ut qui stipendium merent; alii propter magistratum potestatemve, in qua agentes sine fraude in ius evocari non possunt; alii propter delictum proprium, ut infames; alii propter turpem quaestum, ut qui duo iudicia adversus duos reos subscripta habent nummosve ob accusandum vel non accusandum acceperint; alii propter condicionem suam, ut libertini contra patronos.

## Untersuchungshaft

*Ulpianus,*
*De officio proconsulis II/VII* [114]

De custodia reorum proconsul aestimare solet, utrum in carcerem recipienda sit persona an militi tradenda vel sponsoribus committenda vel etiam sibi. Hoc autem vel pro criminis quod obicitur qualitate vel propter honorem aut propter amplissimas facultates vel pro innocentia personae vel pro dignitate eius qui accusatur facere solet.

Divus Pius ad epistulam Antiochensium graece rescripsit non esse in vincula coiciendum eum, qui sponsores dare paratus est, nisi si tam grave scelus admisisse eum constet, ut neque sponsoribus neque militibus committi debeat, verum hanc ipsam carceris poenam ante supplicium sustinere.

*Ämilius Macer,*
*Über Strafgerichtshöfe Buch 2*
Wer anklagen kann, wird uns deutlich, wenn wir wissen, wer es nicht kann[457]. So sind einige wegen ihres Geschlechts oder Alters von Anklagen ausgeschlossen wie die Frau und der Unmündige, andere wegen ihres Fahneneids wie die Kriegsdienstleistenden, andere wegen eines Führungsamtes oder Kommandos, von dessen Ausübung sie nicht ohne Schaden vor Gericht abberufen werden können, andere wegen eines eigenen Vergehens wie die Bescholtenen, andere wegen eines verwerflichen Gewinnes, wie diejenigen, die zwei Anklagen gegen je verschiedene Angeklagte begonnen[458] oder die Geld für eine Anklage oder deren Unterlassung angenommen haben, wieder andere wegen ihrer personenrechtlichen Stellung wie Freigelassene gegenüber ihren Schutzherren.

*Ulpian,*
*Über die Aufgaben des Statthalters Buch 2 und 7*
Was die Bewachung der Angeklagten betrifft, so pflegt der Statthalter abzuwägen, ob die Person in Haft genommen oder einem Soldaten überantwortet oder den Bürgen anheimgegeben werden soll oder auch sich selber.

Dies pflegt er nach der Art des vorgeworfenen Verbrechens zu tun, nach dem Ansehen, nach den Vermögensverhältnissen, nach dem Charakter und nach dem Range des Angeklagten.

Der göttliche Antoninus Pius beschied in griechischer Sprache eine Eingabe der Antiochener[459], daß der nicht in Haft genommen zu werden brauche, der bereit sei, Bürgen zu stellen, es sei denn, daß praktisch feststeht, er habe ein so schweres Verbrechen begangen, daß man ihn weder Bürgen noch Soldaten anheimgeben dürfe, er vielmehr vor der Hinrichtung auch die Haftstrafe zu erdulden habe.

*Marcianus, De iudiciis publicis II* [115]

Divus Hadrianus Iulio Secundo ita rescripsit et alias rescriptum est non esse utique epistulis eorum credendum, qui quasi damnatos ad praesidem remiserint. Idem de irenarchis praeceptum est, quia non omnes ex fide bona elogia scribere compertum est. Sed et caput mandatorum exstat, quod divus Pius, cum provinciae Asiae praeerat, sub edicto proposuit, ut irenarchae, cum adprehenderint latrones, interrogent eos de sociis et receptatoribus et interrogationes litteris inclusas atque obsignatas ad cognitionem magistratus mittant. Igitur qui cum elogio mittuntur, ex integro audiendi sunt, etsi per litteras missi fuerint vel etiam per irenarchas perducti. Sic et divus Pius et alii principes rescripserunt, ut etiam de his, qui requirendi adnotati sunt, non quasi pro damnatis, sed quasi re integra quaeratur, si quis erit qui eum arguat. Et ideo cum quis ἀνάκρισιν faciet, iuberi oportet venire irenarchen et quod scripserit exsequi. Et si diligenter ac fideliter hoc fecerit, conlaudandum eum; si parum prudenter non exquisitis argumentis, simpliciter denotare irenarchen minus recte rettulisse. Sed si quid maligne interrogasse aut non dicta rettulisse pro dictis eum compererit, ut vindicet in exemplum, ne quid et alius posteo tale facere moliatur.

## Freie und unfreie Zeugen

*Aurelius Arcadius qui et Charisius,*
*De testibus* [116]

Testimoniorum usus frequens ac necessarius
194 est et ab his praecipue exigendus, quorum
195 fides non vacillat. Adhiberique testes pos-

*Marcian, Über Strafgerichtshöfe Buch 2*

Der göttliche Hadrian hat dem Julius Secundus einen Bescheid gegeben, wie er auch sonst ergangen ist: daß man nicht ohne weiteres den Begleitschreiben derer glauben dürfe, die Leute als gewissermaßen bereits Verurteilte an den Gouverneur überstellen. Diese Vorschrift gilt auch für Friedenswarte[460], weil sich herausgestellt hat, daß nicht alle ihre Beschuldigungen nach bestem Wissen abfassen. Es gibt jedoch auch in den Weisungen[461] ein Kapitel, das der göttliche Antoninus Pius, als er Statthalter der Provinz Kleinasien war, als Edikt verkündet hat: die Friedenswarte sollten die Räuber, die sie dingfest gemacht hätten, nach Mittätern und Hehlern verhören und die in Protokollen festgehaltenen und versiegelten Verhöre an den Gerichtsherrn[462] senden. Demgemäß ist jemand, der mit Beschuldigung überstellt wird[463], aufs neue zu vernehmen, auch wenn er mit einem Bericht überstellt oder gar vom Friedenswart überbracht wurde. So haben auch der göttliche Antoninus Pius und andere Kaiser beschieden, daß auch deretwegen, die zur Festnahme ausgeschrieben sind, nicht ermittelt werde, als ob sie bereits verurteilt wären, sondern wie bei einem neuen Fall: wie wenn jemand auftritt, der ihn beschuldigt. Wenn daher ein Gerichtsherr seinerseits vernimmt, muß er den Friedenswart kommen und erläutern lassen, was er geschrieben hat. Und wenn er sorgfältig und zuverlässig gearbeitet hat, dann muß man ihn loben; wenn er wenig erfahren die Beweise nicht gesichtet hat, ist eine einfache Rüge am Platz, daß er nicht ordentlich berichtet habe. Doch wenn der Gerichtsherr in Erfahrung bringt, jener habe übelwollende Fragen gestellt oder nicht Ausgesagtes als Aussage mitgeteilt, dann muß er ihn zur Abschreckung bestrafen, damit künftig kein anderer mehr so etwas zu tun wagt.

*Aurelius Arcadius gen. Charisius,*
*Über Zeugen*

Die Verwendung von Zeugenaussagen ist häufig und unvermeidlich; und in erster Linie sind die zur Aussage aufzufordern, deren Glaubwürdigkeit nicht zweifelhaft ist. Zeugen können

sunt non solum in criminalibus causis, sed etiam in pecuniariis litibus, sicubi res postulat, ex his, quibus non interdicitur testimonium nec ulla lege a dicendo testimonio excusantur. Quamquam quibusdam legibus amplissimus numerus testium definitus sit, tamen ex constitutionibus principum haec licentia ad sufficientem numerum coartatur, ut iudices moderentur et eum solum numerum testium, quem necessarium esse putaverint, evocari patiantur, ne effrenata potestate ad vexandos homines superflua multitudo testium protrahatur.

*Ulpianus, De officio proconsulis VIII* [117]

In criminibus eruendis quaestio adhiberi solet. Sed quando vel quatenus id faciendum sit, videamus. Et non esse a tormentis incipiendum et divus Augustus constituit neque adeo fidem quaestioni adhibendam; sed et epistula divi Hadriani ad Sennium Sabinum continetur. Verba rescripti ita se habent: «Ad tormenta servorum ita demum veniri oportet, cum suspectus est reus et aliis argumentis ita probationi admovetur, ut sola confessio servorum deesse videatur.» Idem divus Hadrianus Claudio Quartino rescripsit, quo rescripto illud expressit a suspectissimo incipiendum et a quo facillime posse verum scire iudex crediderit.

*Paulus, De adulteriis II* [118]

Edictum divi Augusti, quod proposuit Vibio Habito et Lucio Aproniano consulibus, in hunc modum exstat: «Quaestiones neque semper in omni causa et persona desiderari
196 debere arbitror, sed, cum capitalia et atro-
197 ciora maleficia non aliter explorari et in-

nicht nur in Strafsachen, sondern auch in Vermögensstreitigkeiten herangezogen werden, wenn der Fall dies erfordert; allerdings nur die, die nicht von Zeugenaussagen ausgeschlossen[464] und auch nicht durch ein Gesetz davon befreit[465] sind. Obwohl in einigen Gesetzen eine sehr hohe Zahl von Zeugen festgesetzt ist, wird diese Befugnis auf Grund von kaiserlichen Erlassen auf die jeweils ausreichende Zahl von Zeugen eingeschränkt, so daß die Richter mäßigend eingreifen müssen und nur die Zahl von Zeugen vorladen lassen dürfen, die sie für notwendig halten, damit nicht zügellose Machtvollkommenheit[466] eine überflüssige Anzahl von Zeugen zur Einschüchterung der Leute[467] mißbraucht.

*Ulpian, Über die Aufgaben des Statthalters Buch 8*
Bei der Untersuchung von Verbrechen pflegt ein peinliches Verhör zu erfolgen. Doch wir wollen prüfen, wann und in welchem Maß es stattzufinden hat. Daß man nicht mit der Folter beginnen dürfe, hat schon der göttliche Augustus bestimmt, ebenso, daß man sich nicht zu sehr auf das peinliche Verhör verlassen solle. Doch dies ist auch in einem Bescheid des göttlichen Hadrian an Sennius Sabinus[468] enthalten. Der Wortlaut des Bescheides ist folgender: «Zur Folter der Sklaven darf erst dann gegriffen werden, wenn der Angeklagte verdächtig und durch die übrigen Beweise so nahe an die Überführung gebracht ist, daß offenbar nur noch das Geständnis der Sklaven fehlt.» Im gleichen Sinne hat der göttliche Hadrian den Claudius Quartinus[469] beschieden. Darin brachte er zum Ausdruck, daß mit dem Verdächtigsten zu beginnen sei und mit dem, von dem der Richter am leichtesten die Wahrheit erfahren zu können glaube.

*Paulus, Über Ehebrüche[470] Buch 2*
Es gibt einen Erlaß des göttlichen Augustus, verkündet unter dem Konsulat des Vibius Habitus und des Lucius Apronianus[471], der folgenden Wortlaut hat: «Peinliche Verhöre dürfen meiner Meinung nach nicht ausnahmslos bei jeder Sache und Person für erforderlich gehalten werden. Doch wenn sich Kapitalverbrechen und schwerere Untaten nicht anders untersuchen

vestigari possunt quam per servorum quaestiones, efficacissimas eas esse ad requirendam veritatem existimo et habendas censeo.»

## Strafvollstreckung

*Callistratus, De cognitionibus VI* [119]

Famosos latrones in his locis, ubi grassati sunt, cruce figendos compluribus placuit, ut et conspectu deterreantur alii ab isdem facinoribus et solacio sit cognatis et adfinibus interemptorum eodem loco poena reddita, in quo latrones homicidia fecissent. Nonnulli etiam ad bestias hos damnaverunt.

und aufklären lassen als durch peinliche Verhöre von Sklaven, dann sind diese, wie ich glaube, äußerst wirksam, die Wahrheit ans Licht zu bringen, und sie sollen, meine ich, auch dafür gelten.»

*Callistratus, Über die Gerichtsbarkeit Buch 6*
Berüchtigte Räuber sind, wie verschiedentlich geäußert worden ist, dort ans Kreuz zu schlagen, wo sie gewütet haben. Denn der Anblick soll andere von ähnlichen Taten abhalten und den Angehörigen der Getöteten ein Trost sein, wenn die Strafe ebendort vollzogen worden ist, wo die Räuber die Morde begangen haben. Einige haben diese Leute auch zu Tierhetzen verurteilt.

# *Anmerkungen*

1 Die Römer in der Mitte des 5. Jh. v. Chr.
2 Auf dem Hauptforum von Rom.
3 Ein römisches Grundrecht war das Recht des zivilen Bürgers, gegen Entscheidungen der höchsten Beamten, welche das Vermögen, Leib oder Leben betrafen, die Volksversammlung anzurufen, an deren Stelle später Geschworenenhöfe traten.
4 Die Zwölf Tafeln sind nicht nur inhaltlich griechisch beeinflußt, sondern schon der Gedanke, das Recht aufzuzeichnen und die Aufzeichnungen bequem zugänglich zu machen, kommt aus Griechenland.
5 Er hat als erster jeden, der das Recht erlernen wollte, unterwiesen. Daß aber vorher das Recht gewissermaßen als Geheimwissenschaft betrieben worden wäre, ist legendäre Übertreibung, war doch jeder, der juristischen Rat benötigte, beschieden worden. Allerdings hatten die wenigen Fachleute den Kreis der wirklichen Kenner eifersüchtig klein gehalten.
6 Nach Tubero.
7 Cascellius, Ofilius, Tubero, Trebaz.
8 5 n. Chr.
9 Der Prokulianer und Sabinianer, die sich allerdings erst zwei Generationen später organisierten. Labeo und Capito waren nur ihre geistigen Ahnen.
10 Grammatik, Etymologie, Dialektik und schöne Literatur.
11 Labeo.
12 Bei Benevent in Süditalien.
13 Die Weigerung enthält eine Spitze gegen den Kaiser, der vor allem die Befugnisse eines Volkstribunen hatte.
14 Alleiniger Urheber war Valentinian III. oder vielmehr seine Mutter Galla Placidia, die für den damals siebenjährigen Westkaiser die Regierung leitete. Protokollarisch hielt man an der Fiktion kollegialer Reichsleitung durch beide Kaiser fest, so daß der Ostkaiser als Miturheber ausgegeben ist. Seines höheren Dienstalters wegen war er an erster Stelle zu nennen. Das Gesetz erlangte aber bald auch im Osten Geltung. Formal war es ein Senatsbeschluß, s. das Folgende.
15 Dem Senat von Rom.
16 Gemeint ist ein sog. Senatsbeschluß, s. unten Anm. 386.
17 Die fraglichen kaiserlichen Verlautbarungen.
18 Kaiserliche Regelungen von Sonderfällen.
19 Formlose Gnadenerweise oder sonstige Anordnungen, die vor Beginn einer ordentlichen Sitzung im Vorbeigehen geschahen.
20 Bestimmungen für einzelne Regionen und Privilegien.
21 Das kaiserliche consistorium, die Regierung.
22 Privilegien. Das Privilegienwesen blühte in der Spätantike und im Mittelalter.
23 Die zahlreichen Beamten des spätantiken Staates waren schlecht bezahlt und oft korrupt, so daß selbst kaiserliche Bescheide gekauft werden konnten, prüfte doch der Kaiser nicht alles selbst, was er unterzeichnete.
24 321 von Konstantin.
25 Auch das hatte schon Konstantin 328 angeordnet.
26 Seit 404 Hauptstadt des Westreichs.
27 Bischof von Hippo Regius, heute Bône, in Nordafrika, 395 bis 430.
28 Bischof von Thagaste, ca. 70 km südlich Bône, 394 bis etwa 430.

29 Alypius weilt gerade in Rom.

30 Zwei Anhänger des Häretikers Pelagius, dessen Richtung Augustin eifrig bekämpfte.

31 422–432 n. Chr.

32 Die afrikanische Synode von Karthago im Herbst 416.

33 Damit ist im Altertum nur das heutige Tunesien mit Ostalgerien gemeint.

34 Das kann erst kurz vorher eingeführt worden sein. Vom 1. bis zum 3. Jh. wären solche Verkäufe durch die Eltern unwirksam gewesen.

35 An den obersten Zivilbeamten Großitaliens nebst Afrika. H. bekleidete das Amt 401 bis 405 und 413/14.

36 Ein städtischer oder staatlicher Beamter, der schon von Amts wegen verpflichtet gewesen wäre einzuschreiten.

37 Sonst nicht bezeugte Ortschaft in der Nähe.

38 Das heutige Nordostalgerien.

39 Also aus Zentralkleinasien.

40 Bischöfliche Kollegen in ihrer Eigenschaft als Diener Christi.

41 Wegen zarten Alters, d. h. über Unmündige: Knaben bis zu 14, Mädchen bis zu 12 Jahren.

42 Wegen weiblichen Geschlechts, d. h. über Frauen.

43 Zur Schrift Libri XVIII Iuris civilis (18 Bücher Bürgerliches Recht) von Quintus Mucius Scävola.

44 Komitien heißt die römische Volksversammlung, das geordnete Zusammentreten der männlichen Bürger. Die wichtigsten Aufgaben waren: Wahl der Hoheitsträger, d. i. der hohen Beamten, Gesetzgebung und Kapitalgerichtsbarkeit.

45 In Ausführung eines Dekrets dieser Priesterschaft, das Einzelheiten der Einberufung regelte.

46 Die ranghöchsten Priester des römischen Gemeinwesens.

47 Kurien (Häuser) hießen die ältesten, nach der Gefolgschaft der ursprünglich 30 Adelshäuser gegliederten Bürgerabteilungen.

48 Zenturien (Hundertschaften) hießen die 193 Einheiten des moderner aufgestellten Heeres, dessen Kern schwerbewaffnetes Fußvolk war. Es war gegliedert nach Junioren und Senioren (Grenze: 46 Jahre) sowie nach Besitzklassen je nach dem, welche Waffen sich der einzelne leisten konnte. Ebenso war die entsprechende Form der Volksversammlung gegliedert, die ohne Waffen zusammentrat.

49 Amtsdiener der obersten Priester.

50 Die Zenturiatkomitien hatten je eine Hundertschaft Tubabläser und Hornbläser.

51 Etwa um in eine andere überzutreten, die bessere Möglichkeiten aufzusteigen oder politisch zu wirken bot.

52 Nur diese Art konnte diskret gehandhabt werden und beherrscht deshalb später das Feld. Es war ein Scheinkauf unter Lebenden auf den Todesfall des Verkäufers zu einem symbolischen Kaufpreis von einem Sesterz, in alter Zeit einem Stück Rohkupfer. Vgl. Text 45 u. Anm. 201.

53 Das römische Volk zerfiel in Patrizier, die Angehörigen des Geburts- und Besitzadels (beides mußte zusammenkommen), und Plebejer, die sehr reich sein konnten. Die Volkstribunen waren Führer der Plebejer. Ihre Versammlungen hießen Plebskonzilien, ihre Beschlüsse Plebiszite.

54 Außerordentlicher verfassungsmäßiger Alleinherrscher in Notzeiten, höchstens sechs Monate lang.

55 287 v. Chr. nach einem Auszug der Plebejer aus der Stadt. Hortensius hatte die Sonderbefugnis erhalten, um zu vermitteln.

56 Tribus hießen die Wohnbezirke im frühen Rom, wobei vier städtischen seit 241 v. Chr. 31 ländliche gegenüberstanden auf rund 3000 qkm.

57 Sakrale Siedlungsgrenze, fällt mit der Stadtmauer nicht notwendig zusammen.

58 Außerhalb der alten Stadtmauer gelegen zwischen der heutigen Piazza Navona und dem Tiber. Die heute noch sichtbare römische Stadtmauer schließt sie allerdings ein; sie stammt aber auch erst aus dem 3./4. Jh. n. Chr. Von der alten sieht man nur noch ein Stück beim Bahnhof Termini.

59 Durch die Lex de imperio (Gesetz über die Herrschergewalt), eine Art Ermächtigungsgesetz, das jeder Kaiser bis ins 3. Jh. zu Beginn seiner Regierung beschließen ließ.

60 Der oberste für die Stadt Rom zuständige Zivilbeamte, i. d. R. aus dem Kreis der ersten Senatoren für ein Jahr vom Kaiser ernannt.

61 203–211 n. Chr.; ein getreuer Gefolgsmann des Severus von dessen Erhebung an.

62 Das außerordentliche, nur kraft kaiserlicher Delegation zuständige Gericht des Stadtpräfekten trat neben die alten Geschworenenhöfe und verdrängte sie im Laufe des 3. Jh.

63 Im Altertum gab es keine Anklagebehörde, sondern jeder Bürger konnte die Rolle des Staatsanwalts übernehmen, also weder Fremde noch gar Sklaven.

64 Seit Mark Aurel wegen Testamentsunterdrückung, wenn der Sklave im fraglichen Testament freigelassen zu sein behauptete.

65 Diese hatten bereits einen Amtsarzt, ebenso die genannte Säulenhalle, ein Sportzentrum.

66 In der Kaiserzeit war die Stadt Rom in 14 Regionen eingeteilt.

67 Eine Beförderung, etwa zum kaiserlichen Leibarzt.

68 Das Westreich wurde im 4. Jh. meist von Trier aus regiert.

69 Einquartierung von Offizieren und hohen Beamten.

70 Caracalla neben Septimius Severus, der also an erster Stelle zu nennen gewesen wäre, nach seinem Tod aber hinter dem hochfahrenden Sohn zurücktreten mußte.

71 Als Statthalter einer Provinz.

72 20 n. Chr.

73 Eintreffen in einer Stadt.

74 Einfahrt.

75 Das westliche Kleinasien.

76 Da die Statthalter i. d. R. Politiker und nicht juristisch vorgebildet waren, empfahl es sich, sich vorweg für die Zivilrechtsprechung eines geeigneten Stellvertreters zu versichern.

77 Die Vernehmung Beschuldigter.

78 Also die eigentliche Strafgewalt, wozu die Vernehmung der Beschuldigten nicht gehörte; sie bereitete eine Entscheidung lediglich vor.

79 Des Kaisers an alle hohen Beamten.

80 Tempel, Theater, Thermen, Sportanlagen, Amphitheater, öffentliche Bibliotheken.

81 Die Finanz- und Domänenverwaltung unterstand einem besonderen Behördenapparat.

82 Ein Statthalter verkündete wie der Prätor in Rom zu Beginn seiner Amtstätigkeit durch Edikt, wie er die Rechtsprechung im einzelnen handhaben werde, wobei er meist das Edikt seines Vorgängers übernahm. Vgl. Anm. 125.

83 An die Stelle der rund 35 Statthalter mit grundsätzlich umfassender Zuständigkeit waren um das Jahr 300 rund 100 Gouverneure getreten mit nur mehr zivilen Befugnissen.

84 Hinweis auf die epikureisch-demokritische Atomlehre. Alfen hörte mit seinem Freund Vergil den Epikureer Siron.

85 Das Reich war seit Konstantin in vier oder fünf Präfekturen gegliedert. Zwischen diese und die rund 100 Gouverneure hatte er Provinzgrafen gesetzt. S. auch Anm. 90.

86 Die Initiative hatte also i. d. R. der Gewalthaber. Zumindest mußte er zustimmen.

87 Nämlich einem Zerwürfnis mit dem Vater. Auch wer sich widerwillig mit etwas abfindet, gibt eine vollwertige Zustimmung.
88 Alleiniger Urheber war Theodosius. Vgl. oben Anm. 14.
89 Die nicht beim Vater leben, weil er sie aus seiner Gewalt entlassen (emanzipiert) hat; andernfalls dauerte die väterliche Gewalt lebenslang, auch über Söhne.
90 Die staatliche Verwaltung einschließlich Rechtsprechung war seit dem mittleren 4. Jh. vierstufig aufgebaut: Provinz mit Gouverneur, Diözese mit Vikar oder Graf (zusammen 15), Präfektur mit Präfekt und Reichsteil mit Kaiser an der Spitze, S. auch oben Anm. 83 und 85.
91 Zu der Schrift Libri III Iuris civilis (Drei Bücher Bürgerliches Recht) von Sabinus.
92 Die Ehescheidung war frei für beide Seiten, d. h. Fortbestand der Ehe vom fortdauernden Einverständnis abhängig.
93 Der kunstsinnige Freund des Augustus führte eine bewegte Ehe, die sprichwörtlich wurde.
94 Die Senatoren waren in Rangklassen eingeteilt, je nach dem, bis zu welchem Amt es der einzelne Senator gebracht hatte: Quästor, Volkstribun, Ädil, Prätor oder Konsul, der höchste Rang.
95 Bei Scheidung blieben die Kinder in der väterlichen Gewalt.
96 Eine Mitgift wurde treuhänderisches Eigentum des Mannes, der die Erträge für eigene Rechnung vereinnahmte. Ohne Mitgift zu heiraten, minderte das Ansehen. Die Frau muß also ursprünglich eine Mitgift in die Ehe gebracht, ihre Rückkehr aber von einem Verzicht des Mannes auf Beibehaltung der Mitgift abhängig gemacht und dieser muß dann nachgegeben haben. Der Text sagt nicht, ob die Mitgift schon zurückgegeben worden war; darauf kam es juristisch nicht an: wenn ja, hätte der Mann auf Wiedererlangung verzichtet; wenn nein, sich zur Rückgabe trotz Ehe verpflichtet.
97 Die Mitgift steht also nach wie vor dem Manne zu.
98 Eifriger Christ und erster Minister Konstantins in seinen späten Jahren. Mit diesem Gesetz kommt der Kaiser einer Forderung der Christen entgegen.
99 Die Scheidung war trotzdem gültig, gab es doch weder Standesämter noch Scheidungsrichter; der Staat beanspruchte nicht, Ehescheidungen selbst auszusprechen oder Eheschließungen zu kontrollieren.
100 Auch diese zweite Ehe war gültig.
101 Des Freilassers. Ihm war man zu besonderer Dankbarkeit verpflichtet. Vgl. Anm. 108.
102 Als Ausgleich für eine Schändung wäre die Zuwendung sittenwidrig und daher unwirksam gewesen.
103 Septimius Severus und Caracalla.
104 Attribut der Senatoren.
105 Sie war seine Konkubine, was auch ehrbare Frauen sein konnten, wenn das Konkubinat vor Zeugen beurkundet worden war. Andernfalls hätte sich Cassianus strafbarer Schändung schuldig gemacht, wenn die Sache ruchbar geworden wäre. Dann aber wäre die erbrechtliche Zuwendung sittenwidrig und damit nichtig gewesen.
106 Letztwillige Verfügungen zugunsten von Konkubinen oder deren Kindern, sog. Mätressentestamente, waren also gültig, wenn nichts Erschwerendes hinzukam. Offensichtlich war Cassianus der natürliche Vater von Rufinas Tochter, was aber rechtlich unerheblich war, da nach dem Vater unehelicher Kinder nicht gefragt wurde. Sie waren typisch bei armen Leuten (vulgo), die sich keine Mitgift, also keine Eheschließung leisten konnten.
107 Zwei Gesetze aus den Jahren 18 v. und 9 n. Chr. über Eherecht.
108 Hatte jemand seine Sklavin freigelassen und geheiratet, so durfte sie sich nach der lex Iulia gegen seinen Willen nicht scheiden, eine Ausnahmebestimmung. Schied sie sich doch, so verlor sie ihre Mitgift und konnte keine neue Ehe eingehen.

109 Bei Frauen unfreier oder sonstwie niedriger Herkunft und bei bescholtenen Frauen, wozu unabhängig von ihrem konkreten Vorleben auch im Gastgewerbe Tätige sowie Schauspielerinnen gehörten.

110 Seit dem 2. Jh. werden die Thronfolger durch ein Vizekaisertum bei Lebzeiten des Vorgängers designiert, mitunter auch durch ein theoretisch gleichberechtigtes Nebenkaisertum.

111 Des Sklaven.

112 Bestimmungen des Claudianischen Senatsbeschlusses aus dem Jahr 52 n. Chr., eingebracht von Kaiser Claudius.

113 52 n. Chr., s. vorige Anm.

114 Angesehen, d. h. vor allem: reich.

115 Staatliche Würdenträger, insbesondere Beamte.

116 Da die Nachkommenschaft frei wäre.

117 Ihn kennen wir aus Inschriften: griechischer Herkunft, nämlich aus Xanthos, ist er aus der dortigen Oberschicht zum römischen Senator aufgestiegen. Das bedeutete aber auch, daß er jetzt erst einmal italische Grundstücke zusammenkaufen mußte, da ein Senator verpflichtet war, ein Viertel seines Vermögens in italischem Grundbesitz anzulegen.

118 Als dritte Instanz.

119 Der Jurist äußerte sich als Mitglied des Kaisergerichts.

120 Das liegt logisch am nächsten, da der besondere Minderjährigenschutz Rechtshandlungen betraf, durch die der Minderjährige sich geschadet hatte.

121 Septimius Severus.

122 Dadurch würde rücksichtsvolle Rechtsausübung als Verzicht ausgelegt, der endgültig wäre.

123 In der Tat soll ein Pfand den Gläubiger auch vor Einbußen infolge eines Erbfalls schützen; und hier hat die Rückfallklausel für den Kaufpreisgläubiger, den Verkäufer, einen ähnlichen Sinn.

124 Der Kaiser stellte also den Minderjährigenschutz über eine schneidige Kreditsicherung, auch wenn sie eigens vereinbart wurde. Dieser Kaiser hatte auch Unmündigen ihren ländlichen Grundbesitz durch einen Senatsbeschluß besonders gesichert.

125 Der Prätor war der stadtrömische Gerichtsherr, wie die Konsuln auf ein Jahr gewählt. Über Einzelheiten seiner Handhabung der Gerichtsbarkeit, zumal auch darüber, wie Klagen zu formulieren sind, erließ er zu Beginn seines Amtsjahres ein Edikt, wobei er sich immer vollständiger an das seines Vorgängers hielt (vgl. Anm. 82), bis um 130 n. Chr. weitere Neuerungen verboten wurden. Hier geht es wie in der vorigen Stelle um die Wiedereinsetzung benachteiligter Minderjähriger.

126 Zwischen 14 und 25 Jahre alt. In diesem Alter hatte man, wenn der Vater nicht mehr lebte, nur noch einen Pfleger, vorher einen Vormund.

127 Abwesenheit aus Italien oder Unabkömmlichkeit beim Monarchen.

128 Der Prätor.

129 Nach dem Wortlaut des Edikts konnte der Prätor Minderjährigen helfen, wenn sie ihnen ungünstige Rechtshandlungen getätigt hatten. Der Prätor war hier also gar nicht zuständig, auch nicht der besondere Vormundschaftsprätor, sondern von vornherein der Kaiser.

130 Sie hatten ein Interesse daran, die Belastbarkeit ihrer Beamten selbst zu prüfen.

131 Paulus, 1. Kor. 6, 1–8.

132 Das Bischofsgericht war zuständig, wenn beide Parteien damit einverstanden waren. S. unten Text 99.

133 Paulus, Titus 2, 9f.

134 Vgl. oben Text 7 u. Anm. 34. Dieser Brief wird also älter als jener sein.

135 S. unten Text 76.

136 Durch ihre Eingliederung in den Gutsbetrieb, die im Interesse reibungslosen Steueraufkommens nicht frei aufgehoben werden durfte. Damals herrschte Arbeitskräftemangel.
137 Die Landpächter waren mittlerweile gesetzlich auf den Stand von Sklaven herabgedrückt worden, was Konstantin eingeleitet hatte, s. Text 76.
138 Spätantike Gesetze waren häufig schwülstig und unverständlich formuliert.
139 Wenn Augustin ihn öfters sah, praktizierte Eustochius wohl in Afrika, kaum im fernen Italien.
140 Sie wurden Sklaven, was völkerrechtlich anerkannt war; ‹servus› heißt eigentlich ‹der Bewahrte›, d. h. der (überwundene, aber) nicht getötete Feind.
141 Im andern Fall mußte also ein römischer Gefangener, dem es danach noch gelang, römischen Boden zu erreichen, als flüchtiger Sklave wieder ausgeliefert werden.
142 Bei Kindern, Enkelkindern und Sklaven. Die väterliche Gewalt dauerte bei den Römern bis zum Tode des Vaters, während welcher Zeit Kinder, legitime Enkel vom Sohn usf. kein Eigentum hatten, mochten sie auch längst erwachsen sein. Anders nur, wenn der Hausvater jemanden emanzipiert hatte.
143 Als Sklave, und sei es bei einer fremden Macht, ist er nicht rechtsfähig; stirbt er dort, dann gilt er als gestorben im Augenblick seiner Gefangennahme. Kehrt er aber mit Heimkehrrecht zurück, dann gilt grundsätzlich alles, als wäre er nie Sklave gewesen.
144 Ohne Gefangenschaft hätten sie das nur für ihn tun können.
145 In einem vor seiner Gefangenschaft errichteten Testament, das nach einem von Cornelius Sulla eingebrachten Gesetz, wohl aus dem Jahr 81 v. Chr., gültig blieb.
146 Nicht durch andere.
147 Gleichgültig, ob er diese Dinge zu Hause zurückgelassen oder mit ins Feld genommen hatte, ohne daß sie in die Gewalt des Feindes gerieten.
148 Vermögen, das Sklaven und Hauskinder zur freien Verfügung überlassen bekommen hatten.
149 Bei beweglichen Sachen benötigte man ein Jahr, bei Grundstücken zwei.
150 Vom Vater des Kindes. Der Ehemann als Inhaber der väterlichen Gewalt war frei, ein Neugeborenes seiner Frau anzuerkennen oder auszusetzen.
151 Er war Sklave der Feinde, und mit einem Sklaven konnte man nicht verheiratet sein. Vgl. Anm. 455.
152 Ergänzungen zweitrangiger Einzelheiten eines Testaments. Dieses mußte sie vorbehalten, andernfalls waren die Ergänzungen ungültig.
153 Also vor der Gefangenschaft.
154 Formlose letztwillige Anordnung, seit Augustus in einem außerordentlichen Verfahren erzwingbar, wenn auch mit Einschränkungen. Es wurde häufig in einem Kodizill angeordnet. S. auch Anm. 177ff.
155 Die Kodizille.
156 Indem der Testator in seinem Testament Kodizille vorbehalten hatte.
157 Der Loskauf durch Angehörige, Freunde oder auch Kaufleute und Diplomaten spielt naturgemäß eine große Rolle, wo Kriegsgefangenschaft zu Sklaverei führte. Ein Beiname Christi war redemptor, eigentlich ‹Loskaufender›, meist mit ‹Erlöser› übersetzt. Natürlich konnten auch gefangene Sklaven losgekauft werden, da sie i. d. R. ja nicht ihrerseits als Kriegsgefangene aus demjenigen Stamm ins römische Reich gekommen waren, in dessen Gefangenschaft sie dann gerieten; so blieben sie beim Feind i. d. R. Sklaven.
158 Von Septimius Severus um 200 n. Chr.
159 Nur beim Feind.
160 Bedingung ist ein zukünftiges ungewisses Ereignis, bei dessen Eintritt eine Rechts-

folge von selbst eintritt. Z. B. war es üblich, einen Sklaven im Testament unter der Bedingung freizulassen, daß er dem Erben über die ihm übertragene Aufgabe Rechenschaft ablegt oder eine Summe zahlt. Mit dem Tode des Testators ist seine Freiheit dann in der Schwebe, bis er abrechnet oder zahlt.

161 Das ist zur Erfüllung der Bedingung ungeeignet, da es vom Loskaufenden mitgekauft worden ist; aus diesem Vermögen darf er keinesfalls abgespeist werden können.

162 Nach dem Grundsatz, daß die Freiheit begünstigt werden muß.

163 Hat der vorrangige Pfandgläubiger bekommen, was er zu fordern hatte, dann erlischt sein Pfandrecht, und das des nachrangigen kann aufrücken. S. unten Text 83.

164 Ihnen kann noch immer der verauslagte Teil des Lösegelds erstattet werden, in welchem Fall sie diese Anteile wieder verlieren.

165 Fideikommisse mußten stets durch einen besonderen Rechtsakt erst noch ausgeführt werden, d. h. sie wirkten nicht von selbst.

166 Gesetz gegen Anmaßung des Herrenrechts über fremde Sklaven und Freie um 200 v. Chr., wonach u. a. ein Sklave, der ein solches Verbrechen begangen hatte, zehn Jahre lang nicht freigelassen werden konnte.

167 Bergwerke waren meist staatlich.

168 Ein Sträfling, der floh, machte sich noch einmal strafbar.

169 Caracalla.

170 Das erwartete Kind war im Loskaufpreis enthalten, also bezahlt. Nur wenn der Vermächtnisnehmer den Gegenstand des Vermächtnisses auf andere Weise unentgeltlich erwarb, konnte er aus dem Vermächtnis nichts mehr vom Erben verlangen, auch keinen Geldersatz.

171 Diese Summe kann dann der Vermächtnisnehmer und Loskaufende vom Erben verlangen.

172 Vom römischen Rechtsinhaber, also vom Erben, an den Loskaufenden.

173 Das Sklavenkind fällt in das Eigentum des Erben, obwohl es ihm vor der Erbeutung der Mutter nicht gehört hatte, da es ja noch gar nicht existierte. Außerdem muß es jetzt dem Vermächtnisnehmer herausgegeben werden.

174 Des Geborenen.

175 Hier ging man also von dem sonst gültigen humanen Grundsatz ab, daß das Sklavenkind dem Recht der Mutter folgt (und so bei ihr bleibt).

176 152 n. Chr.

177 Vom Erblasser durch Fideikommiß, s. oben Anm. 154. Inhalt eines Fideikommisses konnte alles Mögliche sein, auch, einen Sklaven freizulassen oder die ganze Erbschaft einem Dritten herauszugeben.

178 57 n. Chr.; er regelte die Einzelheiten solcher Herausgaben.

179 Für Fideikommißsachen war ein besonderer Prätor zuständig.

180 Dem Rubrianischen von 101 n. Chr. und dem Dasumianischen um 120, wonach die Sklaven in diesem Fall von selbst frei werden, wenn der Fideikommißprätor festgestellt hat, daß der Erbe sie freilassen müßte.

181 Wer nämlich einen Sklaven kaufte, den freizulassen der Voreigentümer verpflichtet worden war, konnte seinerseits gezwungen werden, die Freilassung zu vollziehen.

182 Wohl ein griechischer Philosoph der Kaiserzeit, dessen Worte ansonsten nicht erhalten sind.

183 Pomponius trägt hier lediglich die Begründung dafür nach, daß die Pflicht, die Sklaven freizulassen, grundsätzlich beim Erben bleibt und nicht auf den übergeht, dem der Erbe die Erbschaft aufgrund eines Fideikommisses herausgibt.

184 Knaben mit 14 Jahren, Mädchen mit 12. Vgl. Anm. 41 und 126.

185 Unter den Geschwistern.

186 Aufgrund der Anordnung im Testament des Julius Föbus, daß er an der Erbfolge nach Heraklia zu beteiligen sei. Vgl. Anm. 154 und 177ff.

187 Beim Kaiser.

188 Das hätte nur Avitus selbst tun können.

189 Als hätten sie dessen Genehmigungsbefugnis mitgeerbt.

190 Dadurch hätten die Erben ihrerseits noch den Antrag stellen können.

191 Einer Stadtgemeinde des Reiches, seiner Vaterstadt.

192 Ehegatten beerbten einander grundsätzlich nicht. Hier war aber erst die Mutter gestorben, deren Erbschaft der Sohn hätte antreten können, wenn der Vater, sein Gewalthaber, zugestimmt hätte. Bevor er das tun konnte, starb der Sohn seinerseits. Die Abwesenheit im öffentlichen Interesse hatte die Zustimmung verhindert.

193 Eine Mutter hat ihre Tochter, Maxima, unter der Bedingung zur Erbin eingesetzt, daß sie sich von ihrem Mann scheide. Die Argumentation des Kaisers oder vielmehr seines rechtsgelehrten Sekretärs ist sophistisch, denn die Mutter wird nicht gewußt haben, daß ihre Bedingung unwirksam ist, und wird im Ernst ihre Tochter haben enterben wollen, wenn sie bei ihrem Mann bleibt. Der Sophismus schont allerdings das Andenken an die Verstorbene.

194 Maxima hatte der Bedingung gehorcht, später aber angefragt, ob sie die Erbschaft wieder verliert, wenn sie zu ihrem Mann zurückkehrt. Sie fürchtete nämlich, die Scheidung würde dann nicht anerkannt, d. h. die Bedingung als gar nicht erfüllt angesehen werden, s. oben Texte 22 und 24. Der Kaiser beruhigt sie: die Bedingung ist gar nicht gültig, was die Erbeinsetzung aber unberührt läßt.

195 Gewöhnlich ein Sklave.

196 Abschweifung; offenbar ein dem Autor lieber Gedanke.

197 Eine Ehefrau erhielte entgegen dem Wortlaut auch das, was ursprünglich für eine frühere Frau angeschafft worden war, eine Art Gattinnenprivileg.

198 Kein Jurist gewährte das Privileg also auch der Konkubine, vielmehr kommen alle zum selben Ergebnis. Nur legten Cascellius und Trebaz Wert auf eine offene Diskriminierung der Konkubinen, während Labeo betonte, daß sie wie alle anderen zu behandeln ist.

199 Scävola.

200 Dies waren mittlerweile fast alle Wohlhabenden im Reich.

201 Symbolischer Kaufpreis. Ursprünglich war offenbar der Kaufpreis in Kupfer abgewogen worden. Vgl. den Verkauf der Wohnungsbaugesellschaft «Neue Heimat» am 22. September 1986 zu einem symbolischen Preis von 1,– DM.

202 Selbstbezeichnung der Römer.

203 Die in den Provinzen nur, wenn die betreffende Stadt italisches Recht zugestanden bekommen hatte wie z. B. Beirut. Zu einer Stadtgemeinde gehörte stets auch das Land bis zur Grenze der nächsten Stadtgemeinde.

204 Gejagtes Wild wurde Eigentum des Jägers. Vgl. § 960 BGB.

205 Quintus Mucius Scävola.

206 Herrenlos wären also nicht nur wilde Tiere, sondern auch, was diese rauben.

207 Unterschlagung war in Rom ein Unterfall des Diebstahls. Die Sanktion für einfachen Diebstahl war eine Buße in Höhe des doppelten Sachwerts, die der Bestohlene erhielt.

208 Anspruch auf Besichtigung, um sich Gewißheit zu verschaffen, ob man weitere Ansprüche hat, hier den Herausgabeanspruch des Eigentümers, der durch Entrichtung der Diebstahlsbuße nicht abgegolten war. Vgl. § 809 BGB.

209 Neues Land war nicht zunächst herrenlos, sondern gehörte sofort dem nächsten Nachbarn.

210 Wohl ein Grieche. Caracalla hatte im Jahr zuvor fast allen freien Reichseinwohnern das Bürgerrecht gegeben.
211 Er gehört gleichfalls Aristänetos als Teil seines Grundstücks, mag auch der Nachbar ihn gebaut haben und mag dieser Teil gar nur über das Nachbargrundstück zugänglich sein, was bei Hanglage vorkommen kann. S. heute § 94 BGB.
212 D. h. ob der Bauherr wußte, daß der Baugrund ihm nicht gehört.
213 Es gehörte schon dem Verkäufer nicht, weshalb dessen Übertragungsakt am Recht des wahren Eigentümers vorerst nichts änderte. Dieser konnte das Grundstück also vom Käufer herausverlangen, ohne ihm den gezahlten Preis erstatten zu müssen.
214 Der Eigentümer.
215 Die sich auf dem Grundstück befinden, das also alter Familienbesitz war.
216 Aufgrund der Eigentumsherausgabeklage, um die es im ganzen Text geht. Der römische Richter verurteilte letztlich immer in den Geldwert des Streitgegenstands, wobei er mannigfache Faktoren in seine Schätzung eingehen lassen konnte. Vgl. §§ 990–1003 BGB.
217 Offenbar ein Großhandel mit orientalischen, stark aromatischen Gewürzen wie Zimt. Vgl. § 906 BGB.
218 Damals bedeutende Hafenstadt nördlich Neapel.
219 Es wäre ihre Pflicht als Verpächterin gewesen, die für den bestimmungsgemäßen Gebrauch der Handlung erforderlichen Dienstbarkeiten zu beschaffen. Offenbar legte die Stadt Wert darauf, in ihren Mauern einen Gewürzgroßhandel zu haben.
220 Aufgesetzt von Hermogenian, der damals Diokletian als Sekretär für die Beantwortung von Eingaben Privater diente. Die kaiserlichen Rechtsbescheide waren Juristenwerk.
221 Nach dem Tod oder einer Scheidung der Mutter hatte der Vater wieder geheiratet; und nun war, als das Kind immer noch unmündig war, der Vater gestorben, und das Kind hatte ihn beerbt und einen Vormund bekommen, Demosthenes. Die Stiefmutter aber hatte die neuen Eigentumsverhältnisse mißachtet.
222 Große Stadt unweit der unteren Donau.
223 Er kann ihn nämlich auch offen, d. h. in gutem Glauben mitgenommen haben. Der Schriftsatz wird irgendeinen Streit betroffen haben, der aber intern beigelegt worden zu sein scheint; jedoch war jemand daran interessiert, ihn trotzdem in die Öffentlichkeit zu tragen.
224 Mehr als heute spielte im Altertum Fürsprache und ihre Beförderung oder Belohnung durch Geschenke eine Rolle. Schenker hatten also ein materielles Interesse daran, daß der Beschenkte wußte, wer das Geschenk gemacht hatte.
225 Javolen.
226 Ich kann sie also wieder zurückfordern, und sei es nur, um sogleich meinerseits zu schenken.
227 Gleichfalls mir.
228 Diebstahl war sozusagen Dauerdelikt; denn eine gestohlene Sache wissentlich zu behalten, war wiederum Diebstahl.
229 Das Wiederabnehmen wäre allenfalls ein neuer Diebstahl am Erstbestohlenen, nicht etwa am zweiten Dieb. Auch dieser müßte übrigens dem Erstbestohlenen büßen.
230 Hier berücksichtigt der Jurist wohl die Möglichkeit, daß der Wert des Diebesguts auch wieder fallen kann, während es noch beim Dieb ist. Die zum Höchstwert fällig gewesene Diebstahlsbuße verringert sich dann nicht, sondern bleibt auf dem erreichten Höchststand. Oder sollte lediglich gemeint sein, daß eine Wertsteigerung des Diebesguts beim Dieb diesem keinesfalls zugutekommen dürfe?
231 Am Erblasser, der nun tot war.
232 Gerichtet auf eine Geldbuße an den Bestohlenen, die Strafcharakter hatte.
233 Daß die Diebstahlsklage auch aktiv unvererblich sei.

234 Quintus Mucius Scävola.
235 Beiname von Trebaz. Mit seinen Zeitgenossen hielt Cicero die Vererblichkeit für selbstverständlich.
236 Aufgesetzt von Hermogenian, s. oben Anm. 220.
237 Sklavenhalter hafteten für Delikte ihrer Leute. War der Herr selbst unschuldig, konnte er sich durch Auslieferung der Täter befreien.
238 Das war die privatstrafrechtliche Sanktion für Raub.
239 Eine dem Verletzten entrichtete Privatstrafe galt den angerichteten Schaden im entwickelten Recht nicht ab, sondern trat kumulativ zum Schadens- oder Bereicherungsausgleich hinzu.
240 Also die volle Buße. Er hatte außerdem den Schaden zu ersetzen.
241 Angeklagt werden mußte der Sklave selbst; im Kriminalstrafrecht gab es keine Halterhaftung. Eine Beteiligung hätte der Herr als eigenes Verbrechen zu büßen.
242 Festung an der Save westlich Belgrad, im 3. und 4. Jh. mehrfach Kaiserresidenz.
243 Eine Privatstrafklage wie die Diebstahlsklage.
244 Abgewehrt werden können solche Einwirkungen auch nach Labeo. Javolen dagegen gibt beide Möglichkeiten kumulativ. Vgl. die Texte 50–52.
245 Einem Unbekannten kann man keine Injurie zufügen.
246 Auch eine Privatstrafklage.
247 Das waren die nächsten Angehörigen. Andernfalls ist die Trauerkleidung eine Injurie gegenüber dem Ankläger, im Altertum irgendeinem Bürger; vgl. Anm. 63.
248 Weil zweirädrig.
249 Ein Tierhalter haftete für Schäden, die das Tier, seiner Natur folgend, einem Dritten zugefügt hatte.
250 Daß der Halter, i. d. R. der Eigentümer, mit einem Treiber identisch gewesen wäre, ist unwahrscheinlich, für die hier interessierenden Fragen aber auch nicht entscheidend. Die Treiber waren hier freie Leute.
251 Den für das Überladen bzw. die Wahl eines zu steilen Weges Verantwortlichen heranzuziehen, lag offenbar fern.
252 Andernfalls wäre er dem Attius verfallen. S. oben Anm. 237.
253 Was nicht stimmte. Ein weder auf frischer Tat Ertappter noch Geständiger noch gerichtlich Überführter galt als unschuldig, auch wenn es ein Sklave war. Er hätte also zunächst, und sei es durch ein Hausgericht, überführt werden müssen.
254 Damals Kreuzigung.
255 Aufgrund der condictio, einer Klage mit offenem Tatbestand, die deshalb oft als Auffangklage eingesetzt wurde. Die Überstellung fiel nämlich unter keinen anerkannten Vertragstyp, so daß keine spezielle Klage in Betracht kam.
256 Verurteilt wurde ein Römer deswegen in den Geldwert des Sklaven. Und da es an Attius lag, daß der Sklave nicht mehr lebte, entlastete ihn der Tod nicht.
257 Vgl. oben Anm. 208.
258 Wer sich gegen Treu und Glauben außerstandegesetzt hatte, etwas vorzulegen, wurde zur Erstattung des Geldwerts der Sache verurteilt.
259 Aufgrund der condictio.
260 Proculus versucht Dogmatik und teilt die Anwendungsbereiche der condictio, einer persönlichen Klage, und der Vorlegungsklage, die er als dingliche begreift, sauber voneinander ab, so daß sie einander nicht überschneiden.
261 Außer auf Vorlegung.
262 Auf Leistung des doppelten Höchstwerts als Buße.
263 Gebrauchsdiebstahl wurde in Rom wie Diebstahl geahndet.
264 Für die zweite Rate.
265 Mit den Siegeln der Zeugen.
266 Wegen rückständiger Steuern oder aus Geschäften mit dem Staat.

267 Diese waren offenbar schon übereignet worden, was mit Hinfälligkeit des Kaufes rechtsunwirksam geworden wäre.
268 Scävola.
269 Immerhin hatte er das Eingreifen der Staatskasse doch wohl heraufbeschworen. Vgl. §§ 293 u. 300 BGB.
270 Nach Besichtigung des Grundstücks, aber vor Abschluß des Kaufvertrages.
271 Von dem Unglück. Vgl. § 306 BGB.
272 Der Verkäufer will eine private Verbannungsstrafe über ihn verhängen.
273 Weil er sich seinerseits einem Dritten gegenüber zur Verbannung des Sklaven verpflichtet und bei Nichterfüllung eine Vertragsstrafe versprochen hatte.
274 Nach Papinians Maxime dürfte er gar nicht gezwungen werden – der Jurist war sich offenbar nicht sicher, daß seine menschenfreundliche Rechtsansicht von allen Richtern geteilt wird.
275 Der Verkäufer will seine Heimatverbundenheit schützen.
276 Der Verkäufer.
277 Der verkaufte Sklave.
278 Ein solcher Nichtvermögensschaden kommt nicht in Betracht. Papinian läßt hier außer acht, daß der erste Verkäufer den Sklaven womöglich fürchtete und ihn deshalb entfernen wollte.
279 Durch öffentliche Versteigerung.
280 Papinians Einstellung zur Verbannung von Sklaven hat sich offenbar gewandelt. Die vorige Stelle stammt aus einer Zeit, da P. noch Privatmann war; zur Zeit dieser dagegen hatte ihn eine steile Karriere im Dienst des Kaisers bis ins höchste Zivilamt gebracht. Wenn er jetzt sogar verhindern will, daß Verkäufer von Sklaven ihre Härte bereuen, handelt er nach dem Motto ‹Strafe muß sein!›
281 Ein schuldrechtliches Vermächtnis wirkt ähnlich wie ein Fideikommiß: der Bedachte erwirbt den Gegenstand nicht unmittelbar, sondern kann ihn vom Erben verlangen. Vgl. Anm. 165.
282 Dem Anspruch der Vermächtnisnehmerin aus dem Testament. Ihre Weigerung, die damit verbundene Auflage zu erfüllen, machte den Anspruch nicht von selbst hinfällig.
283 Die Freilassung mußte allemal vollzogen werden; und wenn Seia sich entzog, dann vom Erben.
284 Dem Erben, der dem Käufer Wesentliches verschwiegen hatte, was ihn um den Genuß der Kaufgegenstände brachte, auch Arescusas, die ihm keine Dankbarkeit mehr zu bezeigen brauchte. S. oben Anm. 101 und 108.
285 Des Kaisers.
286 Dem Käufer entgehe kein materieller Wert, meinte Ulpian wohl.
287 Bei ihnen war klar, wer ihr Patron ist.
288 Paulus.
289 Immerhin wurden dem Käufer die Patronatsrechte auf entsprechende Weise entzogen, was Julian und Paulus wohl zu der Analogie bewog.
290 Bei einem arglistigen Verkäufer wie hier leuchtet das nicht ein.
291 S. oben Text 49.
292 Ganz sicher ist sich Paulus nicht, denn nicht immer kann man den Eigentümer auf diese Weise abwehren.
293 Von einem Sklaven, der sich die Freiheit erstreitet, sind diese Aufwendungen dagegen nicht zu bekommen.
294 Dem Käufer gegen den Verkäufer; denn gegenüber dem Eigentümer hat er ohne Besitz kein Druckmittel in der Hand.
295 Dem Käufer. Hier spielt Paulus auf den Rechtsgedanken an, daß den guten Tropfen bekommt, wer den bitteren schlucken muß.

296 Formulierung mißlungen, denn nicht der Verkäufer, sondern der andere Teil handelte wider Treu und Glauben; außerdem ist dieser Ausdruck zu schwach für eine Erpressung unter Verrat der Berufsehre.

297 Rührend unbeholfen. Man sollte meinen, daß noch ganz andere Sanktionen am Platze seien.

298 Diese Schonung des redlichen Verkäufers, der aber nicht in der Lage war, dem Käufer Eigentum an dem Kaufgegenstand zu verschaffen, ist allenfalls historisch zu erklären. Vgl. § 440 Abs. 2 BGB.

299 Aufgesetzt von Hermogenian, s. oben Anm. 220.

300 Dies war Tausch. War er nur erst vereinbart, so konnte sein Vollzug nicht erzwungen werden.

301 Dadurch sollte das Cincische Gesetz umgangen werden, erlassen um 200 v. Chr., wonach unvollendeten Schenkungen der Rechtsschutz zu versagen war. In unserem Fall wollte der Schenker das Geld erst später aus der Hand geben. Weil aber ein schenkweise erteiltes Schuldversprechen unter das Cincische Gesetz gefallen wäre, versuchte man, ihm das Gewand einer vollendeten Schenkung und eines Darlehens zu geben.

302 Gemeint ist: vollendete Schenkung. Beide Geschäfte wurden nur zum Schein getätigt. Vgl. § 117 BGB.

303 Ein Darlehen kam durch Hingabe von Geld mit der Maßgabe, daß es zurückzuzahlen sei, zustande. Hier aber war die scheinbare Hingabe in Wahrheit eine Rückzahlung.

304 Du kannst von mir nichts fordern.

305 Der Sklave blieb Eigentum der Tochter oder ihres Vaters; und der ehemalige Bräutigam könnte sogar strafrechtlich belangt werden. Vgl. dagegen § 1301 BGB.

306 Offenbar war auf unbestimmte Zeit gepachtet. Kündigungen gab es damals noch nicht; und auch besitzrechtlich blieb ein Verpächter Herr im Hause. Offenbar wollte der Verpächter, als die Investition des Pächters sich zu lohnen begann, den Gewinn, die Unterpachtzinsen, selbst einstreichen.

307 Zahlbar jährlich nachträglich, wenn nichts anderes vereinbart war.

308 Scävola.

309 Der Anspruch des Verpächters auf Zahlung der Pachtzinsen war nach Treu und Glauben zu beurteilen. Immerhin galt also als treuwidrig, den Pachtzins auf Heller und Pfennig zu fordern, nachdem man sich die Amelioration eines Tüchtigen, der juristisch unvorsichtig gewesen war, zunutze gemacht hatte. Vgl. § 996 BGB.

310 Der Staat verband mit Verpachtungen meist Sozialfürsorge, Kultivierungsprogramme oder andere Zwecke.

311 Unter Septimius Severus.

312 Weil er dadurch wirtschaftlich zusammenbrechen konnte.

313 Wohl wer in einem anderen Grundsteuerbezirk unter Vertrag stand. Es mangelte damals an Pächtern, die Landwirtschaft war aber die wichtigste Steuerquelle. So hatte schon Diokletian Pächtern verboten, in einen anderen Steuerbezirk, d. h. einen anderen Stadtbezirk oder Gau, abzuwandern.

314 Diese war dem Herkunftsbezirk entgangen. Besteuert wurden landwirtschaftliche Grundeigentümer nach dem nutzbaren Vermögen. Hierzu wurden alle arbeitenden Kräfte gerechnet, Vieh und Menschen, Sklaven und Freie, sofern sie nur werktätig waren.

315 Durch das Hausgericht des Grundherrn, das seit alters zuständig war bei Vergehen seiner Sklaven und freien Lohnarbeiter.

316 Pächter, also freie Unternehmer, werden Sklaven gleichgestellt. Bei den Grundbesitzern sollte dieser Machtzuwachs offenbar das Verbot, neue Pächter nach Belieben zu engagieren, ausgleichen: Dann dürfen sie die vorhandenen gewaltsam

für immer festhalten. Das ist der Beginn des spätantiken Kolonats und der mittelalterlichen und frühneuzeitlichen Gutsuntertänigkeit.

317 Entspricht vielleicht 50 DM. Möglicherweise sind 25000 Sesterzen gemeint.

318 Geschäftsbuch des Bankiers für Einlagen.

319 Das Rechtsverhältnis wurde als Verwahrungsvertrag qualifiziert; ein Anspruch daraus war nach Treu und Glauben zu beurteilen, wodurch auch formlose Nebenabreden erzwingbar waren. Vgl. §§ 700 u. 698 BGB.

320 Ulpian hat die ‹Untersuchungen› Papinians neu herausgegeben und dabei mit kritischen Anmerkungen versehen.

321 Ulpian qualifiziert dieses Geschäft als Darlehen, und das römische Darlehen war strengen Regeln unterworfen, m. a. W. nicht nach Treu und Glauben zu beurteilen. So konnten Zinsen nur verlangt werden, wenn sie förmlich versprochen worden waren.

322 Die römische Verwahrung war unentgeltlich.

323 Papinian bekleidete das Amt, das mit höchstrichterlicher Rechtsprechung in Straf- und Zivilsachen verbunden war, von 205 bis 211 n. Chr. neben Mäcius Lätus.

324 Also 1% (centesimae, daher ‹Zinsen›) im Monat = 12% im Jahr, der Höchstzinssatz; handelsüblich waren damals 5 bis 6%.

325 Also Tilgung in 50 Monatsraten.

326 Das Schuldversprechen und die Zusatzvereinbarung widersprechen einander nur äußerlich, denn maßgeblich soll am Ende die Zusatzvereinbarung sein. Ähnlich lassen sich heute Banken erst einmal mehr Rechte förmlich einräumen, als sie nach der Gesamtvereinbarung sollen ausüben dürfen. Hier war fraglich, ob bei Nichteinhaltung der Zusatzvereinbarung sofort die Höchstzinsen vom ganzen Betrag oder nur von demjenigen Betrag verlangt werden konnten, mit dem er nach der Zusatzvereinbarung in Verzug war.

327 Die Beratung war offenbar kontrovers.

328 Gegen sofortige Rückzahlung; formlose Abreden verschaffen einem grundsätzlich kein Klagerecht, sondern nur eine Einrede. Nach Ansicht von Paulus wäre hier allerdings eine Ausnahme von diesem Grundsatz zu machen, wie er zu Beginn seiner Stellungnahme ausgeführt hat.

329 Pauls Gegner nehmen eine gläubiger-, d. h. bankenfreundliche Haltung ein: bei Verzug mit einer Rate werden strafweise Zinsen für den ganzen Rest von Anfang an berechnet zu einem Satz von 12%, wie er höher nicht vereinbart werden konnte; die für diese und die folgenden Raten gewährte Stundung ist verwirkt.

330 Der Wortführer der Gegner.

331 Bei Beratung des Falles im Gerichtshof Papinians.

332 Ein Hilfsargument, das zum selben schuldnerfreundlichen Ergebnis führt, selbst wenn man die Abrede nicht unmittelbar in das Schuldversprechen hineininterpretiert, s. oben Anm. 328. Auch dann dürfe man nicht am Wortlaut des strafweise gegebenen Zinsversprechens kleben.

333 Im konkreten Fall ist das für Paulus aber nicht klar genug zum Ausdruck gebracht worden.

334 Echte Verträge zugunsten Dritter waren nach römischem Recht nichtig. Anders heute, s. § 328 BGB.

335 Die einverständlich darlehenshalber geschah.

336 Allerdings ohne Aufschlag und Zinsen.

337 Den Anspruch aus dem Schuldversprechen ohne Mitwirkung des Vormunds, weil dieses Geschäft für ihn nur vorteilhaft war. Eine Abschweifung, mit welcher die Parallele zwischen Mündel und Entmündigtem weiter ausgezogen wird.

338 Nämlich die Bank, bei der wir unser Geld stehen haben.

339 «Du» im bisherigen Text.

340 Schon seit der Gestattung.

341 Wegen Zinsen aber wieder nur, wenn sie förmlich versprochen wurden, s. oben Anm. 321.

342 Eine Verkaufskommission liegt auch im Interesse des Eigentümers, weshalb kein Grund besteht, von dem Grundsatz abzugehen, daß Zufälle den Eigentümer treffen.

343 Den Händlern, d. i. Verkäufern, im Auftrag der Käufer, bei denen er mit dem Aufwendungsersatzanspruch Regreß nehmen konnte, womit auch formlos zugesagte Zinsen eingeklagt werden konnten.

344 Der Herr hatte also geduldet, daß sein Geschäftsführer den ihm übertragenen Geschäftskreis ausweitet.

345 In Rom. Er war verantwortlich für die Versorgung Roms mit Getreide und daher auch Richter in damit zusammenhängenden Sachen. Der Fall spielte also wohl in Rom.

346 Die Beisitzer im Kaisergericht, an das der Herr appelliert hatte.

347 Der Sklave hatte den Käufern nicht schon ihre Verpflichtung, den Kaufpreis zu zahlen, abgenommen und sich seinerseits den Händlern förmlich verpflichtet, sondern Zahlung nur formlos zugesagt. Aber auch das war verbindlich bei Festsetzung eines bestimmten Tages (constitutum debiti alieni) und ohnedies als Bankgeschäft (receptum argentarii).

348 Den Umfang der Vertretungsmacht des Sklaven konnte der Herr frei bestimmen, doch mußte er sich nach Septimius Severus auch Stellvertretungen zurechnen lassen, die er geduldet hatte. Die Juristen lehnten diese Ausweitung ab.

349 Septimius Severus.

350 Sondern nur seinen Patron, in dessen Namen er die Rückzahlungsverpflichtung auch nur eingegangen war. S. § 164 Abs. 1 BGB.

351 Septimius hatte einem Hochleistungssportler Kredit gegeben und sich zur Sicherung seiner Forderung dessen ganzes Vermögen verpfänden lassen, was nach römischem Recht ohne Übergabe möglich war. Ein anderer Gläubiger aber hatte vor ihm schon das gleiche getan.

352 Der vorrangige Pfandgläubiger, dessen Forderung nicht beglichen wurde, will deshalb das Pfand verwerten.

353 Meist lebenslange Renten u. ä. von der Vaterstadt.

354 Dagegen konnten sie im Rahmen der Zwangsvollstreckung gepfändet werden.

355 Wie oben Text 69 merkwürdig genügsam, waren doch auch Straftatbestände erfüllt.

356 Der Gläubiger kann jeden auf die ganze Summe in Anspruch nehmen, sie aber nur einmal fordern. S. §§ 427, 421 BGB.

357 Im Ergebnis als Bürge. Vgl. § 778 BGB.

358 Julius Rufus war Senator und wurde 198 n. Chr. nach dem Bürgerkrieg mit Clodius Albinus als dessen Parteigänger wegen Hochverrats hingerichtet, sein Vermögen konfisziert. Dieses Schicksal traf damals noch viele andere.

359 Im Gegensatz zum Bürgen, der durch Klagerhebung gegen den Hauptschuldner frei wurde. Dieses war ein Relikt aus der Zeit der Personalvollstreckung, das der jüngere Kreditauftrag nicht hatte.

360 In diesem Punkt ebenso wie ein Bürge.

361 Gemeint sind insbesondere abhängige Sicherheiten wie Pfänder, Bürgschaften u. ä. Paulus erweitert also den Ausgangsfall um die Möglichkeit, daß Nebenrechte bestellt worden waren.

362 So der Erbe, der zugleich Gläubiger und einer der beiden Gesamtschuldner geworden ist.

363 Der Gläubiger, insofern er zugleich Hauptschuldner geworden ist, würde nur verlangen, was er alsbald wieder erstatten müßte.

364 Weil dann im Innenverhältnis jeder nur die Hälfte zu tragen gehabt hätte und die daraus folgende interne Ausgleichspflicht auf den Gläubiger, soweit mit einem Gesamtschuldner identisch, übergegangen wäre.

365 Der Befrachter muß auch für diesen Sklaven bezahlen. Die Lösung entspricht dem Grundsatz, daß zufälliger Untergang einer Sache den Eigentümer trifft. Labeo hatte ein kleines Risiko dem Transportunternehmer aufgebürdet, wohl um ihn zu sorgfältigem Umgang mit dem Frachtgut anzuhalten. Heute wird differenziert, s. §§ 617 Abs. 1, 618 Abs. 1 und 633 HGB.

366 1 Metrete enthielt knapp 40 l, ein Scheffel 9 l.

367 Heute Ostlibyen.

368 Vorgängerin von Venedig, weiter nördlich an der Küste gelegen und wichtiger Straßenknotenpunkt.

369 Scävola.

370 Für ordnungsgemäße Verzollung ist allemal der Befrachter verantwortlich. S. § 564 HGB.

371 Sog. große Haverei. Zur gemeinsamen Rettung gebrachte Opfer werden umgelegt. S. §§ 700, 703 und 706 HGB.

372 Auch insoweit war die Rettungsaktion ja erfolgreich. S. § 720 HGB.

373 Der Mann will der Frau die Reisekosten nicht erstatten.

374 Vorgesehen waren nur Klagen wegen der Mitgift, während solche Vereinbarungen untypisch waren.

375 Der Frau gegen den Mann. Der Prätor in Rom und in den Provinzen der Statthalter konnten nach Ermessen im Einzelfall eine nicht vorgesehene Klage gewähren.

376 Nachdem es üblich geworden war, der allgemeinen Leistungsklage eine knappe Individualisierung des Grundes voranzustellen, um mit Mehrdeutigkeit verbundene Gefahren zu vermeiden, bediente sich der Prätor dieser Technik auch, um dem Richter in zweifelhaften Fällen klare Richtlinien zu geben.

377 Über das Ergebnis ist man sich einig. Ulpian bevorzugt aber die Vertragsklage, die sich auch für untypische Konstellationen eignete, stellte sie doch auf Treu und Glauben ab.

378 Vgl. § 162 Abs. 1 BGB.

379 Die Mutter war von ihrem Vater, dem Großvater der Adressaten, enterbt worden und gegen den Erben gerichtlich vorgegangen, um ihren Pflichtteil, damals ein Viertel des gesetzlichen Erbteils, zu bekommen. Dieser Prozeß war durch einen Vergleich beigelegt worden: der Erbe hatte ihr einen Teil des Verlangten zugestanden, dafür hatte die Mutter die Klage zurückgenommen.

380 Aufgesetzt von Hermogenian, s. oben Anm. 220.

381 Formlose Abrede ohne engen zeitlichen Zusammenhang mit einem regulären Vertrag oder einer Sachleistung. Eine derartige Abrede taugte nicht zum Angriff, sondern nur zur Verteidigung. Vgl. oben Text 79.

382 Das hat Paulina mit der Schenkung getan. Vgl. damit § 761 BGB.

383 Die allgemeine Leistungsklage mit vorangestellter Schilderung des Sachverhalts.

384 Strafe für unerlaubte Selbsthilfe.

385 Tätlich, nicht nur mit Worten. Vgl. §§ 229, 230 BGB.

386 Gemeint ist ein Senatsbschluß. Da aber nur noch der Kaiser einen solchen einbringen konnte und seine Anträge fast durchweg durch Akklamation gebilligt wurden, galt als Rechtsquelle schon die Antragsrede des Kaisers, die nicht einmal von ihm selbst vorgetragen werden mußte. S. auch Anm. 16.

387 Seinem Gegner.

388 Wenn von jemandes Grundstück ein Schaden drohte, etwa weil ein Gebäude baufällig war, zwang der Prätor ihn auf Antrag des Nachbarn, diesem Schadloshaltung zu versprechen.

389 Wer mit einem erst später fälligen Vermächtnis bedacht war, konnte den Erben schon jetzt zwingen, ihm pünktliche Erfüllung zu versprechen.
390 Besitzschutzklagen wie §§ 861 f. BGB.
391 Das war obendrein erforderlich, wenn die allgemeine Leistungsklage angestrengt werden sollte, die für sich mehrdeutig war.
392 Wohl des Fälligkeitsdatums.
393 Was genau ausgeheckt werden konnte, ist nicht klar. Vielleicht hängt damit eine andere Merkwürdigkeit zusammen: daß nämlich Kreditrückzahlung nach Klagerhebung nach Meinung der Prokulianer vor Verurteilung nicht bewahrte.
394 Es handelt sich also um eine Rückausnahme.
395 Aufgesetzt von Ulpian, vgl. oben Anm. 220.
396 Der Beklagte muß dem Ansinnen des Klägers entgegengetreten sein, d. h. darf es weder anerkannt noch den Dingen sonstwie ihren Lauf gelassen haben. Der Schluß ist rekonstruiert, da er uns nur in einer von Justinian dem Recht seiner Zeit entsprechend geänderten Fassung überliefert ist.
397 Damals schon tot, obwohl das Jahr weiterhin nach ihm benannt wurde. Zum Text s. § 173 GVG.
398 Agrippa hatte ein Geldurteil gegen einen Einflußreichen erwirkt, Grundstücke von ihm pfänden und zur Versteigerung ausbieten lassen; dieser aber hatte seinen Einfluß geltend gemacht, so daß niemand bot.
399 Auch solche Besitzeinweisung, d. h. Ermächtigung durch den Magistrat, die Sachen in Besitz zu nehmen, wirkt noch nicht endgültig, ist aber hier ein wirksameres Druckmittel als die Ausbietung.
400 Der Kaiser befindet sich im Donauraum auf einem Kriegszug in den Orient.
401 Ein anderer Bischof.
402 Als Eigentümer. Selbst wenn er nur ein beschränktes Besitzrecht oder gar kein Recht gehabt hätte, hätte ihn der Bischof nicht eigenmächtig hinauswerfen dürfen.
403 Jedenfalls besaß die Grundstücke nicht sie, sondern ihr Sohn; und selbst unberechtigten Besitz darf der Berechtigte (oder vermeintlich Berechtigte) nicht eigenmächtig an sich nehmen. Vgl. oben Text 93. Nicht einmal auf Gutgläubigkeit des Besitzers kam es an, sondern insoweit allein auf sein Gebaren, und das war hier: er besaß als Eigentümer, der er zu allem Überfluß auch noch war.
404 Paulus, 1. Kor. 10, 32.
405 Zum eigenen Vorteil oder zum Vorteil der Kirche.
406 Eine Kompetenz des Bischofs für körperliche Züchtigungen befremdet.
407 Sie wäre von dem Juden selbst zu züchtigen, notfalls nach einem hausgerichtlichen Verfahren.
408 8 v. Chr., eingebracht von Augustus.
409 Im Gefängnis saßen, von Untersuchungshäftlingen abgesehen, nur Hinzurichtende, allenfalls zu Deportierende, weshalb nur Schwerverbrecher gemeint sind.
410 Des Hoch- und Landesverrats.
411 Vor allem die Konsuln, Prätoren und Ädilen, mittlerweile auch der Kaiser.
412 Statthalter.
413 Präfekten.
414 Als Statthalter, damals zugleich Oberbefehlshaber der Streitkräfte der Provinz.
415 Vereinigung der jungen Männer der Oberschicht einer Stadt.
416 Kreuzigung, später auch Feuertod oder unbewaffneter Kampf mit wilden Tieren im Amphitheater.
417 In Betracht kommen Pflege-, Beerdigungs- und Prozeßkosten.
418 Bei Vorsatz.
419 Bei Fahrlässigkeit.

420 61 n. Chr.
421 Auf Grund des Silanischen Senatsbeschlusses vom Jahre 10 n. Chr., eingebracht vom amtierenden Konsul Gaius Junius Silanus. Danach waren, wenn ein Sklavenhalter ermordet worden war, alle Sklaven, die sich im Hause des ermordeten Herrn aufgehalten hatten und nicht nachweisen konnten, daß sie ihm zu Hilfe geeilt waren, zu kreuzigen.
422 Der angesehenste Jurist der Zeit, ein Enkel des Cäsarmörders und der eigentliche Begründer der sabinianischen Rechtsschule.
423 Irreführend: die zur Erörterung stehende Bestimmung war erst 50 Jahre alt, s. Anm. 421.
424 Ein Sklave konnte von Rechts wegen weder einen Vater noch Vermögen haben.
425 Nero.
426 Mark Aurel hatte in seinen letzten drei Jahren (177 bis 180 n. Chr.) seinen Sohn schon als Nebenkaiser mitregieren lassen. Vgl. Anm. 110.
427 Lucius Calpurnius Piso, Konsul 175 n. Chr., kurz danach in einem Amt, am ehesten als Statthalter.
428 17 n. Chr.
429 Tod durch das Schwert.
430 Kreuz, Feuer oder Arena. Vgl. Anm. 416.
431 Wohl Gaius Prastina Pacatus Messalinus, Konsul 147 n. Chr., Statthalter um 140.
432 175 n. Chr. hatte sich im Osten auf die falsche Nachricht vom Tode Mark Aurels hin Avidius Cassius zum Kaiser aufgeschwungen.
433 In der Ägäis.
434 Titulierung des Kaisers.
435 Die Erzgruben von Phäne in der syrischen Wüste und die Marmorbrüche auf der Insel Prokonnesos (heute Marmara) im Marmarameer.
436 Das Jahr ist nicht überliefert, doch kommen nur 297 oder 302 n. Chr. in Betracht.
437 304 n. Chr.
438 Gaius Annius Anullinus, Konsul 295 n. Chr., Stadtpräfekt unter Maxentius und Konstantin, stammte aus Kleinafrika.
439 Große Stadt im Innern Kleinafrikas, heute Ostalgerien.
440 Kleinstadt auf halbem Wege von Tebessa nach Karthago. Crispina scheint aus der dortigen Honoratiorenschicht zu stammen, wie übrigens auch der Statthalter.
441 Die diokletianische Christenverfolgung begann 303 n. Chr., aber ein allgemeines Opfergebot erging erst 304 im sog. vierten diokletianischen Verfolgungsedikt.
442 Das ist wohl nicht ernst gemeint, sondern eine Drohung, um den Willen einer Frau zu beugen.
443 Das christliche Heil.
444 Urheber ist allein Theodosius, der unlängst den Usurpator Magnus Maximus besiegt und dem zu ihm geflohenen Jüngling Valentinian II. die Herrschaft im Westen wiederverschafft hatte.
445 Der Vikar von Rom war die staatliche Mittelinstanz zwischen dem Stadtpräfekten bzw. dem Präfekten von Italien und Afrika einerseits und den Gouverneuren der süditalischen Provinzen andererseits. S. Anm. 90.
446 Christliches Gedankengut.
447 Eine Anlage mit Bibliothek beim Augustustempel am Westabhang des Palatin, wo auch Gesetze promulgiert und archiviert wurden. Das Jahr ist rekonstruiert.
448 S. Anm. 79.
449 Das Gesetz bestrafte Fälschungen aller Art, beginnend mit der Testamentsfälschung. Eingebracht hat es Cornelius Sulla 81 v. Chr.; die Strafe war Verbannung.
450 20 n. Chr.
451 Gemeint sind nur die kriminalstrafrechtlichen Gesetze über schwerere Verbrechen.

452 Von 17 v. Chr., eingebracht von Augustus.
453 Er hat kein eigenes Vermögen; alles, was er hat, gehört seinem Herrn.
454 55 v. Chr., eingebracht von Pompeius.
455 Sklaven haben keine Familie im Rechtssinn. Vgl. Anm. 151.
456 81 v. Chr. im genannten Gesetz selbst.
457 S. Anm. 63.
458 Der Ankläger erhielt einen Teil des eingezogenen Vermögens und sonstiger Vermögensstrafen. Daraus ein Geschäft zu machen, galt als verwerflich.
459 Antiochia, heute Antakya im Südzipfel der Türkei, war damals die Hauptstadt der Provinz Syrien.
460 Ein Ehrenamt in den östlichen Provinzen mit der Aufgabe, Verbrecher zu fangen. In jeder Stadt gab es einen Friedenswart (mit dem nötigen Personal), der ein Jahr lang amtierte, ernannt vom Gouverneur aus dem Kreis der reichen Bürger.
461 S. Anm. 79.
462 Den Statthalter, in Rom Prätoren und Präfekten.
463 Vom Friedenswart dem Gerichtsherrn.
464 Insbesondere Bescholtene, wozu außer Vorbestraften z. B. Schauspieler gehörten.
465 Wie nahe Verwandte.
466 Der Ankläger. S. Anm. 63.
467 Gemeint sind Beschuldigte.
468 Ein Provinzstatthalter um 130.
469 Gleichfalls ein hoher Beamter, 130 n. Chr. Konsul.
470 Zählte in Rom zu den schwereren Verbrechen, bestraft mit Einziehung des halben Vermögens des Mannes und eines Drittels der Frau.
471 8 n. Chr.

## *Die Kaiser und ihre Regierungszeit*

Der Reichsteil ist angegeben, wenn die Herrschaft räumlich aufgeteilt war. Wer sich nicht allzu übel aufgeführt hatte wie z. B. Nero, wurde nach seinem Tode vergöttlicht, d. h. erhielt bis ins 3. Jh. eine Priesterschaft und einen Tempel in Rom.

Alexander Severus, 222–235 n. Chr.
Antoninus Pius, 138–161 n. Chr.
Augustus, 43 v.–14 n. Chr.
Brüder = Mark Aurel und Verus, 161–169 n. Chr.
Caracalla, 211–217 n. Chr., seit 198 Nebenkaiser
Carinus, 283–285 n. Chr., Westen
Carus, 282–283 n. Chr.
Claudius, 41–54 n. Chr.
Claudius Gothicus, 268–270 n. Chr.
Commodus, 180–192 n. Chr., seit 177 Nebenkaiser
Diokletian, 284–305 n. Chr., Osten
Galerius, 305–311 n. Chr., Osten; seit 293 Vizekaiser
Gallien, 259–268 n. Chr., seit 253 Nebenkaiser
Gratian, 375–383 n. Chr., Westen; seit 367 Nebenkaiser
Hadrian, 117–138 n. Chr.
Honorius, 395–423 n. Chr., Westen; seit 393 Nebenkaiser
Justinian, 527–565 n. Chr., Osten
Konstantin, 306/12–337 n. Chr., bis 324 nur Westen
Konstantius, 305–306 n. Chr., Westen; seit 293 Vizekaiser
Mark Aurel, 161–180 n. Chr., bis 169 zusammen mit seinem Adoptivbruder Verus
Maximian, 286–305 n. Chr., Westen; seit 285 Vizekaiser
Numerian, 283–284 n. Chr., Osten
Septimius Severus, 193–211 n. Chr.
Theodosius, 379–395 n. Chr., bis 394 nur Osten
Theodosius II., 408–450 n. Chr., Osten
Trajan, 98–117 n. Chr., seit 97 Vizekaiser
Valens, 364–378 n. Chr., Osten
Valentinian, 364–375 n. Chr., Westen
Valentinian II., 383–392 n. Chr., Westen; seit 375 Nebenkaiser
Valentinian III., 424–455 n. Chr., Westen
Valerian, 253–259 n. Chr.

und die (oft nur ungefähr erschließbare) Zeit ihres öffentlichen Wirkens. Ein Ort ist nur angegeben, wenn es sich nicht um Rom handelt.

Sextus Älius, 210–180 v. Chr.
Africanus, 150–170 n. Chr.
Alfenus, 60–30 v. Chr.
Arcadius gen. Charisius, 280–300 n. Chr.
Aristo, 80–120 n. Chr.
Marcus Brutus, 150–130 v. Chr.
Cälius Sabinus, 60–80 n. Chr.
Callistratus, 190–210 n. Chr., Orient, wohl Beirut
Ateius Capito, 20 v.–22 n. Chr.
Cascellius, 75–30 v. Chr.
Cassius, 20–70 n. Chr.
Celsus, 100–130 n. Chr.
Tiberius Coruncanius, 260–240 v. Chr.
Eustochius, 410–425 n. Chr., Kleinafrika
Lälius Felix, 120–140 n. Chr.
Papirius Fronto, 180–200 n. Chr., wohl Orient
Gaius, 150–180 n. Chr., Beirut
Hermogenian, 280–320 n. Chr.
Javolen, 70–130 n. Chr.
Julian, 125–170 n. Chr.
Labeo, 25 v.–10 n. Chr.
Ämilius Macer, 220–240 n. Chr., wohl Kleinafrika
Mäcian, 130–170 n. Chr.
Manius Manilius, 160–120 v. Chr.
Marcellus, 140–175 n. Chr.
Marcian, 210–230 n. Chr.
Modestin, 210–250 n. Chr.
Nerva, 10–33 n. Chr.
Octavenus, 80–120 n. Chr.
Ofilius, 50–10 v. Chr.
Papinian, 170–212 n. Chr.
Paulus, 175–230 n. Chr.
Pseudo-Paulus, 280–300 n. Chr., Kleinafrika
Pomponius, 130–180 n. Chr.
Proculus, 30–70 n. Chr.
Sabinus, 20–60 n. Chr.
Cervidius Scävola, 165–200 n. Chr.
Quintus Mucius Scävola, 120–82 v. Chr.
Servius Sulpicius Rufus, 70–43 v. Chr.
Trebaz, 50 v.–10 n. Chr.
Tryphonin, 200–220 n. Chr.
Tubero, 50–10 v. Chr.
Ulpian, 190–223 n. Chr.
Pseudo-Ulpian, 320–330 n. Chr., in einer westlichen Provinz
Venuleius, 140–170 n. Chr.

# *Quellennachweis*

1 Ulpianus, Institutiones I: Digesta (D.) 1,1,1 pr–1
2 Pomponius, Enchiridium: D.1,2,2,4
3 Ebenda: D.1,2,2,35/38
4 Ebenda: D.1,2,2,47
5 Capito, Epistula: Gellius, Noctes Atticae 13,12,2–4
6 Codex Iustinianus (CJ) 1,14,3/2; 1,19,7; 1,22,5; Codex Theodosianus (CT) 1,4,3
7 Augustinus, Epistolae ... nuper in lucem prolatae (Corpus scriptorum ecclesiasticorum Latinorum 88), ed. J. Divjak, Wien 1981, 10
8 Sabinus, Ius civile III: Gellius, Noctes Atticae 5,13,5
9 Laelius Felix, Ad Q. Mucium I: Gellius, Noctes Atticae 15,27
10 Pomponius, Enchiridium: D.1,2,2,11
11 CJ 6,23,3 (Auszug)
12 Ulpianus, De officio praefecti urbi: D. 1,12,1,1–2/4–5/8–14
13 CT 13,3,8
14 Ulpianus, De officio proconsulis I/II/X: D.1,16,4/6; 1,16,7/9 pr–5; 1,16,10
15 Pseudo-Ulpianus, Opiniones I: D.47,9,10
16 Alfenus, Digesta VI: D.5,1,76
17 CT 1,16,7
18 Iulianus, Digesta XVI: D.23,1,11
19 Celsus, Digesta XV: D.23, 2,22
20 CT 3,11,1
21 Ulpianus, Ad Sabinum XXXII: D.24,1,1
22 Iavolenus, Ex posterioribus Labeonis VI: D.24,1,64
23 Ulpianus, Ad Sabinum XXXIII: D.24,1,32,13
24 Papinianus, Definitiones I: D.23,4,27
25 CT 3,16,1
26 Papinianus, Responsa VIII: D.34,9,16,1
27 Papinianus, Responsa XI: D.45,1,121,1
28 Ulpianus, Ad legem Iuliam et Papiam II: D.25,7,1 pr–1
29 CJ 5,26,1
30 Pseudo-Paulus, Sententiae receptae ad filium II: 21a,1/6
31 CJ 7,24,1 (gekürzt)
32 Paulus, Imperiales sententiae in cognitionibus prolatae I (II): D.4,4,38 pr
33 Ulpianus, Ad edictum praetoris XI: D.4,4,11,2
34 Augustinus, ed.cit.24
35 Tryphoninus, Disputationes IV: D.49,15,12
36 Ulpianus, De officio proconsulis VIII: Collatio 3,3 = D.1,6,2
37 Pomponius, Epistulae VII: D.40,5,20
38 Paulus, Imperiales sententiae in cognitionibus prolatae III (IV): D.36,1,83
39 Papinianus, Responsa VI: D.29,2,86 pr
40 CJ 6,25,5
41 Callistratus, Quaestiones II: D.50,16,220,1–3
42 Labeo, Posteriora a Iavoleno epitomata II: D.32,29 pr
43 Cervidius Scaevola, Digesta XVII: D.32,35,3
44 Cervidius Scaevola, Responsa I: D.8,2,41 pr
45 Gaius, Institutiones 1, 119–121

46 Ulpianus, Ad edictum praetoris XIX: D.41,1,44
47 Proculus, Epistulae VIII: D.41,1,56
48 CJ 3,32,2
49 Celsus, Digesta III: D.6,1,38
50 Proculus, Epistulae II: D.8,2,13 pr
51 CJ 3,34,6
52 Ulpianus, Ad edictum praetoris XVII: D.8,5,8,5
53 CJ 6,2,11
54 Modestinus, Responsa VII: D.47,2,73
55 Iavolenus, Epistulae VI: D.39,5,25
56 Celsus, Digesta XII: D.47,2,68,2
57 Cicero, Ad familiares 7,22
58 CJ 3,41,4
59 Iavolenus, Ex posterioribus Labeonis IX: D.47,10,44
60 Paulus, Ad edictum praetoris XIX: D.47,10,26
61 Venuleius, Publica iudicia II: D.47,10,39
62 Ulpianus, Ad edictum praetoris LVII: D.47,10,13,7
63 Alfenus, Digesta II: D.9,2,52,2
64 Pomponius, Ex Sabino XXII: D.12,4,15
65 Cervidius Scaevola, Digesta VII: D.18,3,8
66 Papinianus, Quaestiones X: D.18,1,58; 18,7,7
67 Papinianus, Responsa III: Fragmenta Vaticana 6
68 Paulus, Quaestiones V: D.19,1,43/45
69 Pseudo-Ulpianus, Opiniones V: D.50,13,3
70 Paulus, Ad edictum praetoris XXXIII: D.18,1,1 pr–1; 19,4,1 pr
71 CJ 4,64,7
72 Iulianus, Digesta XVIII: D.12,1,20
73 CJ 5,3,10
74 Cervidius Scaevola, Digesta VII: D.19,2,61 pr
75 Paulus, Imperiales sententiae in cognitionibus prolatae I (II): D.49,14,47,1
76 CT 5,17,1
77 Cervidius Scaevola, Responsa I: D.16,3,28
78 Papinianus, Quaestiones IX: D.16,3,24
79 Paulus, Quaestiones III: D.12,1,40
80 Ulpianus, Ad edictum praetoris XXVI: D.12,1,9,4–9; 12,1,11 pr
81 Paulus, Imperiales sententiae in cognitionibus prolatae I (II): D.14,5,8
82 Cervidius Scaevola, Digesta V: D.14,3,20, redigiert
83 CJ 8,17,5; 8,16,5
84 Pseudo-Ulpianus, Opiniones V: D.4,2,23,2
85 Paulus, Quaestiones IV: D.46,1,71 pr
86 Labeo, Pithana a Paulo epitomata I: D.14,2,10 pr
87 Cervidius Scaevola, Digesta VII: D.19,2,61,1
88 Callistratus, Quaestiones II: D.14,2,4 pr–1
89 Papinianus, Responsa IV: D.23,4,26,3
90 Ulpianus, Ad edictum praetoris XI: D.18,1,50
91 CJ 2,4,6
92 CJ 4,64,8
93 Callistratus, De cognitionibus V: D.48,7,7
94 Ulpianus, De omnibus tribunalibus IV: D.2,12,1
95 Ulpianus, Ad edictum praetoris IV: D.2,13,1 pr; 44,7,37 pr; 2,13,1,1–4
96 CJ 3,9,1; 2,1,3
97 CJ 7,45,6

98 CJ 7,53,3
99 Augustinus, ed. cit. 8
100 Cervidius Scaevola, Regulae IV: D.48,4,4
101 Ulpianus, De officio proconsulis VII/Disputationes VIII: D.48,4,1,1; 48,4,2
102 Marcianus, Institutiones XIV: D.48,4,3 (Auszug)
103 Callistratus, De cognitionibus VI: D.48,19,28,3
104 Ulpianus, De officio proconsulis VII: Collatio 1,3; 1,6; 1,11
105 Tacitus, Annales 14, 42–45
106 Callistratus, De cognitionibus V: D.29,5,2
107 Ulpianus, De officio proconsulis VII: Collatio 15,2
108 Collatio 15,3
109 Passio sanctae Crispinae: The Acts of the Christian Martyrs, ed. H. Musurillo, Oxford 1972, 24
110 Collatio 5,3
111 Ulpianus, De officio proconsulis VIII: D.47,11,6
112 Venuleius Saturninus, De iudiciis publicis II: D.48,2,12,3–4
113 Aemilius Macer, De publicis iudiciis II: D.48,2,8
114 Ulpianus, De officio proconsulis II/VII: D.48,3,1/3
115 Marcianus, De iudiciis publicis II: D.48,3,6
116 Aurelius Arcadius qui et Charisius, De testibus: D.22,5,1
117 Ulpianus, De officio proconsulis VIII: D.48,18,1 pr–2
118 Paulus, De adulteriis II: D.48,18,8 pr
119 Callistratus, De cognitionibus VI: D.48,19,28,15